SO SCHÖN IST UNSER LAND
BERLIN

SO SCHÖN IST UNSER LAND
BERLIN

Stefan Reisner

HB Verlag
Hamburg

Inhalt

Von Eiszeitjägern 6
und Slawenfürsten
In einer eher unwirtlichen Wald-
und Sumpflandschaft ließen sich
die ersten Siedler links und rechts
der Spree nieder. Von Berlin ist
noch nicht die Rede.

Stadtrundfahrt durch 14
West-Berlins »Dörfer«
Nach einem Blick auf die
Nachkriegsgeschichte stehen
zunächst die großen Innen-
stadtbezirke Tiergarten und
Charlottenburg auf dem
Programm, danach folgen von
Reinicken- bis Zehlendorf
die anderen.

Kreuzberg – Kneipen 50
und Kollektive
Aus dem verslumten Bezirk
wurde die Alternativ-City
mit Punkern, Türken und
erfreulichen Initiativen.

Neue Gründerjahre 62
für die Wirtschaft?
Berlin hat eine große
industrielle Vergangen-
heit – beispielsweise mit
Siemens, Borsig, AEG –,
doch jetzt braucht die Stadt
frischen Wind.

Ein langer Weg: Dorf, 76
Residenz, Weltstadt
Seit dem 15. Jahrhundert
ging es mit den Hohenzollern
in Berlin meist steil aufwärts – bis zum »Alten
Fritz«. Dann kamen Napoleon,
der »alte Kaiser Wilhelm«
und schließlich die Nazis.

Ein Puzzle: Museen 96
in West und Ost
Die Schwerpunkte sind:
Dahlemer Museen, rund ums
Charlottenburger Schloß,
und das »Kulturforum« am
Tiergarten in West-Berlin
sowie die Museumsinsel in
Ost-Berlin.

Kulturstadt Berlin: 110
(fast) immer Spitze
Große, teilweise lange
Traditionen gibt es hier
in puncto Musik, Schau-
spiel und Literatur. Auch
heute blüht nicht nur die
Festival-Kultur.

Urige Wälder, 124
kunstreiche Parks
Fast 40 Prozent der Flä-
che West-Berlins sind mit
Wäldern, Parks oder Seen
bedeckt.

Küche und Keller – 134
Bouletten und Bier
Ein Blick sowohl in die Eck-
kneipe als auch ins feine
Restaurant; die sogenannten
Spezialitäten Berlins.

Schlagfertigkeit als 142
Überlebenstechnik
Berliner Witz und »Schnauze«
sind ebenso weit bekannt
wie die Sprache, die sich gar
nicht so leicht erlernen läßt.

Gemischte Eindrücke 148
in Ost-Berlin
Vom Alexanderplatz über
Karl-Marx-Allee, Unter
den Linden, Friedrichstraße,
Schiffbauerdamm zum
Platz der Akademie –
und dann hinaus ins Grüne.

Potsdam: Sanssouci 164
und andere Perlen
Die Schlösser und ihre
Parks sind es vor allem,
die einen Ausflug ins
nahe Potsdam so lohnend
machen.

Daten, Hinweise, Tips 174
und Informationen

Register 188

Karten 190

Berlin besteht zu einem Drittel aus
Wald und Wasser. Hier an der
Havel trifft beides zusammen.
Überdies bekommt man eine
Ahnung von der Weite und Schön-
heit der märkischen Landschaft.

Am Anfang wanderten die Steine. Die Gletscher der Eiszeit schoben Geröll und Sand, Felsbrocken und Lehmhügel vor sich her, mehrmals brach in das flache Land das Meer ein, es brachte Kalk und riß die Flußtäler mit hinaus, das schwere Eis zermahlte die Kreide und schob die Erdschollen gegeneinander. Mit den letzten Schmelzwassern des Diluviums war das große Urstromtal entstanden, das von Warschau bis nach Berlin reicht, das Bett für die großen Ströme von Oder und Elbe und die kleineren Flüsse Havel und Spree, die da zusammentreffen, wo die Stadt Berlin entstehen sollte.

Die Eisblöcke ließen die glattgeschliffenen und zerschrammten Felsbrocken liegen, häufelten Wälle von Geschiebemergel auf und ließen an einigen Stellen große Dünen von feinem, gelbem Flugsand zurück; Reste davon finden wir noch in Luckau an der Dahme, in Gatow hoch über der Havel und in Heiligensee. Die großen Findlingsblöcke allerdings sind selten geworden, sie wurden zum Aufbau der Stadt gebraucht. Eine Verordnung der preußischen Kreis- und Domänekammer aus dem Jahre 1763 verpflichtete jeden Bauern, der mit dem Wagen nach Berlin fuhr, zwei Feldsteine dorthin mitzunehmen und am Torhaus abzuwerfen.

Die großen Brocken, die kein Bauer mitnahm, hatten im Volksglauben ihre eigene, magische Geschichte. Von sieben großen Steinen, die in der Neumark bei dem Dörfchen Morin standen, wird erzählt, sie seien einst sieben junge Burschen gewesen, »welche aus Übermuth ihren Käse und ihr Brod auf eine unanständige Weise benetzt haben. Zur Strafe für ihren Frevel sind sie sofort in Steine verwandelt worden.«

Und ein Stein in der Altmark, so groß wie zwei Sack Korn, zeigt den Abdruck eines Pferdehufes: Eine

VON EISZEITJÄGERN UND SLAWENFÜRSTEN

8 Frau Krügerin soll an dieser Stelle
so entsetzlich geflucht haben, daß
ein böser Geist herangeritten sei.
Der habe die Frau mitgenommen,
und übriggeblieben ist nur die Pfer-
dehufspur.

Die große Granitschale, die im
Lustgarten vor der Nationalgalerie
steht, gefertigt nach dem Entwurf
des Baumeisters Karl Friedrich
Schinkel, wurde aus dem großen
Findling, dem Markgrafenstein in
den Rauenschen Bergen bei Für-
stenwalde an der Spree, hergestellt.
1827 sprengte man einen 1600 Zent-
ner schweren Brocken ab, um daraus das Kunstwerk zu schleifen.

In der Vorzeit keine
sehr wirtliche Gegend

Wald und Wasser: das flache Spreetal, das im Süden zum Teltower
Berg ansteigt, im Norden zum Bar-
nim, beides keine sehr bedeutenden Erhebungen. Die Müggelberge
sind mit ihren 115 Meter Höhe die
größten. Westlich die breite Seen-
kette der Havel, östlich das Band
von Spree und Dahme mit dem
Großen Müggelsee, der 746 Hektar
groß ist.

Eine Steppenlandschaft, weit ab
von den fruchtbaren und warmen
Landschaften des Westens und Sü-
dens. Rentierjäger waren die ersten, die hier durch die Heide streif-
ten: In Neukölln, in einer 50 000
Jahre v. Chr. entstandenen Kies-
schicht, fand man Knochenreste eines Jägervolkes. Und vor einigen
Jahren entdeckten die Prähistoriker am Tegeler Fließ das Lager von
Jägern, die 9000 Jahre v. Chr. unterwegs waren. Die ersten festen
Siedlungen entstanden in der
Jungsteinzeit, man grub die charak-
teristischen Trichterbecher dieser
Kultur in Britz aus.

1910 fand der Prähistoriker Albert
Kiekebusch in Buch ein ganzes
Dorf aus der Bronzezeit, in dem
weit über hundert Pfostenhäuser
gestanden haben. Im Märkischen
Museum (Ost-Berlin) sind diese

Oben: Mitten in Zehlendorf liegt
der Fischtalpark, den man von der
U-Bahn-Station Oskar-Helene-
Heim schnell erreicht. Die Kiefern
gedeihen hier ebensogut wie in der
märkischen Heide.

Unten: Mehrere Millionen Pkw
und Lkw passieren jährlich den
Grenzübergang Dreilinden, eines
der Tore zur Bundesrepublik.
Auch diese moderne Anlage kann
freilich Staus zur Ferienzeit nicht
verhindern.

Funde ausgestellt. Dort, wo heute 9
das riesige Klinikum der Freien
Universität steht, gab es ein kleines
Dorf, das nur dreißig Jahre ungefähr bewohnt war, bevor es aus uns
unbekannten Gründen verlassen
wurde. Die Forscher sammelten
hier zahllose Gegenstände aus dem
Alltag der Bronzezeit. Insgesamt
wurden fast fünfzig Siedlungen aus
dieser Epoche im Havel-Spree-Ge-
biet gezählt: kleine Dörfer, in
denen Menschen lebten, die versuchten, dem kargen Boden etwas
Nahrung abzugewinnen.

Im ersten Jahrtausend änderte sich
vieles: Es wurde kälter, die Flüsse
stiegen an, und wer in der Niede-
rung wohnte, zog auf die Höhen.
Von Westen her wanderten Germanen in das Gebiet ein, und sie
brachten eine neue Technik mit: die
Eisenherstellung. In Waidmanns-
lust, in Britz und Blankenfelde wurden große Germanendörfer der Ei-
senzeit gefunden. Tacitus hat das
Leben dieser Germanen beschrieben, die Semnonen genannt wurden. Sie waren Handwerker und
Bauern, die Met tranken – eine Art
gesüßten Honigbiers – und kaum
noch auf die Jagd gingen.

Wenn wir alten Berichten glauben
sollen, dann lebten diese Semnonen
wie die Indianer Südamerikas: »Sie
verehrten Feuer und Erde, Sonne
und Mond als Gottheiten und
brachten ihnen in ihren Hainen blutige Opfer... Auf dem Glienicker
Werder, der damals auch auf jenen
Strecken mit Wasser umgeben war,
wo jetzt bei Stolpe sich niedrige
Wiesen hinziehen, hatten sie einen
der Erde geweihten Tempel, zu
welchem sie in den Nächten des
Neumonds weither zogen, um auf
dem Thingplatz den Sprüchen ihrer
Priester zu lauschen..., und im
Hintergrunde aus der knorrigen
Wurzel eines Erlenstammes geformt, stand das blutige Götzen-
bild..., zwischen dem Eingange
der Höhle und dem See lag der
flache Opferstein mit den Blut-
rinnen, und auf der anderen Seite
waren im Halbkreise die Steine auf-

10 gerichtet, welche den Häuptern des Stammes zum Sitzen dienten, während der Priester das blutige Menschenopfer vor dem Bilde brachte.« Der schauerliche Ort befand sich, wenn wir dem Chronisten folgen, unweit des Schäferberges, auf dem heute der Fernsehturm steht, der die Telefon- und Fernsehverbindung von West-Berlin in die Bundesrepublik herstellt.

Es war die Zeit der großen Völkerwanderungen: Zweihundert Jahre nach Christi Geburt erreichten die Burgunden die Mark, die Semnonen wichen vor den Slawen zurück, suchten sich fruchtbareres Land und wanderten mit Sack und Pack nach Südwestdeutschland weiter, auch die Burgunden blieben nur kurz.

Direkt an der Spree siedelten die Slawen

Lange glaubte man, in der Mitte des ersten Jahrtausends sei Brandenburg menschenleer gewesen. Tatsächlich aber waren aus Vorpommern und dem südlichen Mecklenburg her langsam wieder slawische Stämme eingewandert. Sie lebten friedlich mit den übriggebliebenen Germanen zusammen. Erst als Brandenburg für den christlichen Glauben gewonnen werden sollte, kam es zu blutigen Auseinandersetzungen. Die Slawen – sie wurden Wilzen und Lutizen genannt – siedelten rechts und links der Spree, meist direkt am Fluß. Die Spreewanen lebten im Gebiet der Dahme, dem »pagus Zpriawani«, zugehörig dem ersten Bistum Brandenburgs, das 948 von König Otto I. gegründet worden war.

Im Havelgau saßen die Heveller, und zwischen den beiden kleinen Stämmen gab es eine natürliche Grenze, der breite, sumpfige Waldgürtel des Grunewalds, der Jungfernheide und des Tegeler Forsts. So ergab es sich, daß auf dem Gebiet des heutigen Berliner Stadtkerns keinerlei Spuren slawischer

Vom Grunewaldturm hat man einen herrlichen Blick bis nach Potsdam und Spandau. Unser Bild zeigt die Havel, eingefaßt von früh-herbstlich buntgefärbten Laubwäldern.

Siedlungen gefunden wurden, es war zu dieser Zeit unbesiedelt.

Die Slawen – als die »heidnischen Wenden« bezeichnet – hatten ihre Dörfer auf der Stralauer Halbinsel im Rummelsburger See, auf dem Kolk in Spandau und in Köpenick. Hier gab es eine Furt über die Spree, und genau an dieser Stelle hatten die Wenden eine Burg errichtet, einen Palisadenbau, die, genau auf dem Gelände der Schloßinsel, um das Jahr 800 herum dazu diente, den Wasserweg und die Handelsstraße von Polen nach Brandenburg und Mecklenburg zu kontrollieren.

Der berühmteste Fürst, der in Köpenick residierte, war der Slawenfürst Jaxa, um den sich viele Sagen gebildet haben. Die Historiker wissen von ihm nicht viel mehr, als daß er Münzen prägen ließ, auf denen er als »Jaczo de Copnic« auftaucht. Jaxa, oder Jakso, hatte sich 1150 geweigert, Albrecht den Bären, der Markgraf von Brandenburg werden wollte, anzuerkennen. Religiöse Fragen spielten dabei kaum eine Rolle, denn Jaxa war bereits Christ, es ging vielmehr um das Erbe des Slawenfürsten Pribislaw-Heinrich, das beide gern antreten wollten.

So kam Schildhorn zu seinem Namen

Die Volkssage schildert die Vorgänge dramatischer als die Historiker – und auch ungenauer: »Der letzte Wendenfürst in der Mark, Jaczo, wurde nach einer verlorenen Schlacht durch Albrecht den Bären hart bedrängt. Da kam er an die Havel bei Spandau, an den sogenannten Sack, einen Teil des Flusses, der fast eine Stunde breit ist. Hier gelobte er in seiner Noth, er wolle Christ werden, wenn ihm der Christengott hinüberhelfen würde. Dann sprengte er mit voller Rüstung in die Fluthen und gelangte glücklich auf eine mit Hügeln gekrönte Landzunge des jenseitigen Ufers. Da ließ er sich taufen und

12 hängte zum Zeichen seiner Errettung an einer Eiche sein Schild und sein Horn auf. Danach heißt noch heutigen Tages die Landzunge, die jetzt durch eine Steinsäule mit angehängtem ehernen Schilde geschmückt ist, das Schildhorn.«
Jedes Schulkind in West-Berlin kennt heute diesen beliebten Ausflugsort, an dem es eine Dampferanlegestelle gibt. König Friedrich Wilhelm IV., der sehr für germanische Sagen schwärmte, ließ 1845 ein Denkmal errichten, um den Sieg über den Slawen zu feiern.

Spandau und Köpenick waren zuerst da

Köpenick, das in den Auseinandersetzungen zwischen den Polen und den deutschen Markgrafen der Lausitz eine wichtige strategische Bedeutung hatte, wird in den Urkunden 1209 erstmals erwähnt. Freilich steht fest, daß es bereits im 9. Jahrhundert auf der Schloßinsel eine Burganlage gegeben hat, die mehrfach zerstört und wiederaufgebaut wurde. Und im Westen, am Übergang über die Havel, war Spandau entstanden: Slawische Burganlagen gab es auf dem Stresow und den Götelwiesen. Und dort, wo heute die Zitadelle mit dem Juliusturm zu finden ist, lag ein Dorf der Heveller.
Eine Handelsstraße führte hier vorbei – von Magdeburg bis an die Oder –, und so waren die germanischen Askanier sehr interessiert daran, an dieser Stelle einen militärischen Stützpunkt zu errichten. Sie bauten ihre Burg 1197. Zwischen Spandau, das 1232 das Stadtrecht erhielt, und Köpenick lag die Waldlandschaft des Urstromtals, durch dessen Sand die Kaufleute ihre schweren Wagen schoben. Von Berlin war noch nicht die Rede.
Slawische Wenden und Germanen: In den Ortsnamen finden sich manchmal heute noch Erinnerungen an diese Epoche, einige Dörfer in der Mark Brandenburg zeigen

Bei ausgedehnten Spaziergängen im Tegeler Forst mit seinem schönen alten Buchen- und Eichenbestand vergißt man leicht, daß man sich in Berlin befindet.

heute noch eine »wendische Form«. Letzter Zufluchtsort der Wenden war der Spreewald im Oderbruch bei Lübbenau, wo die slawische Minderheit heute besondere Rechte genießt. Wendische Dörfer waren langgestreckt, inmitten des Dorfes lag ein Teich, um den Linden oder Eichen gepflanzt waren, dichtgedrängt standen die hölzernen Hütten; wenn eine abbrannte, dann war das ganze Dorf bald ein Raub der Flammen. Die Slawen suchten sich ihre Plätze in Sümpfen und auf Inseln, wo sie sich sicher fühlten.

Die Handelsleute, die von Spandau nach Köpenick unterwegs waren, überquerten die Spree an einer Stelle, wo ein flacher Sandhügel sich in den Fluß vorgeschoben hatte, die Geologen sprechen vom »Tiergartenriegel«, die spätere Straße an dieser Stelle war der Mühlendamm: 52 Grad, 31 Minuten und 12 Sekunden nördlicher Breite, 13 Grad, 24 Minuten und 36 Sekunden östlicher Länge. Hier, gerade hier, »in der unwirtlichsten Gegend, umgeben von öden Hainen, Sümpfen und Sandfeldern«, sollte die Riesenstadt Berlin entstehen.

Im Tegeler Fließ, dem Naturschutzgebiet unweit der Oranienburger Straße, kommen Naturfreunde auf ihre Kosten: In dem sumpfigen Gebiet stehen seltene Pflanzen, und man kann Vögel beobachten.

Paul Wallot erbaute 1884/97 das
Reichstagsgebäude, Symbol des
Deutschen Kaiserreichs. Der Niedergang des Baus (und parallel
dazu der Niedergang Deutschlands) begann mit dem Reichstags-
brand am 27. Februar 1933.

Viele Dörfer sind es, und jedes hat seinen Charakter. Die Vororte wurden zu West-Berlin, die historische Stadtmitte wuchs zur »Hauptstadt der DDR«. Was die Alliierten mit dickem Bleistift in die Landkarte malten, um die Stadt in vier Stücke zu zerlegen, wurde ihr Schicksal. Plötzlich wuchs das Charlottenburg vor dem Brandenburger Tor zur neuen City, jenes Glitzerding, das Schaufenster des Westens genannt wurde, Vorposten der Freiheit, Streit- und Angelpunkt in der Politik zwischen den Weltmächten. Und drüben entwickelte sich langsam, aber beharrlich der ungeliebte Staat, der mit einer ganz anderen politischen Philosophie in den Wettstreit der Systeme ging – ein Wettstreit im Frieden, aber nicht mit friedlichen Mitteln.

Berlin hat in der Nachkriegsgeschichte mehrmals den eisigen Hauch eines neuen Krieges gespürt, aber seltsamerweise war es das spektakulärste, menschenfeindlichste Ereignis, das nach und nach Berlin aus dem Zentrum des Orkans gerückt hat: Am 13. August 1961 in der Morgenfrühe begannen Soldaten der Nationalen Volksarmee der DDR, sogenannte »Grenzsicherungstruppen«, . Angehörige der zusammengetrommelten »Betriebskampfgruppen« und der Polizei, Stacheldrahtrollen entlang der Sektorengrenze auszulegen, die zwischen dem sowjetischen Sektor und den Westsektoren nur mit weißen Strichen auf der Straße gekennzeichnet waren.

Die Berliner, die an diesem Morgen die Arbeiten beobachteten, ahnten nicht, daß hier damit begonnen wurde, die Mauer mitten durch die Stadt zu errichten. Ostberliner, die voller Vorahnungen waren, konnten noch in den ersten Stunden über die provisorischen Barrieren springen. Dann kamen die Baukolonnen, und in wenigen Tagen stand eine Grenzmauer von 30 Kilometer

STADTRUNDFAHRT DURCH WEST-BERLINS ›DÖRFER‹

Länge, von Lübars bis Rudow, von Blankenfelde bis Alt-Glienicke. Damit kam der freie Verkehr der Bevölkerung zwischen Ost und West zum Erliegen.

Für die DDR war dies eine Überlebensfrage. Ein täglich wachsender Flüchtlingsstrom kam aus der DDR nach West-Berlin – dem Regime drohte das Staatsvolk wegzulaufen. Andererseits nutzten auch viele Westberliner das billigere Angebot an Grundnahrungsmitteln im Ostteil der Stadt dazu, dort die Läden »leerzukaufen«. Arbeitskräfte, die drüben ausgebildet worden waren, konnten sich im Westen bessere Chancen versprechen. Die DDR stand vor dem wirtschaftlichen Zusammenbruch, dem der politische gefolgt wäre. In der Logik der Macht konnte dies nur heißen, daß der Staat seine Bevölkerung zwingen mußte, im Land zu bleiben. Der »Eiserne Vorhang«, der zwischen den Ideologien errichtet worden war, materialisierte sich nun zum häßlichen Bauwerk.

Dies geschah unter schrecklichen Tragödien für die Berliner: Die brutale Teilung ging durch die Familien hindurch. Den Versuch, von einem Teil der Stadt in den anderen zu wechseln, bezahlten viele mit ihrem Leben, denn zu dieser Grenze gehörten nicht nur die Sperrmauer, sondern auch Spanische Reiter, Wachtürme, Maschinengewehre, Schußautomaten und Schäferhunde an Laufketten.

Es war eine Illusion gewesen, die DDR könne durch wirtschaftlichen Druck in die Knie gezwungen werden. Hier spielten ganz andere Interessen eine Rolle, und bald wurde klar, daß niemand an eine Änderung des internationalen Kräfteverhältnisses dachte. Die amerikanischen Panzer, die in der Potsdamer Straße auffuhren, hatten Befehl, nicht einzugreifen. Es gab ein unausgesprochenes Einverständnis zwischen den Großmächten, Einflußsphäre und Demarkationslinie unberührt zu lassen.

Für viele Westberliner war dies ein Schock, sie hatten anderes erhofft. Konrad Adenauer, der schnell erkannt hatte, welche Tatsachen hier geschaffen worden waren, wurde von den verzweifelten Berlinern ausgepfiffen. Sie fühlten sich verlassen und wurden erst wieder im »Wir«-Gefühl des Westens bestärkt, als US-Präsident Kennedy – wohlvorbereitet von den Deutschland-Experten seiner Regierung – auf dem vollbesetzten Platz vor dem Rathaus Schöneberg erklärte, auch er sei ein Berliner.

Für Jahre blieben die Berliner in Ost und West voneinander abgeschnitten, bis schließlich die Politik kleiner Schritte die Verhältnisse zwischen den beiden Teilen verbesserte. Für die DDR-Machthaber war die Rechnung aufgegangen: Sie erlangten – weil es andere Möglichkeiten nicht mehr gab – jene Anerkennung als Staat, die ihnen so wichtig war. Das Viermächte-Abkommen für Berlin gab den Schirm, unter dem sich zwar noch nicht normale, aber erträgliche Beziehungen aufbauen ließen.

Die Mauer selbst, das Grenzbauwerk, ist nicht weniger menschenfeindlich geworden; die Berliner haben sich damit arrangiert, mit einem Monstrum leben zu müssen. Im Tiergarten ist die Mauer Malgrund für Graffiti und obszöne politische Parolen, Hochstände sind aufgebaut, von denen Touristen und Staatsgäste in den Osten blicken können, und – Kuriosität in dieser kuriosen Stadt – in Konradshöhe, wo an der Havel im Erlengrund eine kleine Westberliner Enklave liegt, gibt es eine Klingel an der Mauer, mit der diejenigen, die berechtigt sind, ihr Wochenende auf der Westwiese hinter der Grenze zu verbringen, die Mauer öffnen können.

Im Tiergarten laufen die Jogger durch die Bellevue-Straße, und sie wissen nicht, daß sie über ein Stück vorgeschobene DDR rennen, das vor der Mauer liegt.

Hinter dem Brandenburger Tor beginnt das historische Berlin, und

West-Berlin liegt davor. Das Brandenburger Tor, das auf Ostberliner Gebiet steht, ist heute für den Verkehr geschlossen. Bis 1918 durften nur Angehörige des Kaiserhauses die mittlere Durchfahrt benutzen, später marschierten hier die Fackelzüge der Nazis zur Stadtmitte. Das Bauwerk wurde 1791 eingeweiht, Bauherr war Friedrich Wilhelm II., Architekt Carl Gotthard Langhans, der sich die Propyläen der Akropolis von Athen zum Vorbild genommen hatte.

Symbol der Stadt: Brandenburger Tor

Die Quadriga von Gottfried Schadow ist eine Nachbildung, das Original von 1794 wurde im Krieg zerstört. Es fand sich noch ein Gipsabguß der Viktoria auf dem Siegeswagen, und nach langwierigen Verhandlungen wurde das Monumentalwerk neu in Kupfer gegossen und dem Ostberliner Senat zum Geschenk gemacht, der 1956 die Säulen des Tores renovierte und die Siegesgöttin aufstellte – allerdings ohne das Eiserne Kreuz im Siegeskranz der Viktoria und ohne den Preußischen Adler.

Wenn heute der Weg durch das Brandenburger Tor freigegeben wird, dann sind es Soldaten der sowjetischen Armee, die zum Sowjetischen Ehrenmal marschieren. Dieses Denkmal wurde aus den Marmorsteinen der Reichskanzlei gebaut, in deren Bunker Hitler die letzten Kriegstage zubrachte. Ständig stehen zwei Soldaten Posten. Die Gedenkstätte der Sowjets in West-Berlin ist eingezäunt, seit Rechtsradikale versucht haben, das Denkmal zu sprengen.

Wir sind im Bezirk Tiergarten, dem kleinsten Stadtbezirk mit den größten Grünflächen und mit der größten Industriedichte der Innenstadt. Gleich hinter dem Ehrenmal und unmittelbar an der Mauer steht das Reichstagsgebäude am Platz der Republik. Hier tagte seit 1894 das

Oben: Am heute verödeten Potsdamer Platz haben Berlin-Besucher die Möglichkeit, einen Blick über die Mauer zu werfen. Welch ein belebter, zentraler Punkt Berlins der Potsdamer Platz einmal war, zeigt das Bild im Bild.

Unten: Das Brandenburger Tor war früher von beiden Seiten passierbar. Heute ist es durch die Mauer versperrt, und die Friedensgöttin, die ihre Quadriga lenkt, kehrt West-Berlin den Rücken zu!

18 Parlament des Kaiserreiches, hier tobten die Redeschlachten der Weimarer Republik, die der Abgeordnete Philipp Scheidemann vom Balkon am 9. November 1918 ausgerufen hatte.

Für die Nationalsozialisten war das Reichstagsgebäude das verhaßte Symbol des Parlamentarismus, und so waren sie es, die nach der Machtübernahme Feuer legten: Der Plenarsaal wurde zerstört. Mit einer großen Hetzkampagne wurden noch in der Nacht des Brandes Abgeordnete der Sozialdemokraten und Kommunisten, Gewerkschafter und Oppositionelle als angebliche Hintermänner des Verbrechens diffamiert. Es wurden die ersten Verhaftungen vorgenommen und provisorische Konzentrationslager in der Umgebung Berlins eingerichtet, die man »Schutzhaftlager« nannte. Die Nazis tagten dann in der sogenannten Kroll-Oper.

Das Reichstagsgebäude war beim Vormarsch der sowjetischen Truppen in die Innenstadt heftig umkämpft. Schließlich wurde die rote Fahne gehißt, Berlin war gefallen. Das Bild der Sowjetsoldaten auf der Reichstagskuppel ging um die Welt: Es wurde für die Fotografen gleich mehrmals nachgestellt. In der Zeit der Blockade hielt Ernst Reuter vor dem Reichstag vor Hunderttausenden seine Reden, die den Berlinern Mut zum Durchhalten machten.

Heute gehört das Haus dem Deutschen Bundestag, dessen Ausschüsse hier manchmal tagen. Eine überzeugende Nutzungsmöglichkeit für das riesige Gebäude hat man nicht gefunden. Es kann (bei freiem Eintritt) eine Ausstellung zur deutschen Geschichte besichtigt werden. Der weite Platz davor wird nur noch selten zu politischen Kundgebungen genutzt, manchmal finden hier Rockkonzerte statt, und André Heller ließ 1984 ein gigantisches Feuerwerk steigen. Der Verpakkungskünstler Christo wirbt seit Jahren für seine Idee, das Bauwerk wie ein Paket einzuwickeln.

Oben: Die Berliner lieben ihre Parks, und sie leben darin. An Sommer-Sonn(en)tagen ziehen sie mit Sack und Pack, Kind und Kegel hinaus, und ein würziger Duft nach Gegrilltem durchweht auch den Tiergarten.

Unten: 1978 war der Bau der Staatsbibliothek nach Entwürfen Hans Scharouns von 1964 vollendet. In dem lichtdurchfluteten Bau macht es Spaß, sich in eines der 2,8 Millionen Bücher zu vertiefen.

Der Tiergarten mit seinen Wasserläufen, dem Englischen Garten, dessen ersten Baum Königin Elizabeth von England pflanzte, dem Neuen See, auf dem man Kahn fahren kann, gehört zu den beliebtesten Parks der Stadt. Im Sommer sind die Wiesen überall von Sonnenhungrigen belegt, und allerorten werden Picknicks abgehalten. Wer sich bilden will, kann die vielen Figuren von preußischen Königen und Heerführern betrachten, die hier in der »Puppenallee« aufgestellt sind – heute zumeist als Nachgüsse, da die Originale vom Umweltschmutz zerfressen sind.

Der Tiergarten, von Peter Lenné zwischen 1833 und 1840 als englischer Landschaftsgarten geplant, ist in den ersten Nachkriegsjahren völlig zerstört worden. Die Berliner brauchten Brennholz und Platz für den Kartoffelanbau. Der Park wurde abgeholzt und in Kleingärten aufgeteilt. Noch während der Blokkade begann die Stadtverwaltung mit der Aufforstung: Jeder Baum im Tiergarten kam per Flugzeug durch die Luftkorridore nach Berlin.

Im Süden der Tiergartenstraße schließt sich das ehemalige Diplomatenviertel an, in dem noch einige Botschaften stehen, Überreste der Architektur des Dritten Reiches. Die japanische Botschaft soll demnächst wieder repariert und zu einem deutsch-japanischen Kulturzentrum ausgebaut werden. Wegen der ungelösten territorialen Fragen sind hier viele Grundstücke verwildert – ein Reservat für Füchse und Königskerzen, und im Sommer Unterkunft für Stadtstreicher. Am Reichpietsch-Ufer steht das düstere Gebäude des Oberkommandos der Wehrmacht (OKW), in dem die Kriege des Dritten Reiches, der Überfall Polens, der Frankreich-Blitzkrieg und der Einmarsch in die Sowjetunion geplant wurden.

Der sogenannte Bendler-Block wurde nicht zerstört. Hier befindet sich eine Gedenkstätte an den militärischen Widerstand gegen Adolf Hitler. Am 20. Juli 1944 versuchte Graf Stauffenberg, den Diktator in der Wolfsschanze in Ostpreußen mit einer Bombe umzubringen. Der Versuch mißlang, und noch am Abend dieses Tages wurden einige Mitverschwörer im Hof erschossen, andere wurden vor den Volksgerichtshof des Roland Freisler gebracht und in Plötzensee aufgehängt. Der Bildhauer Richard Scheibe schuf den »Gefesselten Jüngling« im Hof der Gedenkstätte, in der das Geschehen dokumentiert ist. Eine Bibliothek unterrichtet über die Geschichte des Widerstandes.

Östlich des Bendler-Blocks wird einmal das Berliner Kulturzentrum stehen. Gegenwärtig liegen Politiker und Stadtplaner noch im Streit, welchem Plan für dieses Ensemble der Vorzug zu geben ist. Hans Scharoun fertigte den ursprünglichen Entwurf, den der Senat ablehnte. Der Wiener Architekt Hans Hollein, ein Vertreter der Postmoderne, wurde mit neuen Plänen beauftragt.

Moderne Architektur am Tiergarten

Das Gelände rund um die Potsdamer Straße ist schon jetzt eine Ausstellung moderner Architektur: Der Bau der Nationalgalerie wurde von Mies van der Rohe entworfen, einem der führenden Bauhaus-Architekten. Eine ganz andere Auffassung von Baukunst vertrat Hans Scharoun, wie seine 1963 eröffnete Philharmonie zeigt. Die Berliner gaben ihr wegen ihres zeltartigen Äußeren den Namen »Zirkus Karajani«. Der Konzertsaal faßt 2300 Personen, die um das Orchester im Mittelpunkt herum plaziert werden. Scharoun wollte den Saal »wie eine Weinbergslandschaft« entwikkeln.

Die Staatsbibliothek gegenüber wurde erst nach dem Tod von Scharoun fertiggestellt. Auch hier ist der weitläufige Lesesaal terrassenartig angelegt. Über drei Millionen Bände sind hier gelagert, dazu wertvolle Sammlungen von Landkarten, Handschriften und Drucken, die aus dem Preußischen Kulturbesitz stammen.

Das Ibero-Amerikanische Institut ist ein Wallfahrtsort für jeden, der sich über Lateinamerika informieren will. Das Kunstgewerbemuseum und die Musikinstrumentensammlung schließen das Kulturforum nach Westen ab.

Zurück durch die Straße des 17. Juni zum Großen Stern. Dies ist und war eine Paradestraße, die Kandelaber entwarf Hitlers Architekt Albert Speer. Die Siegessäule von 1873 hat, wie jeder nachprüfen kann, 258 Stufen. Die Bronzeplatten am Sockel, die verschiedene Kriegsszenen aus der deutsch-französischen »Erbfeindschaft« darstellen, sind erst kürzlich vom Pariser Bürgermeister an Berlin zurückgegeben worden. Sie waren als Kriegsbeute 1945 nach Frankreich gegangen.

Das Symbol deutsch-amerikanischer Freundschaft, die Kongreßhalle, ist 1980 eingestürzt: Das weitgeschwungene Dach war fehlerhaft konstruiert, Pfusch am Bau tat ein übriges. Noch weiß niemand, wie das Gebäude nach dem Wiederaufbau genutzt werden soll.

Das Hansaviertel entstand anläßlich der Internationalen Bauausstellung 1957: Alles, was in der Architektur der fünfziger Jahre Rang und Namen hatte, ist hier vertreten, Oscar Niemeyer, Walter Gropius, Alvar Aalto, Sten Samuelson, Pierre Vago und Luciano Baldessari. Eine Orientierungstafel steht neben dem »Grips-Theater« am Hansaplatz.

Im Supermarkt am U-Bahnhof kauften Samuel Beckett und Max Frisch, Günter Grass und Hans Werner Henze schon mal ihre Butter: Ganz in der Nähe befindet sich die Akademie der Künste mit ihren Gästezimmern, gebaut von Werner Düttmann. Sie ist eine der aktivsten Kulturinstitutionen der Stadt. Le-

Daß sich die Zoo-Besucher ganz besonders für die Bären interessieren, ist einleuchtend. Schließlich ist der Bär das Berliner Wappentier. Die Eisbären scheinen sich in ihrem großen Gehege wohl zu fühlen.

sungen, Ausstellungen, Diskussionen und Musiktheater werden angeboten, der Weg lohnt sich zumeist.

Wer sich über die Geschichte der Berliner Kneipen informieren will, der kann die ständige Ausstellung im Berlin-Pavillon am S-Bahnhof Tiergarten besuchen. Dort sind auch, in der von Ben Wargin geschaffenen Unkraut-Oase, Berliner »Straßenmöbel« zu sehen: Laternen verschiedener Epochen und Bauweisen.

Die Stadtbahn wurde hier als erste Viaduktbahn Europas 1882 in Betrieb genommen. Eisenbahnfreunde können im Bezirk Tiergarten überhaupt auf ihre Kosten kommen. Der Viadukt ist 12 Kilometer lang. In den Gewölben siedelten sich Läden, Werkstätten und Kneipen an. Ein noch nicht wiederhergestelltes Baudenkmal ist der Bahnhof Bellevue.

Eine bemerkenswerte Eisen-Glas-Konstruktion ist auch der Lehrter Stadtbahnhof: Vom östlichen Ende des Mittelbahnsteiges blickt man auf das Reichstagsgebäude, den Fernsehturm in Ost-Berlin, die Charité und die Türme des ehemaligen Hamburger Bahnhofs. Der wurde 1845 nach dem Muster italienischer Villenarchitektur gebaut und später darin ein Verkehrsmuseum eingerichtet. Ein Kuriosum: Diese Sammlung hat bis 1984 die östliche Reichsbahn-Verwaltung bewacht, dann erst wurde sie dem westlichen Senat übergeben. Unter dem Staub vieler Jahre fanden sich einmalige Schätze der Eisenbahngeschichte.

Eine Kuriosität ist auch der ehemalige Pferdebahnhof in der Waldenser Straße. Straßenbahnen, die auf Schienen fuhren und von Pferden gezogen wurden, gab es seit 1865. Dieser Pferdebahnhof war der größte der Stadt: Er bot Platz für 510 Pferde und 126 Wagen. Die Pferde waren in den beiden unteren Stockwerken des viergeschossigen Gebäudes untergebracht; nach oben trotteten sie auf Rampen.

22 Andere Industriedenkmäler sind die Pumpstation Moabit (1890) und in der Huttenstraße die AEG-Turbinenhalle, einer der wichtigsten Industriebauten aus dem frühen 20. Jahrhundert, geplant von dem Architekten Peter Behrens. Der war auch verantwortlich für das gesamte Design der AEG, vom Firmenschriftzug bis zur Glühlampe, vom Wasserkessel bis zum Fabrikbau.

Die Teilung der Stadt brachte es mit sich, daß nun plötzlich ein Zoologischer Garten mitten in der City lag. 1844 wurde nach Ideen Alexander von Humboldts, des Zoologen Martin Lichtensteins und des Gartenbaukünstlers Peter Lenné auf dem Gelände der königlichen Fasanerie, ganz am Rande des Tiergartens und weit vor den Toren Berlins, mit dem Bau einer Menagerie begonnen. Es war der erste Zoologische Garten Deutschlands. 1913 kam das Aquarium hinzu. Die Tierhäuser wurden als Pagoden, Tempel und Moscheen gebaut; das historisierende Eingangstor in der Budapester Straße, das Elefanten-Tor, ist jüngst wieder aufgestellt worden.

Im Krieg wurde der Zoo stark zerstört, nur 91 Tiere überlebten Bomben und Hungerzeit. Gegenwärtig wird der Tierpark jenseits des Landwehrkanals erweitert. Vorbild für die Gestaltung der Neuanlage ist die Etotscha-Pfanne im ehemaligen Deutsch-Südwest-Afrika, das jetzt Namibia heißt. Das Reservat dort wurde 1912 vom Deutschen Reich als Kolonialmacht unter Naturschutz gestellt.

Das Aquarium wurde von »Tiervater« Alfred Brehm gegründet. Reptilien, Fische, Insekten und Krokodile leben in riesigen Schaubecken. Zahlreiche Arten, die vom Aussterben bedroht sind, haben hier Unterkunft gefunden.

Jeder Reisende wird sich über den Bahnhof Zoo wundern. Der ist nicht gerade ein sehr repräsentativer Bahnhof für eine Millionenstadt, und der Zugverkehr nach

Die Siegessäule auf dem Großen Stern stand einst vor dem Reichstag und sollte an die preußischen Siege zwischen 1864 und 1871 erinnern. Viktoria hält nach wie vor den Lorbeerkranz, doch es ist nicht alles Gold, was glänzt.

Westen ist recht bescheiden. Wichtigster Zug ist der von Moskau nach Paris, der täglich fährt. Der Fernbahnhof untersteht der östlichen Reichsbahn, die S-Bahn wird von der Westberliner Verkehrsgesellschaft, der BVG, betrieben.

West-Berlins Zentrum: Bezirk Charlottenburg

Charlottenburg ist der quirligste und lebendigste Bezirk neben der »Alternative« Kreuzberg. Hier findet der Neugierige Restaurants, Galerien, Nachtlokale, Theater und Kinos in Hülle und Fülle. Der Kurfürstendamm ist der Flanierboulevard zu jeder Tages- und Nachtzeit, rund um den Savigny-Platz swingt die studentische Szene. Teure Geschäfte gibt es im Europa-Center; in der Kantstraße und in der Wilmersdorfer Straße kaufen die Berliner Massen. Nachts vergnügen sich die Touristen in der Lietzenburger Straße, das junge Berliner Publikum hat seine Stammkneipen am Olivaer Platz und in der Uhland-Straße, rund um den Ludwigkirchplatz.

Der Ku'damm ist gewiß kein so vornehmer Boulevard wie die Champs-Elysées, dazu fehlt es Berlin an Reichtum, er ist aber sicher in vielem vergnüglicher. In den Seitenstraßen herrscht – von Lorettas Biergarten bis zum Zille-Markt in der Bleibtreustraße – die ganze Nacht reger Betrieb. Wer Spaß daran hat, Nachtlokale zu besuchen, findet hier alles, von der Transvestiten-Show bis zum Nackt-»Ballett«. Der Breitscheidplatz vor dem Europa-Center ist Treffpunkt für Skateboard-Fahrer und Break-Dancer. Und wer lieber ins Kino geht, der kann das bis spät in die Nacht hinein tun.

Charlottenburg ist rings um die von der Kurfürstin Sophie Charlotte angelegte Sommerresidenz, des heute Charlottenburger Schloß genannten Barockgebäudes, entstanden. Eosander von Göthe und Georg

Oben: Das Café im Europa-Center ist ein beliebter Treffpunkt in der City. Wasserspiele und viele Grünpflanzen schaffen eine beinahe tropische Atmosphäre.

Unten: Ob Henry Moore in den Berliner Parks Studien an lebenden Objekten betrieben hat, bevor er 1956 seine Liegende schuf? Locker »hingegossen« liegt die Bronzedame vor der Akademie der Künste.

24

Touristenziel: das nach dem Zweiten Weltkrieg wiederaufgebaute barocke Schloß Charlottenburg. Über den Torhäuschen dräuen Kopien des Borghesischen Fechters, eine vorchristliche römische Skulptur.

Wenzeslaus von Knobelsdorff waren die wichtigsten Architekten, Carl Gotthard Langhans baute das Theater und im Park das Belvedere. Bemerkenswert sind die im französischen Stil angelegten Garten-Parterre.

Rekonstruiert: Schloß Charlottenburg

Das Schloß brannte 1943 vollständig aus, der heutige Bau ist eine Rekonstruktion. Bei der Innenausstattung wurden sowohl historische Vorlagen verwendet als auch moderne Künstler bei der Deckenmalerei beschäftigt. In einigen Sälen fanden – sehr zum Ärger der Schloßverwaltung – große Empfänge statt, so für die britische Queen, den Präsidenten Kennedy und andere Größen. Das Denkmal des Großen Kurfürsten im Ehrenhof, ein Werk von Andreas Schlüter, stand früher auf der Langen Brücke in der Stadtmitte. Das Kriegsende erlebte die Monumental-Plastik auf dem Grund des Tegeler Hafens: Das Schiff, das den Kunstschatz aus Berlin wegbringen sollte, war bei einem Luftangriff gesunken.

Ein für den großen Baumeister Karl Friedrich Schinkel sehr typisches Landhaus steht am Ende des östlichen Schloßflügels: Es enthält eine Porzellansammlung aus dem 18. und 19. Jahrhundert. Während das Schloß mit seinen wiederhergestellten Prunksälen meist überfüllt ist, kann der Besucher des Neuen Pavillons und des Belvedere die Ruhe und den Charme dieser Architektur genießen. Im Schloß selbst werden Teile aus der Gemäldesammlung Friedrichs des Großen ausgestellt, so etwa Watteaus »Einschiffung nach Kythera«, das der Senat, unterstützt durch großzügige Bürgerspenden, jüngst dem Hohenzollernprinzen Louis Ferdinand für 15 Millionen Mark abkaufen mußte.

In den sogenannten Schloßkasernen gegenüber sind mehrere Museen untergebracht, von denen im sechsten Kapitel berichtet wird. Der Spaziergänger sollte die Schloßstraße hinunter in das alte Dorf laufen. Dies ist hier noch echter alter Charlottenburger Kiez – Schlottendorf genannt. Heinrich Zille hat es unzählige Male gezeichnet, die alten, engen Häuser und die Menschen. Er wohnte in der Sophie-Charlotten-Straße 88, vierter Stock. Ein anderer, sehr berlinischer Humorist und Kabarettist, Wolfgang Neuss, lebt ebenfalls im Kiez.

In Charlottenburg gibt es zahlreiche Wochenmärkte, auf denen von 8 bis 13 Uhr das Charlottenburger »Milljöh« – Studenten, Hausfrauen und Türken – einkauft: Richard-Wagner-Straße am Montag und Donnerstag, Karl-August-Platz am Mittwoch und Sonnabend sind die bekanntesten.

Die Technische Universität mit 25 000 Studenten ist einer der größten Arbeitgeber des Bezirks. Durch die Fasanenstraße gelangen wir in das Gelände der Hochschule, die 1884 von Kaiser Wilhelm eingeweiht wurde. Im Hochschulgarten stehen noch Reste der Eingangsarkaden der Borsigschen Maschinenbauanstalt, die hier – nach dem Abbruch der Fabrik in der Chausseestraße – 1887 aufgestellt wurden: Zu sehen sind drei der hohen, runden Bögen mit achteckigen Pfeilern. Kurios sind die Reliefplatten aus Terrakotta. Die große ionische Säule stammt aus dem von Schinkel abgebrochenen alten Berliner Dom. Vom Hauptgebäude hat die Gartenfassade den Krieg überstanden. Die Reste erinnern an die repräsentative Pracht des Universitätsgebäudes, das im Stil der italienischen Hochrenaissance angelegt war.

Ein Beispiel der neueren Architektur ist das Institut für Mathematik auf der anderen Seite der Straße des 17. Juni. Und an der Schleuseninsel steht die weithin sichtbare Versuchsanlage der Anstalt für Wasserbau, in der auf den Gebieten Schiffshydrodynamik, Meerestechnik und Wasserbau gearbeitet wird. Das große rote und blaue Gebäude dient dazu, Schiffsmodelle zu erproben. Die Ringrohrleitung von acht Meter Durchmesser, 56 Meter Länge und 20 Meter Höhe ist die größte Anlage dieser Art in der Welt. Auf dem nördlichen Teil des TU-Geländes stehen noch einige villenartige Einfamilien-Reihenhäuser im Cottagestil, die ehemals zur Tonwarenfabrik von Ernst March gehörten, die hier in der ersten Hälfte des 19. Jahrhunderts arbeitete. Zur Marchstraße hin befindet sich das Institut für Luft- und Raumfahrt mit einem Modell der Raumsonde »Helios« vor dem Eingang; das Gerät soll der Erforschung der Sonne dienen.

Ein technisches Denkmal ist der Funkturm, der früher die »Sondermeldungen« des Reichsrundfunks in den Äther schickte. Gebaut wurde der bis zur Antennenspitze 150 Meter hohe Turm 1925. Einige Jahre später entstand das Haus des Rundfunks (Architekt Hans Poelzig), das heute den Sender Freies Berlin beherbergt. Bis 1956 war das Haus von russischen Truppen besetzt. Der SFB sendet heute vom Schäferberg (Wannsee) und vom Scholzplatz (Charlottenburg) von 230 Meter hohen Masten, die auch eine Richtfunkstrecke ins Bundesgebiet unterhalten.

Der Funkturm auf dem Messegelände sendet nur noch für Polizei und Feuerwehr. Am Fuß des Turms wurde ein kleines Museum zur Rundfunk- und Fernsehgeschichte eingerichtet, die in Berlin begonnen hat. Schon 1888 erzeugte der Professor Heinrich Hertz an der TU die ersten elektromagnetischen Wellen, und 1897 überbrückten die Wissenschaftler Adolf Slaby und Graf Georg von Arco mit einem Funksender drahtlos die Havel von der Heilandskirche bei Sakrow (heute DDR) zur Matrosenstation am anderen Ufer in der Nähe der Glienicker Brücke.

Die ersten Fernsehapparate wurden 1928 auf der Funkausstellung

Am Klausener Platz, gegenüber dem Charlottenburger Schloß, steht diese alte Wasserpumpe, die auch jetzt noch, zumindest an Markttagen, gute Dienste leistet.

gezeigt, und der TV-Pionier Paul Nipkow richtete 1935 einen Fernsehsender ein, der bis 1943 das erste Fernsehprogramm der Welt in die Salons »reichswichtiger« Persönlichkeiten flimmern ließ. Die ersten Farbfernsehsendungen wurden 1938 erprobt. 1967 wurde das PAL-System des Berliner Ingenieurs Walter Bruch eingeführt. Heute sendet der SFB zwei Fernsehprogramme sowie drei Hörfunkprogramme – neben dem ZDF, dem RIAS und den Sendern der westlichen Alliierten.

Beim Funkturm beginnt die Automobil-Verkehrs- und Übungsstraße – die Avus, die seit 1921 als Rennstrecke dient. 1939 wurde die Avus an den Berliner Ring angeschlossen. Der innerstädtische Autobahnring, der heute 42 Kilometer lang ist, wurde 1952 geplant. Zweimal im Jahr finden auf der Avus noch Rennen statt, nicht gerade zur Begeisterung der Leute, die an der Autobahn wohnen, aber zum Vergnügen der Rennsport-Freunde.

Olympia-Stadion und Waldbühne

Die größte Sportstätte Berlins wurde für die XI. Olympischen Spiele gebaut: das Olympia-Stadion, in dem das Regime 1936 ein gigantisches Propaganda-Schauspiel »für die Jugend der Welt« organisierte. Der von dem Architekten Werner March entworfene Bau ist ein sehr typisches Beispiel für die Monumental-Architektur des Dritten Reiches. Mittelpunkt der Anlage ist das Stadion; es besteht aus Stahlbeton, der mit Muschelkalkplatten verkleidet ist. Ursprünglich hatte das Stadion mehr als 100 000 Plätze, die bei einem modernen Umbau jedoch reduziert wurden. Die Achsen des Ovals messen 300 und 230 Meter, bis zum oberen Rand sind es 70 Ränge.

Die Flutlichtanlage wurde zur Fußballweltmeisterschaft 1978 installiert. Heute finden nur noch selten große Spiele statt. Der Berliner Fußball ist gegenwärtig nicht in Hochform. Zugangstor im Westen ist das Marathontor mit dem bronzenen Dreifuß für das Olympische Feuer. Der Glockenturm, im Krieg zerstört, wurde 1962 neu errichtet. Zur Anlage gehören ferner ein Hockeystadion, das Maifeld, auf dem alljährlich die britischen Truppen den Geburtstag ihrer Königin feiern, das Reiterstadion und das Schwimmstadion, das im Sommer viele Besucher anlockt.

In unmittelbarer Nachbarschaft liegt die Waldbühne, eingebettet in die 30 Meter tiefe Murellenschlucht. 1936 diente die Freilichtbühne der Aufführung von germanischen Weihespielen. Als in den fünfziger Jahren jugendliche Rockmusik-Fans die Bänke zertrümmerten, wurde die Waldbühne für lange Zeit stillgelegt. Seit einigen Jahren finden dort wieder große Konzerte statt, Folklore, Rock und manchmal auch Symphonisches.

Adolf Hitler weigerte sich, dem größten Sportler der Olympiade, dem Farbigen Jesse Owens, die Hand zu drücken. Heute trägt hier eine Straße seinen Namen. Kann auf dem Reichssportfeldgelände die Schauseite des Dritten Reiches betrachtet werden, so wird in der Gedenkstätte Plötzensee an die grausige Seite der politischen Realität der Naziherrschaft erinnert. Auf dem Gelände der Strafanstalt Plöt-

zensee – Teile davon sind heute Jugendstrafanstalt – wurde ein Mahnmal für die Opfer der Hitler-Diktatur errichtet. Hier in Plötzensee wurden mehr als 2500 Gefangene hingerichtet, oft wenige Stunden, nachdem die Urteile verkündet worden waren, Männer und Frauen des Widerstandes, der Bekennenden Kirche, oft auch Menschen, die nur beschuldigt wurden, »wehrkraftzersetzende« Witze erzählt zu haben. Eine kleine Ausstellung zeigt Dokumente aus dieser Zeit. Die Männer des 20. Juli wurden hier erhängt; die Führer des Reiches ließen das Geschehen filmen.

Nicht weit vom Gefängnis entfernt errichteten die deutschen Katholiken ihre Gedenkstätte an die Zeit des Naziterrors, die Kirche Maria Regina Martyrum. In der Krypta dieser Kirche befinden sich die Gräber zweier herausragender katholischer Männer des Widerstandes: das Grab von Dr. Erich Klausener und das des Dompropstes Bernhard Lichtenberg. Dessen Grab ist allerdings leer; der Kirchenmann ist in der Hedwigskathedrale in Ost-Berlin beigesetzt.

Das Großbürgertum Berlins ließ sich Anfang dieses Jahrhunderts am oberen Ende des Kurfürstendamms nieder: Durch eine weitreichende Spekulation, an der die Deutsche Bank und die Familie Bismarck beteiligt waren, entstand die Villen-

Berlins Glitzermeile, der Kurfürstendamm, mit der Gedächtniskirche im Hintergrund. Auch nachts sorgen Kneipen und Theater, Kinos, Restaurants und andere Etablissements für Trubel.

28 kolonie im nördlichen Grunewald. Einige schöne Mietshäuser mit schmiedeeisernen Portalen und großen Wohnungen, die oft bis zu zwölf Zimmer hatten, haben den Krieg überdauert. Hier mußten die Dienstboten über die Hintertreppe kommen. Eine Berliner Spezialität, die sich glücklicherweise verliert, ist die Sitte, die Häuser um zwanzig Uhr einfach zu verschließen. Ohne Rufanlage und Klingel mußte der Besucher oft lange auf Einlaß warten.

Villen und Wald in Grunewald

Der Flaneur kann in den stillen Straßen am Grunewald Unterricht in Stilkunde nehmen: Die vielen Villen und palastartigen Anwesen wurden in allen Bauformen der Geschichte ausgeführt – vom englischen Landsitz bis zum Barockschloß oder neoklassizistischen Tempel. In dem einem französischen Schloß nachempfundenen Fürstensitz des Herrn von Pannwitz, der ein Freund Kaiser Wilhelms II. war, kann heute jedermann wohnen: Dort befindet sich das Schloßhotel Gehrhus. Die Villa Walther Rathenaus, des Außenministers und Gründers der AEG, steht in der Königsallee – unweit der Straßenkurve, in der Rechtsradikale den Politiker ermordeten.
Der Verleger Samuel Fischer, der große Entdecker so vieler Dichter des Realismus, residierte in der Erdener Straße. Hier verkehrten Thomas Mann, Gerhart Hauptmann und Hugo von Hofmannsthal. In der Hundekehlestraße wohnte Rainer Maria Rilke und schrieb dort die »Weise von Liebe und Tod des Cornets Christoph Rilke«. Die Liste der berühmten Bewohner des teuren Grunewalds ist lang: der publizistische Gegner des Kaisers, Maximilian Harden, der bissigste Theaterkritiker der zwanziger Jahre, Alfred Kerr, der Philosoph Walter Benjamin, der lange nach sei-

Der Sommergarten ist eine Oase der Ruhe, die gestreßte Messebesucher gern aufsuchen. Im Hintergrund ragt der Funkturm empor, der im Vergleich zu modernen Fernsehtürmen antiquiert und klein wirkt.

Wie ein modernes Kunstwerk sieht der Umlauftank (in der Nähe des S-Bahnhofs Tiergarten) aus. Hier werden Schiffsmodelle getestet. Das Hausboot im Vordergrund hat dagegen seine Bewährungsprobe längst bestanden.

nem Tod die unruhige linke Jugend der 68er Jahre beschäftigen sollte, der Regisseur Max Reinhardt, die Stars der Ufa-Filme, wie Emil Jannings, Albert Bassermann, Harry Liedtke, Marianne Hoppe oder die Volksschauspielerin Grete Weiser, die Brüder Ullstein, Zeitungszaren wie auch August Scherl, der Chirurg Max Sauerbruch – und natürlich, wie heute auch, viele Bankiers und Industrielle, Konsuln und Tennisspieler. Auf dem Tennisplatz des Clubs Rot-Weiß werden die großen internationalen Wettbewerbe ausgetragen. Das Eisstadion Wilmersdorf ist Schauplatz von Eis-Speed-Rennen.

Markante Bauwerke um den sonst ziemlich öden Fehrbelliner Platz, an dem sich mehrere Behörden und die Bundesversicherungsanstalt befinden, sind die Russisch-Orthodoxe Kathedrale, die Kirche des Metropoliten für Europa und die islamische Moschee.

Das Stadtwappen von Wilmersdorf zeigt drei Lilien: Es soll einmal einen Ritter Ludolf von Wilmarstorpe gegeben haben, der dem König Ludwig IX., dem Heiligen, auf einem Kreuzzug das Leben rettete. Seither durften die Adligen von Wilmersdorf die drei königlichen Lilien des französischen Herrscherhauses im Schild tragen. Man sieht, die Berliner Dörfer hatten schon immer weitreichende internationale Beziehungen.

Als die Schöneberger 1914 ihr Rathaus einweihten, ahnte wohl niemand, daß dieses Gebäude mit dem 70 Meter hohen Turm einmal zum Sitz der Regierung des Westberliner Stadtstaates werden sollte. Nach dramatischen Auseinandersetzungen waren die Stadtverordneten der drei Westsektoren 1949 aus dem gemeinsamen Rat ausgezogen und hatten sich in Schöneberg installiert. Die Spaltung der Stadt, in der es nun auch zwei Währungen gab, war perfekt. West-Berlin wurde nominell zum Bundesland, untersteht tatsächlich aber noch immer alliierter Oberhoheit.

30 Der energische und populäre Regierende Bürgermeister der ersten Stunde war der aus dem türkischen Exil zurückgekehrte Sozialdemokrat Ernst Reuter.

Noch immer werden symbolisch die Sitze für die acht Ostberliner Bezirke im Abgeordnetenhaus freigehalten. Das Parlament ist verhältnismäßig groß, es werden fast 130 Abgeordnete gewählt, gegenwärtig sind vier Parteien vertreten. Im Rathaus sitzt auch noch die Bezirksverwaltung von Schöneberg neben der Kanzlei des Regierenden Bürgermeisters; die Klagen über die Enge in den Büros kehren regelmäßig wieder. Anregungen, das Abgeordnetenhaus etwa in den Reichstag zu verlegen, fanden aber bei den Volksvertretern keine Gegenliebe.

Auf dem Rathausvorplatz wird dienstags und freitags ein kleiner Markt abgehalten, und einmal im Jahr ist Blumenmarkt, auf dem die Berliner Geranien und Petunien für ihre Balkons kaufen. Früher fanden hier noch große Kundgebungen statt, etwa zur Zeit des Ungarn-Aufstandes, und traditionell zum 1. Mai. In den letzten Jahren ist es aber ruhiger geworden vor dem Rathaus. Die letzte Veranstaltung, auf der Hunderttausende sich versammelten, war der Besuch von Präsident John F. Kennedy am 26. Juni 1963, an den ein von dem Bildhauer Richard Scheibe geschaffenes Relief erinnert.

Im Turm des Rathauses Schöneberg hängt die der Stadt von 16 Millionen Amerikanern gespendete Freiheitsglocke, die pünktlich um 12 Uhr mittags läutet. Hier lagern auch alle Geschenke, die den Regierenden Bürgermeistern von Staatsmännern und Bürgern geschenkt werden, vom Porzellanteller bis zum Hirschgeweih – Kenner sprechen von einem Gruselkabinett mit dem Kitsch der gesamten Nachkriegszeit.

Vom Rathaus Schöneberg sind es wenige Meter bis zur Potsdamer Straße, die einst als Reichsstraße

Oben: Rechtzeitig zu den Olympischen Spielen 1936 war das Olympia-Stadion (Architekt: Werner March) fertiggestellt. Den Haupteingang markiert das Tor, das aus zwei Pfeilern und den fünf Ringen besteht.

Unten: In der Nähe des Olympia-Stadions liegt die Waldbühne, die gleichzeitig mit dem Stadion angelegt wurde. Früher war hier ein großes Freiluftkino, heute finden dort Sport- oder Musikveranstaltungen statt.

Nr. 1 von Aachen bis Königsberg führte. Vom heute verlassenen Potsdamer Platz – einst pulsierendes Zentrum der Stadt – verläuft sie mit wechselndem Namen immer geradeaus bis zur »Brücke der deutschen Einheit« in Glienicke.

Benny Härlin und Michael Sontheimer, die beiden Chronisten der Potsdamer Straße, schreiben: »Wo die ... heutige Bundesstraße Nr. 1 beginnt, für 1800 Meter den Namen Potsdamer Straße zu führen, hält sich die Firma Machnow für Deutschlands größtes Fahrradgeschäft seit 1899. Der mächtige Nazi-Bau vis-à-vis beherbergt die Berliner Verkehrsbetriebe, die sich mit Stahlrollos auf die Angewohnheit einer kleinen Minderheit, Fahrpreiserhöhungen mit Steinen und Molotowcocktails zu quittieren, eingestellt haben. Knapp zwei Kilometer nördlich endet die vierspurige Geschäftsstraße auf einem Stück sandigen Brachlands an der Mauer, wo vor fünfzig Jahren der Potsdamer Platz im Zentrum der Reichshauptstadt als der verkehrsreichste Fleck des Kontinents galt.

Politisch gesehen enden diese großdeutschen Reminiszenzen schon schräg gegenüber von Machnow. Vom Balkon des ehemaligen Kammergerichts, in dem der Volksgerichtshofsvorsitzende Freisler einst die Mitverschwörer des Grafen Stauffenberg zum Tode verurteilte, hängen die Fahnen der vier Siegermächte friedlich nebeneinander. Es ist der Sitz des Alliierten Kontrollrates, bis 1949 sozusagen der Sitz der Regierung über Deutschland. 1954 traf sich hier der sowjetische Namenspatron des oben erwähnten Cocktails mit seinen drei westlichen Kollegen zur letzten ergebnislosen Außenministerkonferenz zum Thema: deutsche Einheit.

1972 stand das mittlerweile ziemlich heruntergekommene Gebäude anläßlich der feierlichen Unterzeichnung des Vier-Mächte-Abkommens noch einmal im Blickpunkt der Geschichte. Heute ist es einer der wenigen Schauplätze west-östli-

cher Zusammenarbeit; gemeinsam sorgen Russen, Amerikaner, Engländer und Franzosen in ein paar Amtsstuben für die Flugsicherheit Groß-Berlins. Der Rest der schwerbewachten Räumlichkeiten ist im wahrsten Sinne des Wortes ›kaputtbesetzt‹: Hinter schmutzigen Fensterscheiben erkennt man schemenhaft abgerissene Tapeten und herausgerissene Installationen.

In dem gepflegten kleinen Park davor, dem einzigen Grünland in der näheren Umgebung, führen Rentner ihre Hunde spazieren; türkische Mamas beaufsichtigen ihre Kinder im Schatten der Bäume, von denen ausgerechnet eine Sumpfzypresse zu den wenigen Überlebenden aus jenen Zeiten gehört, in denen hier, zu Beginn des 18. Jahrhunderts weit vor den Toren Berlins, der königliche Botanische Garten seinem Kustos Adelbert von Chamisso ein geruhsames Auskommen bot.

Die ›Königskolonnaden‹, die den Eingang des Parkes säumen, wurden im Jahre 1910 vom Alexanderplatz hierher versetzt, weil sie dort dem Verkehr im Wege waren. Sie sind vielfach geflickt und mit Einschüssen übersät, von denen die ältesten aus dem Revolutionsjahr 1848 stammen. Daß ihre Sandsteinsäulen beim Entfernen immer neu aufgesprühter Parolen dünner und dünner werden, war vor nicht allzu langer Zeit Gegenstand besorgter Artikel in der Berliner Tagespresse.«

Die »Potse« war schon immer eine wilde Gegend. Vor dem Sportpalast fanden die Straßenschlachten zwischen Nazis und Kommunisten statt, Goebbels rief hier den »totalen Krieg« aus, nach dem Ende des Schreckens blühte der Schwarzmarkt. Die Straße wurde zu einem rauhen Vergnügungsviertel, in dem sich Spielhöllen, Nachtbars, Kaschemmen, Wettbüros abwechseln mit großen Möbelgeschäften und Banken.

Hier erscheinen Berlins konservativ-liberale Zeitung »Der Tagesspiegel« und das Stadtmagazin

»Tip«, im »Quartier Latin« werden Jazz und Rock gemacht. Einst wanderten hier Hehler und Zuhälter, käufliche Jungen und Mädchen, Neugierige und Einsame nachts über den Damm – heute ist es sehr viel ruhiger geworden. Der Sportpalast wich einer buntbemalten »Wohnmaschine«, für das billige Vergnügen an den Straßenecken fehlt es an Kundschaft.

Die Potsdamer Straße war auch eines der Zentren der Hausbesetzer-Szene, neben Kreuzberg. Viele Graffiti an den Wänden erinnern noch daran. Wo die Straße von der Hochbahn überquert wird – sie ist stillgelegt, und auf dem Bahnhof kann man den türkischen Basar besuchen –, wurde der Jugendliche Demonstrant Jürgen Rattay getötet. In den ehemaligen Absteigen sind heute Asylanten aus dem Libanon und Sri Lanka untergebracht. Die Geschäfte gehören den Türken, die es viel besser als ihre deutschen Kollegen in den feineren Vierteln verstehen, Tomaten und Apfelsinen zu kunstvollen Gebirgen aufzutürmen. Der Geruch von Kebab liegt immer in der Luft – das türkische Hack hat die Curry-Wurst verdrängt. West-Berlins größter Bankrotteur, der Architekt Garski, mit dessen Abgang das Ende der fast dreißigjährigen Regierungszeit der Sozialdemokraten eingeläutet wurde, hatte hier seine Büros.

Man kann aber auch stille Tage in Friedenau verbringen. In den schön erhaltenen, stuckverzierten Mietshäusern leben viele Künstler, oft sind die hohen Dächer zu Ateliers ausgebaut. In den sechziger Jahren wohnten in der Niedstraße Hans Magnus Enzensberger und Günter Grass in kleinen Stadtvillen, Tür an Tür mit Uwe Johnson, der hier seine »Mutmaßungen über Jacob« schrieb.

Die Potsdamer Straße heißt hier schon Schloßstraße und ist eines der hektischen Einkaufsviertel, Mekka für alle Konsumenten der südlichen Stadtbezirke. Einst verlief parallel zu dieser Achse die Bahnlinie nach Potsdam, die 1838 eingeweiht wurde. Die Fahrt von Berlin nach Potsdam dauerte 40 Minuten, das sind rund 45 Kilometer in der Stunde. Schneller kommt heute im dichten Verkehr von Steglitz auch ein Autofahrer kaum voran. Damals wurden täglich 1000 Fahrgäste befördert. Weil man Geld sparen mußte, wurde die Lokomotive mit Torf beheizt, was manchmal den Fahrgästen in den offenen Waggons Löcher in Hüte und Kleider brannte.

Eisenbahnunglück in Steglitz anno 1883

Die Abneigung der Hohenzollernkönige gegen die Eisenbahn ist bekannt. König Friedrich Wilhelm III. erklärte jedenfalls nach einer Fahrt recht mißmutig: »Kann mir keine besondere Glückseligkeit dabei vorstellen, ob man einige Stunden früher in Potsdam ankommt oder nicht.«

Die Chronik berichtet von einem schrecklichen Eisenbahnunglück am Bahnhof Steglitz, in dessen Folge schließlich die Straßenunterführung an der Albrechtstraße gebaut wurde, die bei starken Regenfällen regelmäßig überschwemmt ist und ein Verkehrschaos verursacht. Die Steglitzer nennen den Engpaß daher »Kieler Bucht«.

Das Unglück trug sich so zu: »Am 2. 9. 1883 hielten unweit des Bahnhofs Steglitz im Albrechtshof der Schützenverein ›Freundschaft‹ ein Königsschießen und die Artillerie-Feuerwerker eine Sedanfeier ab. Die Heimfahrt nach Berlin war schwierig, mehrere Züge waren aus Zehlendorf schon überfüllt angekommen. Hunderte von Menschen erwarteten schließlich den Zug um 9.51 Uhr abends, der Verspätung hatte. Die Bahngleise waren an den Straßen lediglich durch Schranken gesichert. Erwartet wurde auch der in Berlin um 9.50 Uhr abends abgefahrene Gegenzug. Die wartende Menge war leichtsinnig, öffnete die Schranke und strömte auf die Gleise. Der Gegenzug raste in die Menge hinein, 39 Menschen wurden getötet. Sie wurden mit einem Möbelwagen in das Leichenschauhaus nach Berlin gebracht.«

Den Bahnhof Lichterfelde-Ost mußte ein Glücksritter selbst bauen lassen, der hier, weit draußen vor den Toren der Stadt, das Land eines heruntergewirtschafteten Rittergutsbesitzers gekauft hatte, um darauf eine Villensiedlung zu errichten. Der Glücksritter hieß Johann Wilhelm Anton Carstenn; er hatte mit dem Bau einer Wohnsiedlung in Marienthal in Hamburg-Wandsbek so viel Geld gemacht, daß er nun hier auf eine weitere gewinnbringende Spekulation hoffte. Um sich mit dem preußischen Fiskus über die Ansiedlung einig zu werden, verpflichtete sich Carstenn, für die Armee eine Kadettenanstalt zu bauen. So wurde Lichterfelde zum bevorzugten Quartier der Offiziere und Kommandanten des preußischen Heeres.

Carstenn aber hatte sich mit seinem Vorhaben übernommen. Er wohnte noch einige Zeit in dem zum Eingang des Schloßparks gelegenen Palais, aber die ersten Zusammenbrüche der unsolide finanzierten Gründerzeit holten ihn ein. Jahrelang mußte er mit dem Staat prozessieren, er starb voller bitterer Vorwürfe gegen die Steuerbehörde.

Abenteurer, und meist ohne Kapital, ganz anderer Art waren die beiden Brüder Lilienthal. Sie gehörten zu jener Sorte von Erfindern, die im 19. Jahrhundert oft genug die Ideen lieferten, mit denen ganze Industrien aufgebaut wurden, oder die als verlachte Originale bitter enttäuscht wurden und ihre Rechtfertigung vor der Geschichte nicht mehr erlebten.

An den Flugpionier Otto Lilienthal erinnert im Park am Teltow-Kanal ein Denkmal, das eine Ikarus-Gestalt mit ausgebreiteten Flügeln darstellt. Die 1914 von dem Bildhauer Peter Breuer geschaffene Plastik läßt auf einer Gedenktafel

Das Schöneberger Rathaus ist Sitz des Senats, aber nach wie vor auch Sitz der Bezirksverwaltung. Hier bekannte sich J. F. Kennedy am 26. Juni 1963 mit dem Satz »Ich bin ein Berliner« zu Berlin.

die Worte von Leonardo da Vinci lesen: »Er wird seinen ersten Flug nehmen der große Vogel vom Rükken des Hügels aus das Universum mit Verblüffung, alle Schriften mit seinem Ruhme füllend und ewige Glorie dem Ort, wo er geboren ward.«

Geboren wurden die Brüder Otto und Gustav Lilienthal in Anklam in Pommern. Es wird berichtet, daß schon die Kinder einen Hang zum Fliegen hatten. Sie wollten die Geheimnisse des Vogelfluges erforschen. Das erste Fluggerät bauten sie heimlich auf dem Dachboden, ein Paar zwei Meter lange Flügel aus Leisten, Leinwand und Gänsefedern. Damit fielen sie herunter. In einer Scheune wurde weiterprobiert, und mit 14 Jahren konnte Otto zum erstenmal einige Meter weit »fliegen«. Er ging nach Potsdam auf die Gewerbeschule und studierte Mechanik, lernte in der Maschinenfabrik von Schwartzkopf und Hoppe und gründete schließlich Ende der achtziger Jahre eine Werkstatt für Heizungsanlagen, in der er auch andere Erfindungen zu Geld zu machen versuchte.

Sein Bruder, der Architekt wurde, erfand den Steinbaukasten, der bald unter keinem Weihnachtsbaum des Deutschen Reiches fehlte. Gustav Lilienthal baute einige der typischen »Burgen« von Lichterfelde, in der Marthastraße, am Weddigenweg und in der Potsdamer Straße. Das waren Häuser, die an die Ritterromane der Tudorzeit erinnern. Ein Drama, das Otto Lilienthal verfaßte, trug den Titel »Moderne Raubritter«.

1889 begann Otto Lilienthal in Zusammenarbeit mit seinem Bruder wieder mit Flugversuchen, zunächst auf dem freien Feld bei der Kadettenanstalt, dann 1891 bei Drewitz in der Nähe von Groß-Kreutz und 1892 von einem zehn Meter hohen Turm auf der Maihöhe der Steglitzer Rauhen Berge. Er band sich seinen Flugapparat, ein Tragegestell mit Flügeln, an den Armen fest und flog auf diese Weise

34 30 Meter durch die Luft. 1894 ließ sich der Unermüdliche einen 15 Meter hohen Hügel an der jetzigen Schütte-Lanz-Straße aus Abfällen der benachbarten Ziegelei für rund 9000 Mark aufschütten. Von diesem Hügel aus gelangen ihm Weiten bis zu 100 Meter. Der Gleitapparat bestand aus Bambusrohr sowie starken Weidenruten und war mit einem Baumwollgewebe, Schirting genannt, überzogen. Das Gewicht betrug 40 Pfund, die größte Spannweite der Tragflächen wies 7,7 Meter auf.

Noch bessere Voraussetzungen fand er dann in den Bergen bei Stölln und Rhinow, das Hügelgelände war nur mit Heidekraut bewachsen. Hier wurde aus dem abstürzenden Fall ein schräges Gleiten, so daß ein freier Segelflug bis zu 350 Meter zustande kam. Insgesamt hatte Lilienthal 18 verschiedene Flugzeugtypen gebaut und über 2000 Gleitflüge unternommen. Am 9. August 1896 erfaßte ein ungewöhnlich starker Windstoß seinen Eindecker. Bei dem Sturz brach sich Lilienthal das Rückgrat. Er starb am folgenden Tag in der Bergmann-Klinik. Seine letzten Worte waren: »Opfer müssen gebracht werden.«

Am 10. August 1932 wurde an der Schütte-Lanz-Straße auf dem Hügel, von dem aus Otto Lilienthal einst seine Gleitflüge gestartet hatte, eine von Fritz Freymüller in elf Meter Höhe gestaltete Gedenkstätte eingeweiht. Sie wird von den Berlinern in der ihnen eigenen Art »Spirituskocher« genannt. Der mit Rasen bewachsene Hügel ist in Kegelform ausgebildet und vierfach abgestuft. Auf der Hügelkuppe ist inmitten der Gedenkstätte eine Erdkugel aufgestellt. Ein von neun eisernen Stützen getragenes rundes Schirmdach läßt die Mitte der Gedenkstätte symbolhaft für Blicke von der Erde zum Himmel frei. Am Fuße der zum Denkmal führenden Treppen befinden sich im Rasen eingebettet zwei Gedenkplatten für die Brüder Lilienthal und für die

Oben: 1952 wurde im Gefängnis Plötzensee eine Gedenkstätte für die während der Nazizeit hingerichteten Widerstandskämpfer – etwa die Männer des 20. Juli 1944 – eingerichtet, zu der auch eine informative Dokumentation gehört.

Unten: In den Formen eines Barockschlosses wurde 1909/13 das Kammergericht im Heinrich-von-Kleist-Park – bis 1908 der Botanische Garten – errichtet. Heute sitzt hier der Alliierte Kontrollrat.

Helfer bei Flugversuchen Paul Beylich, Hugo Ewlitz sowie Paul Schauer.

Es scheint, als habe das traurige Beispiel Otto Lilienthals in Steglitz eine Tradition begründet. In der Südendestraße wohnte die einzige Luftschifferin der Welt, Elfriede Riotte (1879–1960). Und dann der Postschaffner Gustav Witte, der mit seinem Flugzeug zur Begeisterung der Jugend über Lichterfelde und Umgebung seine Schleifen zog. Er stürzte 1912 bei heftigem Sturm aus einer Höhe von 30 Meter mit seinem Doppeldecker tödlich ab und wurde auf dem Lichterfelder Parkfriedhof begraben.

Weltbekannt wurden die Flieger Ehrenfried Günther Freiherr von Hünefeld, Hauptmann Herman Köhl und der irische Major Fitzmaurice, denen im April 1928 in einem Junkersflugzeug vom Typ W 33 in 36 Stunden erstmals ein Flug von Europa, Abflugplatz Dessau, nach Amerika gelang; davor mußte ein von ihnen bereits gestarteter Versuch wegen aufgekommener Stürme abgebrochen werden. In entgegengesetzter, windmäßig leichterer Richtung war 1927 dem Amerikaner Charles Lindbergh ein Alleinflug geglückt. Hünefeld wohnte in Südende, eine Straße ist dort nach ihm Hünefeldzeile benannt worden.

1948/49, die Zeit der Blockade

Kunst und Handwerk des Fliegens sollten für Berlin noch einmal eine lebenswichtige Rolle spielen. Am 26. Juni 1948 sperrten die Sowjets die Verbindungsstraßen nach West-Berlin. Die Blockade zielte darauf ab, die Stadt auszuhungern und letztendlich dem kommunistischen Block einzuverleiben. Die Amerikaner antworteten mit einer Operation, wie sie bis dahin nicht für möglich gehalten worden war: Sie versorgten die Stadt aus der Luft. Bis zum September 1949 – als die

Russen aufgaben – wurden über 1,8 Millionen Tonnen Lebensmittel und 16 000 Tonnen Industriegüter – zum Beispiel das gesamte Turbinenhaus des Kraftwerks Reuter – eingeflogen.

Ein amerikanischer Reporter, Charles J. V. Murphy, berichtet: »Jedes einzelne Stadium der Be- und Entladung ist genauen Zeit- und Bewegungsstudien unterworfen worden. Statistiker sind mit der Stoppuhr in der Hand nach Tempelhof geflogen. Sie haben genau die Zeit festgehalten, die ein Pilot braucht, um vom Flugzeug zur Kantine, von der Kantine zur Flugleitung, von der Flugleitung zum Wetterbüro und vielleicht noch einmal zurück in die Kantine zu gehen. Dieses zwanglose Schlendern nahm ungefähr eine ganze Stunde in Anspruch. Heute unterwerfen sich die Flieger mit einer Fügsamkeit, die man bisher bei ihresgleichen nie gekannt hat, diesem Roboterprogramm . . .

Im selben Augenblick, in dem der Pilot die Zündung abstellt, rollt bereits ein großer Lastwagen mit einer Entladungsmannschaft von rückwärts an das Flugzeug heran, um die Fracht in Empfang zu nehmen. Daneben wartet ein zu einem Erfrischungsstand umgebauter Jeep. Noch bevor die Piloten aus dem Rumpf des Flugzeuges herabgeklettert sind, fliegen bereits die ersten Säcke mit Kohle oder Mehl in den Lkw. Kaum haben die Piloten an der fahrbaren Snack-Bar etwas gegessen, rollt auch schon ein weiterer Jeep heran, in dem sich ein Angehöriger der Flugleitung und ein Meteorologe befinden, die ihnen kurze Anweisungen für den Rückflug geben.

Mit Hilfe dieses Schnellverfahrens konnte die Zeitspanne, in der die Maschinen beladen oder entladen werden, in Tempelhof auf 35 Minuten und in Westdeutschland auf 45 Minuten heruntergeschraubt werden. Die erforderlichen Handgriffe wurden so weit aufeinander eingespielt, daß die Lastwagen mit Benzin und Kohle im selben Moment neben dem Flugzeug bremsen, in dem die Ablösung der Besatzung die Leiter hinaufsteigt, um die Maschine zu übernehmen.«

In Erinnerung an den großen Air-Lift, ohne den die Berliner verhungert wären, wurde am Platz der Luftbrücke ein Denkmal errichtet, das an die 78 Opfer erinnert, die bei Unfällen ums Leben kamen. Jährlich veranstalten die Amerikaner auf dem Flugfeld Tempelhof eine Luftfahrtschau, zu der Hunderttausende von Besuchern kommen. Seit 1975 wird der gesamte zivile Flugverkehr über den Flughafen Tegel abgewickelt, in Tempelhof landen nur noch Militärmaschinen.

Das kleine Rixdorf wurde Neukölln

Hinter dem Flughafen Tempelhof beginnt das alte Rixdorf, das heute Neukölln heißt. Einst war es ein weit vor den Toren gelegenes idyllisches Dörfchen gewesen, das sich gegen Ende des 19. Jahrhunderts in die »Schlafstube der Berliner Arbeiter« verwandelt hatte. Die vielen Zuwanderer aus der Provinz fanden hier billige Unterkunft in schnell errichteten Mietskasernen. Der »Richardshof« in der Richardstraße hatte fünf Hinterhöfe. Um 1895 lag das Jahreseinkommen von 63 Prozent der Rixdorfer Steuerzahler unter 900 Reichsmark: Das reichte nicht einmal, um überhaupt steuerpflichtig zu werden.

An der Hasenheide hatten zahlreiche Tanzsäle und Biergärten aufgemacht, und für den neugierigen Stutzer, der einmal proletarisches Vergnügen empfinden wollte, empfahl sich ein Besuch in Rixdorf. In einem populären Couplet, das 1890 überall gesungen wurde, heißt es: »Uff den Sonntag freu ick mir./ Ja, denn jeht et raus zu ihr,/ Fährste mit verjnügtem Sinn,/ Pferdebus nach Rixdorf hin!/ Dort erwartet Rieke mir,/ Ohne Rieke keen Pläsir!/ In Rixdorf ist Musike,/ da tanz ick mit

Oben: Ein Park für viele Zwecke ist die Hasenheide, die direkt an den Bezirk Kreuzberg grenzt. Wenn das Wetter es zuläßt, sitzen alle Generationen und Nationalitäten hier gern beisammen, um Skat zu kloppen.

Unten: Am 26. April 1985 öffnete die Bundesgartenschau ihre Pforten. Auf einer Fläche von 90 Hektar wurden an der Mohriner Allee neue Grünanlagen geschaffen, mit Seen und Wiesen, Hügeln und Tälern.

der Rieke,/ In Rixdorf bei Berlin.«
Die Rixdorfer waren über den
schlechten Ruf von Rixdorf so em-
pört, daß sie eine Bürgerinitiative
gründeten, die für eine Namensän-
derung dieses Ortes eintrat, »in
dem kein anständiger Mensch leben
kann«. Kaiser Wilhelm II. gestattete am 27. Januar 1912 huldvoll die
Umbenennung – ob sich damit allerdings die traurigen sozialen Verhältnisse der Bewohner besserten,
ist mehr als fraglich.

In der Hasenheide, nicht weit von
der Neuen Welt, in der heute eine
Rollschuhbahn ist, hatte einst der
Doktor Ernst Ludwig Jahn einen
Turnplatz eröffnet: Er erfand aller-
lei seltsame Geräte – Schaukeln,
Laufbretter und Kletterstangen –,
auf denen sich die jugendlichen
Handwerker und Studenten in Ber-
lin trimmen sollten. Seither gilt
Jahn als Ur-Vater der deutschen
Turnerbewegung.

Er hatte freilich nicht nur sportliche
Ertüchtigung im Sinn, ihm ging es
um die Erziehung eines germanischen Menschen, der wie seine Vor-
fahren auf dem Thingplatz über
sein Geschick selbst entscheiden
sollte. Es war eine Art Basis-Demo-
kratie, die Jahn vorschwebte. Und
diese Ideen machten ihn zum ge-
fährlichen Anarchisten und Staatsfeind. Die Turnbewegung wurde
vom Herrscherhaus als mächtige Bedrohung empfunden. Jahn
wurde polizeilich überwacht und
schließlich vor Gericht gestellt.

Die Untersuchung gegen ihn führte
ein Richter, der aus ganz anderen
Gründen unsterblich werden sollte:
der Kammerrat E. T. A. Hoffmann, der große romantische Dichter. Jahn wurde vorgeworfen, er
habe bei seinen Turnfahrten durch
die deutschen Gaue verbotene Lieder gesungen, so das Lied »Ich hab
mein Sach auf nichts gestellt«, was
den Nihilismus des Sängers bewei-
se. Der kam nur frei, weil der Ver-
fasser dieses Gesanges ein richtiger
Minister war – Johann Wolfgang
von Goethe in Weimar!

Die Turn- und Sportvergnügungen

Die »Buga« war eine Schau der
Superlative: Hier wurden 3000
Bäume, 500 000 Frühlings- und
800 000 Sommerblumen angepflanzt. Von Juni bis Oktober
standen 18 000 Rosen in voller
Blüte.

38 im Neukölln von heute sind gewiß anderer Natur: Im Ortsteil Britz wurde gerade das »Berliner Bade- und Luft-Paradies« (BLUB) eröffnet. Hier gibt es nicht nur »Europas längste Wasserrutschbahn«, sondern alles, was mit Wasser, Dampf, Sonne und Luft zusammenhängt und was den Freizeitmenschen glücklich macht. In den Schwimmbecken ertönt auch unter Wasser Musik, es gibt für mutige Krauler Wildwasserbäche, für Romantiker Felsgrotten und natürlich alle Möglichkeiten der Sonnenbestrahlung sowie Lokalitäten für Hungrige und Durstige – und Nackte auch. Der Spaß ist groß, allerdings nicht ganz billig.

Die Bundesgartenschau sorgte für neues Grün

Neukölln ist Berlins einziger Bezirk, der keinen Wald hat, und so beschloß man die Anlage eines großen Erholungsparks. Zur Bundesgartenschau 1985 war Eröffnung. Hier wurden nun alle Erkenntnisse neuester Gartenbautechnik und der Ökologie umgesetzt. Historischen Vorbildern folgend, entstand ein von einer dichten Hecke umgebener Rosengarten. Die Eibenhecke ist als überschaubare Balustrade mit Kugelköpfen geformt. An anderer Stelle öffnen eingeschnittene »Fenster« den Blick in die Landschaft: Es wurden neue Hügel und Seen, Auen und Bäche geschaffen. Einer der Höhepunkte ist der Staudengarten, der nach dem Potsdamer Gärtner Karl Foerster benannt wurde. Er propagierte schon um die Jahrhundertwende den Naturgarten. Mehr als 300 Staudenarten – von Wild- und Beetstauden bis hin zu den Wasserpflanzen – sind zu bestaunen.
Überall im Park wird Wert gelegt auf die Ansiedlung, die Erhaltung und die Pflege im Berliner Raum vorkommender, aber zum Teil gefährdeter Tier- und Pflanzenarten. Besonders deutlich wird dies in

Oben: 1975 löste der Flughafen Tegel den alten Flughafen Tempelhof ab. Vor dem Hauptgebäude steht die Edelstahlplastik »Wolkentor«; doch auch über den Wolken ist für Berlin die Freiheit nicht grenzenlos.

Unten: Die Mauer an der Bernauer Straße ist durch Todesstreifen und Panzersperren unüberwindbar geworden. Kurz nach der Errichtung der Mauer sprangen gerade hier viele Menschen in die Freiheit – oder in den Tod.

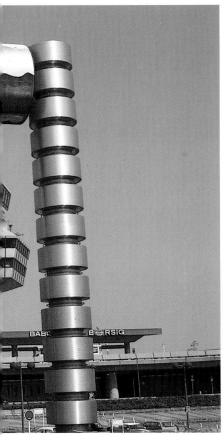

den Bereichen »Spontanvegetation« und »Flachwasserbiotop«, die in ihrer pflanzen-soziologischen Zusammensetzung die heimische Vegetation darstellen. So konnte in der seichten Wechselzone zwischen Ufer und tieferem Seewasser eine natürliche Flora und Fauna entstehen. Der Röhrichtgürtel und die Schwimmblattpflanzen entwickeln sich noch, trotzdem finden hier schon Frösche und andere Tiere Deckung, Schutz und Nahrung. Erfreulich ist die Vielfalt der Libellen und seltenen Wasservögel.

Keine der Brücken auf dem Parkgelände, die Seen und Bäche überspannen, gleicht der anderen. Sie sind vielmehr der jeweiligen landschaftlichen Situation angepaßt und bilden – trotz ihrer mehr technischen Funktion – ein interessantes gestalterisches Element. Ein Beispiel dafür ist die große Hauptbrücke, die mit ihren Pylonen und in ihrer Kombination von Buhne, Steg und Brücke ein Kunstwerk ist. Dies gilt auch für die Rundholzmauer beim Karl-Foerster-Garten, für die Natursteinmauer bei den Wasserpflanzenbecken oder für die Rasenmauer im Friedhofsbereich. Hier wurde mit einfachsten Mitteln durch Aufschichten von Rasensoden ein für den Berliner Raum erstmalig angewandtes Verfahren gezeigt, wie es für viele Hausgärten als Vorbild dienen kann.

Besondere Aufmerksamkeit wurde der Führung und dem Ausbau der Wege gewidmet. Sie sind ebenfalls so angelegt, daß sie sich der Landschaft unterordnen. Die 22 Kilometer langen Wege wurden entsprechend ihrer Funktion ausgebaut – sei es als Trampelpfad, als Durchgangsweg, als Hauptweg, als Wanderweg oder als Promenade. Als besonders fußgängerfreundlich erweisen sich dabei die »Rindenschrotwege«: Hier wird als Wegebelag Baumrinde, durchsetzt mit Nadelstreu, verwendet, so daß der Besucher wie im Wald spazierengehen kann.

Kernstück des Parks ist ein See, der mit seiner Ausdehnung von neun Hektar noch größer ist als der Halensee. Wiesen mit Salvien und Margeriten wachsen bis zum Uferrand. Auf dem Wasser schwimmen Seerosen. Zur Erhaltung dieses Sees wurden mehrere Brunnen angelegt, die mit für eine gute Wasserqualität sorgen sollen. Auch wenn der Besucher es nicht merkt, sind doch die drei Quellen eine künstliche Einrichtung, nur wurde die Technik so versteckt, daß die Quellen, die den See speisen, ein natürliches Aussehen haben. Das Plätschern des Wassers hat nicht nur romantische Aspekte, sondern dient ganz wesentlich der Sauerstoffanreicherung und damit dem ökologischen Gleichgewicht dieser großen Wasserfläche.

Alle Bauten auf dem Gelände der Bundesgartenschau haben eigenständige, unverwechselbare Gestaltungsformen und sind von verschiedenen Architekten geplant. Sie sollen als Teil eines Gesamtkunstwerkes aus Landschaft, Architektur und Kunst wirken und den Erlebniswert des Parks steigern. Ein Beispiel dafür ist das Café am See. Der Architekt formte aus dem vorhandenen Lehm des Geländes seine pilzförmigen Grotten, die Seebühne und das Café am See als zusammengehöriges Ensemble. Damit setzte er in die Tat um, was als planerische Idee alle Beteiligten neugierig gemacht und fasziniert hatte: ein Café am See in Erdbauweise, das förmlich aus einem der Ausläufer des 20 Meter hohen Aussichtsberges herauswächst und somit ein Teil der Landschaft wird.

Die an das Café anschließenden, ebenfalls in Erdbauweise errichteten Grotten können als erweiterte Terrassen- oder Zuschauerflächen dienen oder auch Spaziergängern Schutz vor Regen bieten. Sie bestehen aus fünf nebeneinanderstehenden, wie große Pilze anmutenden Teilen, deren Kappen bepflanzt sind.

Vergleichbar der römischen Sonnenuhr des Kaisers Augustus (63 v.

40 Chr. bis 14 n. Chr.) oder den indischen Kalenderbauten des Maharadschas Jaih Singh (um 1780) bei Delhi, entstand im nordöstlichen Parkbereich ein Platz von 99 Meter Durchmesser, der Teil eines kosmischen Gesamtkonzepts ist. Ein präzise errechnetes und kunstvoll ausgeführtes »Kalendarium« zeigt die Tages- und Jahreszeiten im Schattenspiel auf der Erde. Dieser Kalenderplatz ist umgeben von einem Zeitring, der mit seinen Stundenrippen die 24 Stunden des Tages markiert. An seinem Rand ist zwischen der 22- und der 2-Uhr-Rippe ein Café mit zwei Orangerie-Flügeln eingefügt. Es ist nach Süden voll verglast und zum Norden in einen Erdwall hineingebaut. Dieser Komplex führt das Leitthema konsequent mit architektonisch-technischen Mitteln fort, indem er überwiegend durch die natürliche Strahlungsenergie der Sonne klimatisiert wird.

Vom Zentrum des Kalenderplatzes verläuft eine aus dreieckigen Torelementen geformte hölzerne Pergola hin zu einem exakt vermessenen Punkt – dem neuen Landeshaupthöhenpunkt – im Britzer Eingangsbereich. Ihre Dimensionen stetig vergrößernd, zeichnet sie in Schwingungen den Weg des Lichts nach.

Kritiker – wie der Gartenhistoriker Professor Martin Sperlich – werfen der Bundesgartenschau vor, mehr eine Mustermesse als ein gartenkünstlerisches Gesamtensemble zu sein. Die Zeit wird zeigen, ob die Natur, die hier geschaffen wurde, sich zu einem organischen Ganzen verwächst.

Wer noch keine wunden Füße nach dem Rundgang durch das Gartenschau-Gelände hat, der könnte in Neukölln noch andere Manifestationen heutiger Stadtplanung besichtigen. Die Hufeisensiedlung der Architekten Bruno Taut und Martin Wagner ist ein Musterbeispiel für den sozialen Wohnungsbau der zwanziger Jahre.

Der Begründer des Bauhauses,

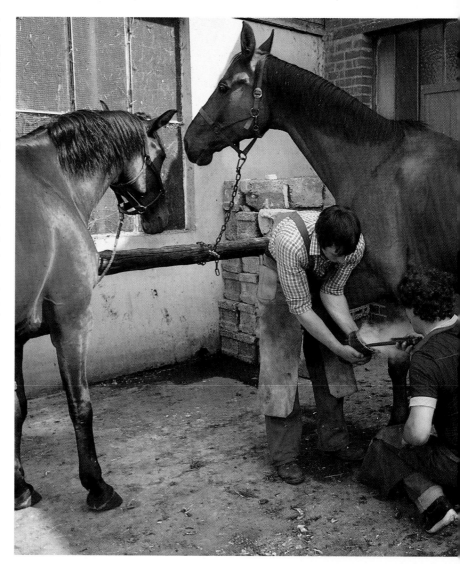

Oben: Im Norden von Berlin liegt Lübars, ein Dorf, in dem es noch zehn Landwirte gibt, die 140 Hektar Land bestellen. Der Hufschmied versorgt nicht nur Reitpferde, sondern auch Ackergäule.

Unten: Von dem ländlichen Idyll in Lübars ist es nur ein Katzensprung zum Märkischen Viertel. Es wurde in den sechziger Jahren gebaut, als in Berlin noch Wohnungsnot herrschte. Die Siedlung stand oft im Kreuzfeuer der Kritik.

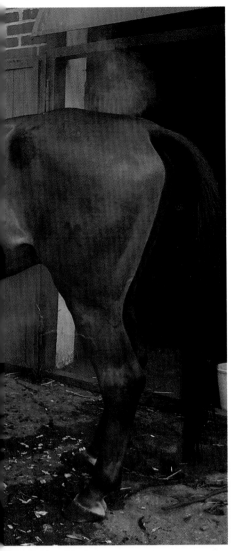

Walter Gropius, plante ein ganzes Stadtviertel, mit dessen Bau in den sechziger Jahren begonnen wurde. Die Gropiusstadt ist neben dem Märkischen Viertel im Norden das zweite große städtebauliche Experiment jener Zeit – das nicht nur Architekten beschäftigte, sondern in der Folge Psychologen und Soziologen, denn nicht immer waren die Bewohner dieser Großsiedlungen mit dem zufrieden, was ihnen als »urbanes Wohnen« angeboten wurde.

In Neukölln leben mehr als 300 000 Menschen, davon sind fast 40 000 Ausländer, zumeist Türken, die in den alten Häusern wohnen, die noch nicht saniert wurden. Rixdorf hat ja eine alte Tradition, Refugiés und Asylanten aufzunehmen. Unter König Friedrich Wilhelm I. erhielten 1737 etwa 350 Flüchtlinge aus Böhmen, die wegen ihres evangelischen Glaubens vertrieben worden waren, in Rixdorf Wohnrecht und die Zusicherung freier Religionsausübung. Seither besteht die böhmische Kirchengemeinde, die sich den Herrnhuter Brüdern anschloß. Rund um die Richardstraße sind die kleinen Häuser der Böhmen zu besehen, und noch heute leben die Nachfahren der Böhmen in diesem Stadtviertel. Wie vor 250 Jahren singen sie zu Weihnachten ihr Lied »Cas Radosti«. Sie heißen Krystek, Maresch und Wanzlik, und sie haben noch heute ihren Glauben, dem sie in der schmucklos weißen böhmisch-lutherischen Kirche huldigen.

Im Norden: der »rote Wedding«

Der andere große Arbeiterbezirk ist der Wedding im Norden, der »rote Wedding«. Hier hatten in der Weimarer Zeit die Kommunisten und Sozialdemokraten ihre Hochburgen. Hier war es auch, wo sich am intensivsten der Widerstand von unten, der Protest politisch bewußter Arbeiter, gegen die Nationalso-

zialisten entwickelte. So sind es nicht Baudenkmäler und Parks, die dem Stadtviertel Ehre machen, es sind die wenigen noch vorhandenen Orte, die an die Terrorzeit erinnern, Wohngenossenschaften, Kleingartenkolonien, Industriegebäude, die zerfallen.

Auf dem Wedding wird noch berlinert, hier gibt es auch noch die meisten originären Kneipen: zum Beispiel das »Panke-Eck«, die »Goldene 16« oder – in der Weddingstraße – die »Alt-Berliner Weinstube«, an deren Tür der Gast klopfen muß, um eingelassen zu werden.

Während Kreuzberg schon Ziel von Touristen geworden ist, blieb dieser Arbeiterbezirk unbeachtet. Typisch für die Sanierungspolitik unserer Tage – die zumeist erst einmal eine Abrißpolitik ist – sind die Straßenzüge um die Kösliner Straße, in der sich im »Blutmai 1929« die berüchtigten Straßenschlachten der Weimarer Zeit abspielten. In der Badstraße befanden sich damals mehr als 40 Kneipen und Tanzetablissements, so »Ballschmieders« oder »Weimanns Volksgarten«, in deren Hinterzimmern sich häufig die organisierten Arbeiter zu Diskussionen und Vorträgen versammelten.

Die SA okkupierte zahlreiche dieser traditionellen Arbeitertreffs: Das Lokal »Glaskasten« in der Prinzenallee 33 wurde zur Folterstätte. Auf der Kegelbahn wurden gefangene Arbeiter gequält, später legte man ihre geschundenen Leiber vor die Wohnungstüren. Der sozialdemokratische Widerstand war besonders stark in den Kleingärten. Dort in der »Freien Scholle« wurden viele Illegale, Juden, Gewerkschafter und Politische versteckt. In den Kirchen stritten die Männer der Bekennenden Kirche mit den deutschen Christen. Die Osterkirche in der Samoa-Straße und die Nazareth-Kirche (ein bedeutendes Baudenkmal, von Schinkel entworfen) waren sozusagen in der Opposition, während die nationalen Christen um den Reichsbischof Müller in der St. Pauls-Kirche in der Badstraße saßen.

Ein religiöser Sozialist war der Pfarrer Harald Poelchau, der sich um einen Dialog zwischen Arbeiterbewegung und Kirche bemühte. Er war von 1933 an Gefängnispfarrer in Tegel, später auch in den Hinrichtungsstätten Plötzensee und Brandenburg. In zwei bewegenden Büchern hat er seine Erfahrungen und Gespräche mit den zum Tode Verurteilten aufgezeichnet. Poelchau arbeitete aktiv in mehreren oppositionellen Gruppen mit, so im »Kreisauer Kreis« um den Grafen Moltke und bei der Gruppe »Onkel Emil«, einem Zusammenschluß von Bürgern, die in den letzten Monaten der NS-Diktatur mit dem Aufruf »Schreibt überall Euer Nein an« gegen die Fortsetzung des Krieges und gegen die NS-Gewaltherrschaft protestierten. Poelchau hatte mehrere Juden versteckt; in seiner Wohnung in der Afrikanischen Straße 140 b lagerte er im Keller Lebensmittel für die Untergetauchten.

Das Schicksal eines Arbeiterehepaares, das auf eigene Art seinen Protest gegen die Diktatur formulierte, hat der Schriftsteller Hans Fallada in seinem Buch »Jeder stirbt für sich allein« beschrieben. Elise und Otto Hempel wohnten in der Amsterdamer Straße 10, sie waren zunächst keine Regimegegner, doch die persönliche Erfahrung des Unrechts brachte sie dazu, Widerstand zu leisten: Otto Hempel schrieb mit der Hand mehr als 200 Postkarten, aber auch seitenlange Flugschriften, die er in den Wohnvierteln der Glasgower Straße, Lüderitzstraße, Wolgaster- und Schwedenstraße verteilte. Fast alle diese Karten haben »Volksgenossen« an die Gestapo weitergereicht, und 1943 wurden die Eheleute gefaßt und vom Volksgerichtshof wegen »Hochverrats« zum Tode verurteilt. Am 8. April 1943 sind sie in Plötzensee hingerichtet worden. Der Schauspieler Erwin Geschon-

»Pack die Badehose ein, nimm dein kleines Schwesterlein, und dann nischt wie 'raus nach Wannsee . . .« Das größte Freibad Berlins liegt am Wannsee, und an Sommer-Wochenenden ist jeder Quadratzentimeter Strand belegt.

nek, der selbst in der Ackerstraße wohnte, hat später in der Verfilmung des Romans den Otto Hempel dargestellt. Geschonnek saß von 1939 bis 1945 in mehreren Konzentrationslagern, wie auch ein anderer Prominenter der heutigen DDR: Erich Honecker, der in der Brüsseler Straße 26 seine Wohnung hatte.

Die Mauer trennt den Wedding vom Prenzlauer Berg ab. Vor dem Mauerbau herrschte in der Bernauer Straße reger Verkehr: Ostberliner kamen herüber, um im Westen die vollen Schaufenster anzustaunen, die Westberliner ließen sich drüben billig die Haare schneiden. Auch der Fußballclub Hertha BSC hat seither viele seiner Fans verloren.

Viele Berliner denken mit Unbehagen an Moabit: Dort steht das Kriminalgericht, eine im einschüchternden Stil einer preußischen Burg gebaute Festung des Rechts, in dem die armen Sünder ins Schwitzen kommen, wenn auch die dicken Mauern Kühle verbreiten. Gleich daneben steht der Neubau der Frauenvollzugsanstalt, ein »Hochsicherheitsbau« aus Beton.

Nun ist es Zeit, sich an einer Spezialität zu laben, die in Wedding erfunden wurde: 1894 meldete der Braumeister Christoph Groterjan ein von ihm hergestelltes Malzbier zum Patent an. Süß und alkoholfrei, wurde es bald zum Lieblingsgetränk werdender Mütter. Die Überreste der Brauerei, die 1978 schloß, stehen in der Prinzenallee unter Denkmalschutz – als Beispiel für die Industriearchitektur der zwanziger Jahre.

Der Wedding ist heute der einzige Westberliner Bezirk, der von einer Frau »regiert« wird – von der Sozialdemokratin Erika Heß.

In Reinickendorf, so hieß es früher, sagen sich die Füchse gute Nacht. Dies ist der nördlichste, der größte und ein sehr waldreicher Bezirk. Als Reinickendorf 1920 zu Berlin eingemeindet wurde, hat man die einstigen Bauerndörfer Wittenau,

44 Tegel, Heiligensee, Hermsdorf, Lübars, Reinickendorf und drei weitere Gutsbezirke vereint, und lange Zeit lag dieses Reinickendorf im Bewußtsein der Berliner sehr weit draußen. Es war mehr ein Ort für Schulausflüge oder für Leute, die »nach Wittenau gehören«, in die Landesnervenklinik nämlich.

Dies hat sich geändert: Gerade weil es in Reinickendorf noch viel freies Land gab, entstanden hier große, moderne Wohnsiedlungen, und in der idyllischen Landschaft um die Dörfer breiteten sich die Villen und Reihenhäuser aus. Bauland war hier lange Zeit noch etwas billiger als in den südlichen Vororten.

Flughafen Tegel in Reinickendorf

Der Berlin-Besucher wird von Reinickendorf zuallererst den Flughafen Tegel wahrnehmen, der seit 1975 Berliner Zentralflughafen ist. Das Gebäude besteht aus einem Sechseck mit einem Innenhof. Die Konzeption des Airports war, dem Fluggast die Fußwege so kurz wie möglich zu halten: Vom Auto bis zum Abflugschalter sind es nur 28 Meter – wenn man einen Parkplatz findet. Der Fluggast wird durch überdachte Brücken direkt in die Maschinen geführt. Vertreten sind in Tegel die Luftfahrtgesellschaften der Alliierten, die das Recht haben, die Berlin-Korridore zu benutzen, sowie einige Charter- und Bedarfslinien, die in scharfer Konkurrenz zum Ostberliner Flughafen Schönefeld stehen.

Tegel ist Hauptquartier und Residenz der französischen Stadtkommandanten, und das »Quartier Napoléon« schließt sich dem Flughafengelände unmittelbar an. Wie alle alliierten Truppen, leben auch die Franzosen verhältnismäßig isoliert in ihren mit allen Bequemlichkeiten ausgestatteten Wohnvierteln, nur die Paraden zu den Nationalfeiertagen führen Glanz und Gloria der Armeen vor. Außerdem werden

Etwa seit 1900 entwickelte sich Zehlendorf vom Dorf zum »feinen Vorort«. Bauernhäuser wurden durch Jugendstilvillen ersetzt, wie hier im Bild, neue Straßenzüge und Wohnviertel entstanden.

alljährlich Volksfeste veranstaltet, die großen Zulauf haben. Das deutsch-französische Volksfest am Kurt-Schumacher-Damm, zumeist um den 14. Juli herum gefeiert, ist vor allem wegen der zahlreich angebotenen gastronomischen Spezialitäten Frankreichs sehr beliebt.

Soldaten gab es hier, seit das Deutsche Reich bestand; schon 1870 war hier Exerzierfeld. Und auf dem landete am 29. August 1909 der Graf Zeppelin mit seinem Luftschiff Z 3, bestaunt von Kaiser Wilhelm und den Tausenden Berlinern, die nach Tegel hinausgepilgert waren, um dem Luftschiffer zuzujubeln. 1930 wurde das Gelände zum ersten deutschen »Raketenflugplatz Berlin«: Die Ingenieure Rudolf Nebel und Klaus Riedel bauten hier die ersten Flüssigkeitsraketen. Hermann Oberth und Wernher von Braun schossen im Mai 1931 ihre erste Rakete in den Himmel, aus der dann in Peenemünde, nach dem Machtantritt der Nazis, die V 2 entwickelt wurde. Während der Blockade wurde die Landebahn von den Berlinern mit Hacke und Spaten in 92 Tagen gebaut, damals mit 2400 Meter die längste Piste in Europa.

Heute gilt der Flughafen Tegel – in der Statistik – als einer der pünktlichsten der Welt. Täglich gibt es mehr als 120 Starts und Landungen. Die Flugpreise werden, um den freien Zugang zur Stadt zu sichern, von der Bundesregierung subventioniert.

Viel Beton wurde verbaut – wie auch für die größte Neubausiedlung West-Berlins, das Märkische Viertel. Dessen Name wurde fast zum Synonym für das Bauen der sechziger Jahre: eine Großsiedlung, in der mehr als fünfzigtausend Menschen leben. Es sollte eine neue Stadtlandschaft entstehen, ganz anders als die herkömmliche Flächenbebauung. Hochhäuser und Wohnblöcke von immensen Dimensionen wurden aufgeschichtet, heftig kritisiert und diskutiert, eine Stadt aus der Retorte, deren Leben sich in

den ersten Jahren schwer organisierte. Viele Bewohner wurden direkt aus der Innenstadt hierher versetzt, auch war das Durchschnittsalter der Bewohner des Märkischen Viertels niedriger als in anderen Wohngegenden.

Die sozialen und kulturellen Einrichtungen – Einkaufszentrum, Schulen, das Kulturhaus und Freizeitstätten – mußten erst geschaffen und angenommen werden. Das kommunale Zentrum, das Theodor-Fontane-Haus, ist mit seinen Theatervorstellungen und der Kunstgalerie zum kulturellen Sammelpunkt des Berliner Nordens geworden. Im Märkischen Viertel entstand auch die erste Berliner Gesamtschule, in der die herkömmliche Trennung der Schulzweige aufgehoben ist, wodurch man sich für den Schüler größere Chancen verspricht.

Ein Spaziergang führt durch den Wilhelmsruher Damm vorbei am »Langen Jammer«, einem Gebäude des Architekten René Gagès, hinein in den Senftenberger Ring, wo – ganz im Gegensatz zu der Blockbauweise der »Wohnmaschinen« – ein »Erdhaus« entstand: Der Architekt Engelbert Kremser ließ einen Erdhügel aufschütten, auf den eine Stahlbetonschale aufgebracht wurde. Dann wurde die Erde wieder herausgekarrt, und das Spielhaus war fertig. Eine Idee, die zunächst von allen Statikern und Baubeam-

ten für unmöglich erklärt wurde. Zu den interessantesten Wohnhäusern gehören die Bauten im nördlichen Teil des Märkischen Viertels (Architekten: Shadrach Woods, Peter Pfannkuch, Heinz Schudnagies und Chen Kuen Lee). Die Gebäudeketten »legen sich in freien Schwüngen um die Innenhöfe, und die Wohnungen öffnen sich fächerartig zur Sonne«. Unterdes hat sich die Kritik an der Riesensiedlung etwas gelegt, die Bewohner haben sich eingerichtet, zumal die Wohnungen selbst sehr variabel und großzügig geschnitten sind.

Zur Grenze hin entstand ein großer Freizeitpark, in dem die »Märker« im Winter Ski fahren können. Und wer Sehnsucht nach dem Landleben hat, der braucht nur hinüber in das Dorf Lübars zu wandern, wo man sich inmitten der Kornfelder weit weg von der Stadt wähnen kann.

Die S-Bahn-Strecke führt von der Bornholmer Straße immer an der Mauer entlang durch das Märkische Viertel bis nach Frohnau. Dort wurde kurz nach der Jahrhundertwende eine Gartenstadt geplant, wortwörtlich am grünen Tisch. Der Sohn des Barons von Veltheim verspielte in einer Nacht am kaiserlichen Hof eine glatte Million Mark. Der Herr Papa mußte, um die Schulden des Sohnes zu bezahlen, 3000 Morgen Wald an den Grafen Henckel von Donnersmarck ver-

Dahlem, Sitz der Freien Universität sowie vieler Museen, ist aus einer Siedlung rund um einen Gutshof entstanden. Das alte Herrenhaus in preußisch-spartanischem Barock blieb bis heute erhalten.

kaufen. Und der ließ den Wald abhacken und eine Landhaussiedlung im englischen Stil errichten, die er – erfreut über das gute Geschäft – als »Frohe Aue« bezeichnete, woraus Frohnau wurde.

Zentrum der Siedlung wurde der Bahnhof mit den Ladenzeilen. Da der Bauherr strenge Regeln für die künftige Bebauung vorschrieb, entstand eine harmonische Villensiedlung. Typisch für den Landhausstil sind die Häuser des Architekten Heinrich Straumer am Ludolfinger Weg 50/54 und An der Buche 17–21, die mit ihren steilen Dächern 1910 errichtet wurden. Am Ende des Edelhofdamms baute sich der Arzt Paul Dahlke einen buddhistischen Tempel. Er hatte den Buddhismus in Ceylon kennengelernt und wollte nun hier – zwischen märkischen Kiefern – den Weg zur höchsten Reinheit beschreiten. In dem Tempelgebäude finden regelmäßig Lesungen und Meditationen statt, geleitet von drei Mönchen in buttergelben Gewändern. Die buddhistische Gemeinde in Berlin zählt ungefähr 300 Mitglieder.

Ein religiöses Bauwerk ganz anderer Art steht ebenfalls im Bezirk Reinickendorf: der Nachbau der Moskauer Basiliuskathedrale in der Wittestraße 37 mit leuchtend blauen Zwiebeltürmen und dem goldenen Andreaskreuz. Hier wurde auch der russisch-orthodoxe Friedhof angelegt, aufgeschüttet mit 4000 Tonnen russischer Erde. Zwei bedeutende Komponisten Rußlands fanden darin ihre letzte Ruhe: Michail Glinka und Alexander Rimsky-Korsakow. Die Büste von Glinka auf einem Säulenpostament aus rosa Marmor wurde 1947 auf Befehl des russischen Stadtkommandanten aufgestellt. Neben der Kapelle befindet sich das Altersheim für russische Emigranten, das »Kaiser-Alexander-Heim«.

Reiz und Charme Reinickendorfs, des zweitgrößten Berliner Bezirks, machen zuallererst die Wälder und Seen mit ihren Inseln aus, die kleinen Dörfer mit ihren Kirchen und der Schloßpark: Hier findet der Bewohner des steinernen Berlin Ruhe – zumindest in der Woche – und Natur links und rechts der rund 130 Kilometer Wanderwege vor allem im Forst Tegel.

Die feinsten Adressen im Bezirk Zehlendorf

Der andere grüne Bezirk Berlins, das vornehme Zehlendorf, war schon Mitte vorigen Jahrhunderts Ausflugsziel und dann in der Gründerzeit Ort für die riesigen Sommersitze und Villen längs der Königstraße, über die Hof und Adel nach Potsdam kutschierten. Dahlem, Nikolassee und Wannsee: Das waren und sind die feinsten Adressen Berlins. Wer durch die kleinen Straßen dieser ehemaligen Dörfer wandert, kann einiges mitbekommen von der Pracht und dem Glanz des großbürgerlichen Lebens. In Zehlendorf residieren die Amerikaner, die einige Viertel um die Clay-Allee in »suburbs« verwandelt haben. Größtes Ereignis ist alljährlich das deutsch-amerikanische Volksfest, auf dem tonnenweise Hamburger verkauft werden.

Dahlem ist auch Sitz der Freien Universität, die 1948 entstand, als viele Professoren und Studenten aus politischen Gründen die Universität Unter den Linden verließen. Die neuen Institute und Seminare der Freien Universität wurden in Villen und Landhäusern eingerichtet. Mehr als fünfzig Häuser wurden derart zweckentfremdet, und das Wohnviertel verwandelte sich langsam in einen Campus, der seine aufregendste Zeit in den 68er Jahren erlebte. Von hier gingen die Parolen zu einer Veränderung der Gesellschaft aus, in der die Studenten erst den »Muff von tausend Jahren aus den Talaren« schütteln wollten, um schließlich den »Marsch durch die Institutionen« anzutreten. Die FU ist unsere größte Universität: Mehr als 50 000 Studenten sind eingeschrieben.

Dahlem beherbergt auch die großen Museen der Stadt, in denen der preußische Kunstbesitz aufbewahrt wird, der dem Westteil verblieben ist. Wir kommen im Museumskapitel ausführlich darauf zurück. Die großen Museumsbauten werden von den Bewohnern der Villenkolonie ebenfalls als Fremdkörper empfunden. Hinaus nach Dahlem führt eine schöne alte U-Bahn-Linie, die den Vorzug hat, in einer offenen Erdrinne zu fahren. Der Bahnhof Dahlem-Dorf erinnert an ein reetgedecktes Bauernhaus. In der St. Annenkirche predigte Martin Niemöller gegen das Dritte Reich. Auf dem Dorffriedhof liegt der Studentenführer Rudi Dutschke begraben.

Nikolassee mit seinem vieltürmigen Bahnhof wie aus dem Steinbaukasten hat den Charakter als Villenkolonie noch am reinsten erhalten. Rund um die Rehwiese, die Überrest einer Schmelzwasserrinne aus der Eiszeit ist, stehen zahlreiche architektonisch wichtige Landhäuser, vor allem die Bauten von Hermann Muthesius.

Der Name Wannsee verbindet sich für die meisten Berliner mit dem Strandbad, einem der ältesten und größten Freibäder Europas, in dem zur Sommerzeit viele tausend Sonnenhungrige dicht an dicht im Sand liegen oder im (nicht mehr sehr sauberen) Wasser des Wannsees plantschen. Von der Dampferanlegestelle Wannsee fahren die Schiffe der Stern- und Kreisschiffahrt in alle Richtungen, hinüber nach Spandau, zur Pfaueninsel oder zum Grunewaldturm. An heißen Sommertagen herrscht hier mehr Betrieb als auf dem Kurfürstendamm. Ein stiller Platz, etwas abseits gelegen, ist in all dem Trubel immer der kleine Park in der Bismarckstraße am Kleinen Wannsee. Dort erschoß am 11. November 1811 Heinrich von Kleist seine Freundin Henriette Vogel und dann sich selbst.

An der Königstraße baute der Kommerzienrat Wilhelm Conrad gegen Ende des 19. Jahrhunderts

die Kolonie Alsen, eine weiträumige Parklandschaft, die damals bewußt als bürgerliches Gegenstück zum Potsdamer Ensemble, das in Glienicke beginnt, gedacht war. Die Reichen und Großen der Kaiserzeit kauften sich hier ein, der Fabrikant Siemens ebenso wie der Hofmaler Begas (Petzower Straße). Alfred Messel errichtete einige sehr schöne Häuser im frühen Jugendstil (Am großen Wannsee). Künstler zog es hier heraus, der Sezessionist Liebermann wohnte am Großen Wannsee, daneben der Verleger Langenscheidt. Leider sind viele dieser stilvollen Bauten durch Spekulation und Abriß bedroht, erst in jüngerer Zeit versucht eine Bürgerinitiative in Wannsee, das Bewußtsein für den kulturellen Wert zu wecken.

Das Dorf Stolpe, in dem die Dienstboten und die Fischer wohnten, ist schon 1299 in den Urkunden erwähnt. Die kleinen Häuser in der Alsenstraße sind typische Kossäthen-Häuser der märkischen Tagelöhner. In der Charlottenstraße kann der kritische Betrachter sehen, wie geschichtslos das Dorf saniert wurde: auf der einen Seite mit dem Mohrmannschen Haus und der Conradschule das preußische Erbe, auf der anderen die heutigen Fertigbau-Häuser.

Am Rande Berlins: ehrwürdiges Spandau

Spandau – gehört diese Stadt überhaupt zu Berlin? Im Bewußtsein vieler alteingesessener Spandauer gewiß nicht. Die Havelstadt – älter als Berlin – wurde 1920 ohne große Begeisterung Berlin eingegliedert. Im nachhinein können die Spandauer froh sein, kamen sie doch durch diesen Verwaltungsakt später zu West-Berlin. Spandau wurde Sitz der britischen Militäradministration. Erst in den letzten Jahren wurden Spandau und Berlin durch eine U-Bahn-Verbindung zusammengeführt, vorher hatte die Ha-

Oben: Die älteste der Berliner Dorfkirchen ist die in Marienfelde. Sie wurde um 1220 aus Granitquadern errichtet. Nach wie vor steht die gut erhaltene Kirche auf einem Dorfanger, von alten Bäumen umgeben.

Unten: Vom Juliusturm, Relikt der Burg aus dem 12. Jahrhundert, blickt man auf Substruktionen der Spandauer Zitadelle, einem Bauwerk der Hochrenaissance.

velstadt auch verkehrsmäßig immer am Rand Berlins gelegen.

Alt und ehrwürdig – aber vernachlässigt –, schön gelegen am Zusammenfluß von Spree und Havel, inmitten von Wäldern, umgeben von idyllischen Dörfern, hätte der Stadt ein heiteres Schicksal beschieden sein können, doch leider verschaffte die Lage der Stadt ihr auch die bedeutendsten Nachteile, die ihre Entwicklung am stärksten hemmen sollte: Spandau lag an einem für das frühere Kriegshandwerk wichtigen strategischen Punkt, schon 1197 gab es eine Burganlage.

Spandau war bis in die jüngste Gegenwart eine Festungsstadt. Seit dem 18. Jahrhundert befanden sich hier die größten Munitions- und Waffenfabriken der Preußen. So waren zahlreiche Gebiete zu militärischen Zonen erklärt, was die Ausdehnung der Siedlungen verhinderte. Erst 1903 wurde der Festungswall um die Stadt aufgegeben. Ein bedeutendes Festungsbauwerk im Stil der Hochrenaissance ist die Zitadelle mit ihren vier Bastionen. Sie entstand ab 1560 nach Plänen des Italieners Chiaramelle de Gandino, vollendet wurde sie gegen 1594.

Zeitweilig diente das Schloß als Residenz der Markgrafen und Kurfürsten von Brandenburg, bis diese sich endgültig in Berlin niederließen. Danach wurde die Zitadelle zum berüchtigten Staatsgefängnis, in dessen feuchten Kasematten nicht nur die ehemalige Geliebte Joachims II., Anna Sydow, schmachtete, sondern auch der bankrotte Admiral der Brandenburgischen Afrika-Flotte, Benjamin Raule.

Wahrzeichen Spandaus ist der Juliusturm in der Zitadelle, der 30 Meter hoch ist und mit dessen Bau schon im 13. Jahrhundert begonnen wurde. Der Zinnenkranz ist von Schinkel im romantischen Stil angefügt worden. Als nach dem Krieg von 1870/71 die Franzosen den verlorenen Krieg bezahlen mußten, wurde die Reparation im Juliusturm gelagert: 120 Millionen Mark

Wer vom Tegeler See in die Havel will, muß diese Schleuse passieren, die 1910 in Betrieb genommen wurde. Am Ufer liegt die kleine Dorfgemeinde Damm, deren Bewohner heute noch Fischereirechte haben.

in Goldmünzen, in 1200 Kisten verpackt, wurden dort bis 1919 als »Reichskriegsschatz« verwahrt. Seit einigen Jahren werden Zitadelle und die Schloßbauten restauriert. In einem Restaurant wird ein altmärkisches Mahl serviert, das mit den Fingern zu essen ist.

In der Burganlage und vor der Schleuse wurden zahlreiche Ausgrabungen zur slawischen Frühgeschichte gemacht, die im Heimatmuseum ausgestellt sind. Die älteste Siedlungsstelle gegenüber der Zitadelle ist der Behnitz, wo sich ein Stück Stadtmauer erhalten hat. Interessierte Bürger haben die alten Häuser am Kolk wiederhergestellt. Im Kolk Nr. 3 findet man eine winzig-urige Kneipe.

Lange Zeit nach dem Zweiten Weltkrieg hatte man den Plan, dieses Viertel zu »sanieren«, das heißt abzureißen. Erst jetzt wurde der historische Wert erkannt. Das Viertel um die Nicolai-Kirche, der Reformationsplatz, mit schönen Bürgerhäusern aus dem 18. Jahrhundert, konnte gerettet werden, während der Marktplatz in den fünfziger Jahren neu gestaltet wurde. In der Carl-Schurz-Straße steht das alte Gebäude des Kant-Gymnasiums, der ehemaligen Stadtschule. Die meisten Wohnhäuser dienten höheren Offizieren als Wohnsitz, wie etwa das heutige »Hotel zum Stern« aus dem 18. Jahrhundert.

Ecke Carl-Schurz- und Kinkelstraße stand das berüchtigte Spandauer Zuchthaus, das 1897 an den Vater des Karikaturisten Paul Simmel verkauft wurde, der es abreißen ließ. Berühmtester Gefangener in diesem Zuchthaus war der Dichter und Revolutionär von 1848 Gottfried Kinkel. In einer Novembernacht des Jahres 1850 wurde der Lebenslängliche von einem Freund, dem mutige Spandauer Bürger zur Seite standen, aus dem Gefängnis befreit. Dieser Nothelfer sollte es nach seiner Auswanderung in die USA dort zu hohen Ehren bringen: Carl Schurz wurde amerikanischer Innenminister.

In der Spandauer Altstadt sind die Ackerstraße, die Fischerstraße, Havelstraße und das Lindenufer sehenswert. Die Stadtverwaltung hat wieder die alten Laternen aufgestellt, alljährlich findet ein Altstadtfest statt, und es wurde sogar ein Nachtwächter eingestellt, der abends rufend durch die Gassen ziehen soll. Spandau hat eine eigene Zeitung, das »Volksblatt«.

Und als richtige Stadt hat Spandau auch Vorstädte: nach Osten hin die Industriegebiete um Siemensstadt und Haselhorst, zur Havel hin Pichelsdorf und Pichelswerder, Hakenfelde, Klosterfelde und die kleinen Dörfer Gatow und Glienicke, heute bevorzugte Wohngebiete im Grünen.

Spandau ist auch der größte Industriebezirk Berlins, die Siemenswerke siedelten sich an der Grenze zu Charlottenburg an. Die BMW-Werke bauen ihre Motorräder in Spandau, und die Glühbirnen von Osram werden auch dort gefertigt. Alle vier Siegermächte des Zweiten Weltkrieges teilen sich in die Verwaltung des Kriegsverbrechergefängnisses in der Wilhelmstraße. Dort sitzt als letzter Gefangener (»der teuerste der Welt«) der »Stellvertreter des Führers«, Rudolf Heß, ein, der zu lebenslänglicher Haft verurteilt wurde.

Die vielen Wasserflächen von Havel und Spree machten Spandau zu einem Zentrum des Wassersports, an der Heerstraße, in Gatow und Kladow liegen die schönsten Wassersportreviere der Stadt. Die Wasserballer Spandaus haben es bereits zu zahlreichen Meisterehren gebracht.

Die Stadtverwaltung ist sehr bemüht, das etwas düstere Bild der militärischen Vergangenheit Spandaus vergessen zu machen. Daß Spandau etwas Besonderes ist, werden die Spandauer allerdings nicht vergessen: Sie haben ihre 750-Jahr-Feier schon hinter sich.

Kunst am Bau in Kreuzberg: Hier
leben Türken und Kroaten, Studenten und Künstler in häufig alten, heruntergekommenen Mietskasernen. Das Leben selbst bringt
Farbe ins Viertel – oder das Abbild
des Alltags, wie hier zu sehen.

Szenenwechsel: mitten hinein nach Kreuzberg, in die Alternativ-City. Irgendein Tag in der Woche. Die Sonne steht über dem Kottbusser Tor. Auf dem kahlen Beton hockt eine Clique Jugendlicher, die sich selbst als »scum«, Abschaum, bezeichnet. Zerfetzte Lederjacken als Kleidung, die Haare sind arg zerzaust, violett, grün oder blau gefärbt, Bierbüchsen gehen reihum. Ein Blick in die nähere Umgebung beweist, daß die »Punks« wohl öfter hier sind. Ja, sie gehören zum Inventar am Platz. Und weil er nun mal so heißt, haben die wilden Gestalten auch längst ihren Spitznamen weg: »Kotti-Kids«, die Kinder vom Kottbusser Tor.

Nur einige Schritte weiter ragt das »Neue Kreuzberger Zentrum« in den Himmel, Abkürzung »NKZ«. Unmengen von Beton wurden in den siebziger Jahren hier aufgeschichtet. Die Baugesellschaft machte Pleite, Vater Staat sprang mit 60 Millionen Mark in die Bresche. Jetzt ist in dem Haus ein Altenheim untergebracht. Am Sockel des Betonklotzes steht: »Schade, daß Beton nicht brennt.«

Gleich vor dem »NKZ« verkaufen türkische Händler emsig Tomaten, Bananen und Auberginen. Ein buntes Treiben herrscht an den Ständen. Deutsche und Ausländer stehen Schlange. Die geschäftstüchtigen Verkäufer erzeugen eine lebhafte Basar-Atmosphäre. Es riecht nach Tee, Knoblauch und Stoffballen. Aus türkischen Restaurants dringt der Duft von Hammelbraten. Kebab und Döner haben im Herzen Kreuzbergs schon lange Bockwurst oder Boulette verdrängt.

Die Bankfiliale an der Ecke erweckt zunächst den Eindruck einer Festung aus Panzerglas. Als die Hausbesetzer-Krawalle Ende 1980 hier ihren Ausgang nahmen, gab es reichlich Scherben. Das zersplitterte Glas bedeckte manchmal den

KREUZBERG - KNEIPEN UND KOLLEKTIVE

Kreuzberg ist der Stadtteil mit den
augenfälligsten Gegensätzen: Hinter gründerzeitlichen Nobelfassa-
den leben Gastarbeiter oftmals zu
zehnt in einem Zimmer, ausge-
nutzt von wenig noblen Mietwu-
cherern.

ganzen Platz. Oft dröhnten die Blaulicht-Sirenen der Polizei-Mannschaftswagen (Szene-Jargon: Wannen) um den »Kotti«.

Nicht weit von hier gab es den ersten Schwerverletzten des »Häuserkampfes«. Ein Einsatzwagen der Polizei zerquetschte einem jungen Neuberliner aus der Bundesrepublik an einem Blumenkübel die Beine. Später mußte der Staat sogenannten Schadenersatz zahlen.

Hier am Kottbusser Tor liegen die Konflikte sozusagen auf der Straße. Wer sich dort einmal umschaut, kann leicht erkennen, weshalb Kreuzberg Berlins Problembezirk Nr. 1 geworden ist. Gierige Baulöwen hatten seit den sechziger Jahren den Kiez entdeckt. Die Spekulanten kauften billige Grundstücke und Mietshäuser, um sie nach und nach verfallen zu lassen. Potente Mieter verließen das Gebiet. Es rückten die sozial Schwächsten nach, darunter viele türkische Familien.

Immer mehr Wohnungen standen leer. Die Häuserblocks um das Kottbusser Tor waren auf dem Weg zum Slum. Mancher Besucher fühlte sich beim Gang durch die dunklen Straßen schon wie in der Bronx von New York. Kreuzberg war reif gemacht für die Hausbesetzer-Bewegung.

Doch der planmäßige Verfall des einstigen Innenstadt-Bezirks lockte nicht nur Punks und Türken in den Berliner Südosten. Scharenweise strömten junge Leute aus aller Herren Länder herbei. Sie wollten aus dem spießigen, bürgerlichen Leben aussteigen und eine andere Kultur verwirklichen. Bald war der Mythos von der »Freien Republik Kreuzberg« geboren.

Jeder versuchte, auf seine Art eine neue Identität zu finden. Der eine verlegte sich auf die Schweinezucht im Hinterhof, der andere entdeckte seine große Vorliebe für Kletterpflanzen. Aus den dunklen Hinterhöfen begann neues Leben zu sprießen. Kreuzberg wurde zur Hauptstadt der Alternativ-Kultur.

Innerhalb weniger Jahre entstanden unter dem Stichwort »Selbsthilfe« Dutzende von Projekten. Dabei geht es um Hinterhof-Begrünung, Kinderbetreuung oder die Beratung ausländischer Frauen. Viele dieser Aktivitäten sind das Resultat der Instandbesetzer-Bewegung. Dem ersten alternativen Baustadtrat in einem Berliner Bezirk, dem Kreuzberger Drogisten Werner Orlowsky, war es nämlich gelungen, die große »Abräume« zu verhindern. Die meisten besetzten Häuser und Fabriken konnten legalisiert werden: Man einigte sich mit den Benutzern auf langfristige Verträge. In Selbsthilfe, gefördert vom Senat, können die jungen Leute jetzt ihre Wohnungen nach eigenen Vorstellungen herrichten.

Ehemals besetzt war zum Beispiel das »Kerngehäuse« in der Cuvrystraße 20. Das verzweigte, rot geklinkerte Fabrikgebäude sollte gänzlich verschwinden und Neubauten Platz machen. Viele kleine Gewerbebetriebe hatten längst das Handtuch geworfen. In dieser Situation kamen die Besetzer. »Neues Leben in alten Fabriken« hieß das Motto, und peu à peu füllten sich die verlassenen Räume. Die Sprachenschule »Babylonia« zog ein, ein Taxi-Kollektiv übernahm die Werkstatt parterre. Leben, Arbeiten und Wohnen sollten nun eins sein. Die alte »Kreuzberger Mischung« aus der hektischen Grün-

Die »Gemütliche Ecke« ist eine von ungefähr 5000 Kneipen in Berlin. An der Fassade bröckelt der Putz, aber drinnen fühlt der Stammgast sich zu Hause.

derzeit vor der Jahrhundertwende erlebte ihre Renaissance.

Auch das Nachbarschaftszentrum mit dem phantasievollen Namen »Regenbogenfabrik« in der Lausitzer Straße verdankt sein Dasein der Hausbesetzer-Bewegung. Eine Fahrradwerkstatt und eine gut ausgerüstete Tischlerei haben die jungen Leute auf die Beine gestellt. Dazu kommen ein Stadtteilkino mit regelmäßigem Programm und eine Kleinkindergruppe. Bei Hoffesten trifft sich der ganze Kiez. Die traditionellen Wohlfahrtsverbände hätten so ein buntes Treiben nicht zustande gebracht, hört man von verantwortlichen Politikern. Im Vorderhaus vervollständigt das »Café Regenbogen« den Treffpunkt. An die 30 Aktivisten haben die Fabrik am Leben erhalten und damit einer Gruppe von Steuerabschreibern die Partie vermasselt.

Das abenteuerlichste Produkt aus Kreuzberger Besetzerzeiten hat seine Legalisierung indes nicht erlebt. Der »KuKuCK« (Kunst- und Kultur-Centrum in Kreuzberg) in der Anhalter Straße 7 mußte trotz Zuspruchs aus der Nachbarschaft, aus dem Bezirksamt und aus der Internationalen Bauausstellung sein Leben aushauchen. Die Wünsche des Eigentümers, eine aufwendige Modernisierung zu betreiben, gingen vor. Truppen, wie »Havanna Moon« und »Milchstraßentheater«, mußten sich andere Spielstätten suchen.

Der Rückschlag an der Anhalter Straße war zwar deprimierend, aber nicht das Ende der neuen Kulturszene. Musiker, Gruppen und Selbstdarsteller wichen in zahllose Kneipen aus, die wie Pilze aus dem Boden schossen. »Kreuzberger Nächte sind lang«, dieser Song der »Gebrüder Blattschuß« gilt heute mehr denn je. Die Kreuzberger Kneipenszene hat sich unbestritten zum Berliner Spitzenreiter gemausert. Musik, Unterhaltung, kulinarische Spezialitäten und Getränke bei volkstümlichen Preisen – das ist das Erfolgsrezept.

Für jeden Geschmack ist etwas dabei. Direkt hinter den Yorckbrücken an der Katzbachstraße ist Afrikanisches angesagt. »Kabaka Blues« heißt das Lokal an der Ecke. Einmal in der Woche gibt es Kuskus mit Hammelfleisch aus dem großen Topf. Entlang der Yorckstraße folgt nun ein Lokal auf das andere. In der »Ente« werden Speisen vom gleichnamigen Federvieh serviert. Im »Clip« kommt auf seine Kosten, wer sich für rauhe Underground-Musik à la »Leningrad Sandwich« interessiert. An der Großbeerenstraße stehen »Yorckschlößchen« (mit einem schönen Sommergarten) und die Galerie-Kneipe »Nulpe« zur Auswahl. Über den Mittelstreifen der Yorckstraße führt ein breiter »Trampelpfad«, denn gelegentlicher Szenenwechsel ist durchaus üblich.

Avantgarde der coolen »New Wave«

Das neue Kino »New Yorck« in Riehmers Hofgarten hat sich mit seinem anspruchsvollen Programm schnell einen festen Zuschauerkreis gesichert. In der unmittelbaren Nachbarschaft gibt es nicht weniger als sechs Lokale. Das »Riehmers« gilt als Avantgarde in Sachen »New Wave«. Alles, was glittert, geht dort ein und aus. Die Schickeria der Neuzeit kommt nicht an diesem Schauplatz vorbei. Gefragt sind dunkles Leder, strenge Blicke und eine »coole« Erscheinung. Unterkühlt ist auch die gesamte Atmosphäre, nur keine Emotionen zeigen. Ausländer haben unter Umständen Schwierigkeiten beim Zutritt.

Nicht weit entfernt, neben dem Wasserfall am Kreuzberg, findet man die »Osteria«. Dieses Lokal wird von linken Italienern geführt, die sich einst der Gruppe »Lotta Continua« (Der Kampf geht weiter) verschrieben hatten. Ein guter Platz für Lasagne, Rotwein und Diskussionen. Im Sommer ist das »Golgatha« im Viktoria-Park unterhalb des Kreuzberg-Denkmals einen Besuch wert. Dort kann man bei Weißbier und Knackwurst im Freien lauschige Nächte verbringen. Steht der Wind günstig, weht ein wenig Brauhaus-Duft von Schultheiß herüber.

Jede Berliner Stadtrundfahrt berührt zumindest den Chamissoplatz. Dort blieben die schönsten Stuckfassaden erhalten. Als Filmkulisse für historische Streifen läßt sich kein besserer Ort finden. Durch großangelegte Sanierung wurde der Kiez noch mehr herausgeputzt, jedenfalls für den Besucher.

Die Hinterhöfe sind oft sehr eng und dunkel und beherbergen sozial schwache Schichten. Während der Hausbesetzerzeiten gab es in diesem Kiez schwere Auseinandersetzungen mit der Polizei. Gegen die zahlreichen Busse der Stadtrundfahrten flogen gelegentlich Steine. Besetzer und Bewohner fühlten sich zum Sozialzoo degradiert. Jetzt sieht man die Dinge wieder gelassener.

Die Kneipenszene reicht von einer gewissen Boheme bis zum sozialen Untergrund. Für Künstler, wie Kurt Mühlenhaupt, war der Chamissoplatz ein sehr kreatives Pflaster. An der Bergmannstraße hätte Zille noch heute seine Freude. Da verkehren Prolos, Alkis, Punks und Türken einträchtig in der Gastwirtschaft an der Ecke. Die Preise sind dafür etwas niedriger.

Daß es im selben Kiez auch anders geht, beweist das Restaurant »Kulisse« direkt neben dem Jungen Theater in der Schwiebusser Straße. Für ausgewählte schwäbische Spezialitäten muß der Gast schon etwas tiefer in die Tasche greifen. Trotzdem ist es nicht so leicht, freie Plätze zu ergattern.

Das Kreuzberg vom Chamissoplatz gilt als fast vornehme Wohnadresse. Zwischen Landwehrkanal und Spree im östlichen Ausläufer des Bezirks lassen sich dagegen auch die Rundfahrtbusse nicht mehr

blicken. Für Staatskarossen sind Kottbusser Tor und Heinrichplatz eine schlechte Adresse. Am besten nähert man sich diesem Teil Kreuzbergs auf Stelzen, auf der Hochbahn (U-Bahn-Linie 1) nämlich. Im Volksmund heißt diese Strecke schlicht »Orient-Expreß«. Tatsächlich nimmt der Anteil deutscher Fahrgäste von der Möckernbrücke an rapide ab.

Wer am Kottbusser Tor aussteigt, ist gleich mittendrin im sozialen Treibgut Kreuzbergs. Oft wird man mehrfach von Punks oder Stadtstreichern auf »fuffzich Pfennig« oder »'ne Mark« angesprochen. Mitunter wird der Wunsch auch mit echt bayerischem Akzent ausgesprochen. Trotzdem, Ängstlichkeit ist unangebracht. Bei aller Aggressivität im Aussehen sind die »Schnorrer« zumeist harmlose Zeitgenossen. Auf dem Platz wacht oft ein vollbesetzter Mannschaftswagen der Polizei auf die Einhaltung von gewissen Regeln im Umgang miteinander.

Die Punks kommen nicht mehr nur aus Berlin oder aus der Bundesrepublik. Auch aus London und Amsterdam reist die »No future«-Generation an. Kreuzberg ist eben »echt ätzend«. Mit Hilfe von Sozialarbeitern versucht die Behörde seit geraumer Zeit, das Klima ein wenig zu entspannen, bisher allerdings ohne großen Erfolg. Auch der Versuch der Polizei, die Jugendlichen in andere Bezirke zu verfrachten, scheint als Lösung des Problems nicht in Frage zu kommen. Die Menschen in der Umgebung des »Kotti« haben sich indessen auf die Punks eingestellt. Man kommt im allgemeinen besser miteinander aus, als der Außenstehende es sich vorstellen kann.

Unter dem »NKZ« hindurch, einige Schritte in die Adalbertstraße hinein und – schon ist man in einer belebten Gasse mit türkischen Lokalen und Backstuben, in einer fast fremdländischen Atmosphäre. An der nächsten Ecke zweigt die Oranienstraße in beide Richtungen ab.

Vergangenheit und Gegenwart zeigen sich an dieser typischen Hausfassade in der Kreuzbergstraße: oben der verblichene Charme der Gründerzeit, unten grelle Töne an einem alternativen Kinder- und Jugendladen.

56 Hier ist Anatolien nun ganz nah: Ramschläden wechseln sich mit Reisebüros (für den Flug in die Heimat) ab. Dazwischen leerstehende Häuser, ja Halbruinen. Wir sind nicht weit von der Naunynstraße. Dort hatte der Anteil der Türken schon in den siebziger Jahren die 80-Prozent-Marke erreicht. Kein Hausbesitzer machte noch einen Finger für nötige Reparaturen krumm. Die Gegend war bereits in den Zustand der Verwahrlosung übergegangen.

Endlich, Ende der siebziger Jahre, griff der Senat ein und verhinderte damit die völlige Verslumung. 1979 wurde die Internationale Bauausstellung ins Leben gerufen. Ihr Auftrag: die kaputte Stadt zu retten.

In Kreuzberg gab es reichlich Arbeit. Mühsam wurden die hundert Jahre alten Häuser renoviert. Die Abriß-Mentalität der sechziger Jahre war passé. Die Bewohner faßten wieder Zutrauen, die Flucht der deutschen Bevölkerung konnte gestoppt werden. Adalbertstraße und Naunynstraße sind nicht mehr dunkle Häuserschluchten. Helle Fassaden mit dem traditionellen Stuck erinnern an den klassizistischen Baustil der »Gründerjahre«. Der in Kreuzberg lebende Volkskünstler Hanefi Yeter befestigte an dem Eckhaus Adalbertstraße/ Waldemarstraße Keramikplastiken, weil hier der alte Schmuck abhanden gekommen war. Seine Figuren schlafen, dösen, meditieren, tanzen oder kicken den Fußball. Eine richtige »Kreuzberger Mischung«. Im Hof ist ein kleiner Spielplatz für die Kinder. Allein 60 leben in dem Eckhaus, zumeist Türken mit dem Geburtsort Berlin.

Deutsche Bewohner haben die Wand mit dem Märchenmotiv vom »Kleinen Prinzen« bemalt. Hier kann man sich wohl fühlen. Noch vor wenigen Jahren wäre eine Remise für Auto-Parkplätze »abgeräumt« worden. Das ist jetzt Vergangenheit; »behutsame Stadterneuerung«, so lautet die Devise, weg von der Kahlschlagsanierung.

Oben: Den Mehringhof in der Gneisenaustraße kann man als Zentrale der Alternativkultur bezeichnen. In das alte Fabrikgebäude zog auch die »Theaterei« ein, dort laufen hauptsächlich Programme für Kinder.

Unten: Ebenfalls im Mehringhof hat sich das Kollektiv »Ökotopia« eingemietet. Es bietet den Berlinern Kaffee aus Nicaragua an, Sorte »Sandinos Dröhnung«.

Architekten und Stadtplaner aus allen Kontinenten beobachten neuerdings mit großem Interesse die allmählichen Veränderungen in Kreuzberg. Ein Stadtteil mit allen Anzeichen des Verfalls und des Ghettos zieht sich am eigenen Schopf aus dem Sumpf. Das geht natürlich nicht ohne kräftige staatliche Hilfen ab, wesentliche Voraussetzung ist aber auch der Wille der Bewohner, die Bereitschaft zum Anpacken. Die großen türkischen Familien und die legalisierten Instandbesetzer können in der Tat eine gewichtige »Muskelhypothek« einbringen.

Die Waldemarstraße führt geradewegs zum Mariannenplatz, ein idealer Ort fürs Picknick im Grünen. Hier lagern die großen türkischen Familien mit Kind und Kegel auf dem Rasen. Die Frauen tragen selbst bei größter Hitze dicke, lange Röcke und Kleider. Das Kopftuch darf nicht fehlen, denn der Koran will es so.

Auf dem Mariannenplatz finden alljährlich große internationale Kulturfeste statt. Volkstänze vom Bosporus sind zu sehen oder Punk-Konzerte vor der Thomas-Kirche. Oft schlagen reisende Schauspieltruppen in dem kleinen Amphitheater ihre Zelte auf. Im Künstlerhaus Bethanien, einem ehemaligen Krankenhaus, ist Raum für Kulturgruppen und Veranstaltungen jeder Art. Theaterstücke freier Gruppen, Malerei-Ausstellungen, Politiker-Diskussionen und Konzerte gehören zum Programm.

Am Mariannenplatz steht mit der Thomas-Kirche das größte Gotteshaus in West-Berlin, und etwas versteckt liegt direkt an der Mauer das Georg-von-Rauch-Haus. Es entstammt noch der ersten Kreuzberger Besetzungsphase von 1972 und ist benannt nach einem Studenten, der damals von der Berliner Polizei erschossen worden war. In den Jahren 1979 bis 1983 traten das Haus und seine Bewohner kaum mehr in Erscheinung. Das Projekt ist schon viele Jahre legalisiert. Den

Jugendlichen, die dort leben und arbeiten, ist die Außenwelt ziemlich schnuppe.

Zum Veranstaltungsort für grenzüberschreitende Kulturen hat sich das »Ballhaus« in der Naunynstraße gemausert. Dieser 120 Jahre alte original Kreuzberger Vergnügungsplatz wurde in der alten Pracht wiederhergestellt und beherbergt jetzt das Kunstamt. Viele türkische Gruppen haben sich hier schon präsentiert. Der große Saal eignet sich gleichermaßen für Volkstänze und klassische Musik, ob aus Nicaragua, Aserbaidschan oder Griechenland. Sogar traditionelle Klänge aus Peking waren schon zu hören.

Begegnungsstätte für Türken und Deutsche

Nur einige hundert Meter weiter, am Oranienplatz, hat sich das Haus »Gar« (auf türkisch: Bahnhof) etabliert. Es will die Kreuzberger aus den verschiedenen Kulturkreisen zusammenbringen. Bis vor wenigen Jahren residierte noch ein Möbelgeschäft in dem imposanten Eckhaus. Nach einer Reihe von Krawallschäden hatte die alteingesessene Firma aufgegeben. Eine Gruppe von Geschäftsleuten richtete das Haus daraufhin zu einer Begegnungsstätte für deutsche und ausländische Bürger her.

Im ersten Stock bietet ein Restaurant Einblicke in die türkische Küche. Eine Etage höher sind Queue und Kugel gefragt: Pool-Billard und französisches Billard stehen zur Auswahl. Ein großer Festsaal ist vor allem für Hochzeitsfeiern bestimmt. Wenn ein türkisches oder griechisches Brautpaar den Bund fürs Leben schließt, sind 300 Gäste keine Seltenheit. In langen Karawanen fahren die Autos mit der Festgesellschaft bunt geschmückt und laut hupend durch die Straßen. Ist die junge Türkin erst einmal unter der Haube – oft wird sie noch direkt von den Eltern verheiratet –, dann beginnt zumeist gleich das

58 Kinderkriegen. Ohne Schleier geht in einer streng islamisch ausgerichteten Familie für sie nun gar nichts mehr. Oft kann man beobachten, wie die verhüllten Frauen mit einer Schar von Kindern durch die Straßen ziehen.

Das Leben der Männer ist weitaus angenehmer: Sie hocken in ihren Lokalen beim Kaffee oder in einem hinteren Raum beim nicht selten verbotenen Glücksspiel. Eine Frau in dieser Runde wäre fast eine Gotteslästerung. Eifrig wachen viele orthodox eingestellte türkische Familienväter darüber, daß der Koran auch in Kreuzberg uneingeschränkt gültig bleibt. Den Kindern werden die Lehren Mohammeds in den speziellen Koran-Schulen schon frühzeitig eingebleut.

Besonders für die Mädchen bedeutet das eine ungeheure Last. Während ihre Mitschülerinnen in der Grundschule im Sommer mit Hemd und Minirock erscheinen, darf bei ihnen kein Körperteil sichtbar sein, egal, wie hoch das Thermometer steht. Es gibt eine Reihe von Frauenläden, in denen man sich für die Rechte der Mädchen und Frauen einsetzt. Die Mitarbeiterinnen müssen sich dabei mit vielen Vorurteilen der Männer auseinandersetzen. Massive Bedrohungen sind an der Tagesordnung.

Trotzdem ist Klein-Istanbul, wie Teile Kreuzbergs auch genannt werden, kein so »heißes Pflaster«, das man etwa mit New Yorks Harlem vergleichen könnte. Parolen nach dem Motto »Ausländer raus« sind so gut wie unbekannt. Aversionen kommen meist aus solchen Stadtteilen, die nur wenige ausländische Mitbürger haben. In Kreuzberg leben die verschiedenen Bevölkerungsgruppen in der Regel gedeihlich miteinander.

Was wäre Kreuzberg ohne seinen Landwehrkanal? Grüne Promenaden säumen die Ufer. In der Saison schlagen die zahlreichen Ausflugsdampfer ihre Wellen. Für Spaziergänger und Sonnenhungrige finden sich leicht schöne Plätzchen. Be-

Kreuzberger Wandmalerei in der Waldemarstraße: Der starke Typ, der soeben mit seinem heißen Ofen eine Mauer eingefahren hat, macht jetzt 'ne Zigarettenpause – natürlich ganz cool.

rühmt sind die Gartenlokale am Paul-Lincke-Ufer. In dieser Straße mit den gutbürgerlichen Fassaden versucht sich schon seit Jahren die »Oekotop GmbH« mit einer ökologischen Stadterneuerung. Grasdächer und begrünte Häuserwände sind schon zu sehen.

In dieser Gegend hat ein Gebäude oft wenigstens vier Hinterhöfe, die ineinander verschachtelt sind. Hier ist das Kleingewerbe zu Hause: Druckereien, Verlage und Tischlereien etwa. Viele Fabriketagen haben inzwischen allerdings ihre Funktion geändert, denn für Wohngemeinschaften sind sie ein begehrtes Juwel. Die großen Räume schaffen völlig neue Perspektiven. Hier kann man leben und kreativ sein, malen oder musizieren. Individuellen Wünschen sind keine Grenzen gesetzt.

Früher gab es am Landwehrkanal große Badeanstalten. Für diesen Zweck taugt die Wasserqualität heute leider nicht mehr. Im Freibad an der Prinzenstraße kann man vor lauter Menschen bei gutem Wetter kaum noch treten. Deshalb erhielt Kreuzberg am Spreewaldplatz ein modernes Freibad. Auf dem dahinterliegenden verwaisten Bahnhofsgelände entsteht nach und nach ein innerstädtischer Park mit Kinderbauernhof und Spielplätzen.

Kreuzberg ist in nur wenigen Jahren zum jüngsten Bezirk Berlins avanciert. Noch vor kurzem hoffnungslos überaltert, hat inzwischen ein Kinder»boom« eingesetzt, der selbst für die Politiker überraschend kam. Es macht offensichtlich wieder Spaß, hier zu leben. Nun kommt es darauf an, daß der Nachwuchs Wurzeln schlägt.

Die Architekten haben sich auf den neuen Trend schon umgestellt. Im Schatten des »NKZ« wird aus der dazugehörigen Park-Hochgarage ein Kinderhaus. Der häßliche Betonklotz war nie seiner Funktion gerecht geworden: Viele der Bewohner besaßen nämlich überhaupt kein Auto. Ein krasser Fall von Fehlplanung, der wie viele andere

60 zur unseligen Sanierungsgeschichte Kreuzbergs gehört. Ökologisch orientierte Architekten haben den Ehrgeiz entwickelt, den unförmigen Quader hinter einem grünen Pflanzenvorhang zumindest optisch verschwinden zu lassen.

Daß die Mauer zwischen Ost und West in Kreuzberg ein wenig von ihrer schroffen, abstoßenden Gestalt verloren hat, ist Hunderten von Amateurmalern zu verdanken. Hier, wo das Gebilde oft Straßen in der Mitte durchschneidet, gibt es kaum einen Flecken, der nicht auf die eine oder andere Art verziert ist. In einer Gemäldeausstellung könnte es nicht bunter und lebendiger zugehen als auf der Mauer zwischen Leuschnerdamm und Bethanien. Wenn ein Meister auf Talentsuche gehen wollte, er wäre hier an der richtigen Adresse. Grelle Phantasieprodukte wechseln mit witzigen Zeichnungen aus der Spraydose. Persönliche Widmungen aus dem zwischenmenschlichen Bereich stehen neben Äußerungen von Unverständnis angesichts der Mauer.

Auf einer kahlen Fläche, nicht weit von der bunten Sperrwand, dösen einige Schafe, Ziegen, Ponys und Schweine in zusammengeflickten Gehegen. Dieses Projekt »Kinderbauernhof« stammt noch aus Hausbesetzerzeiten. Klinisch sauber ist die Gegend keineswegs, aber sie versprüht ungemein viel Atmosphäre. Wie das Netzwerk einer Spinne legen sich die Aktivitäten aus der Alternativszene über das Quartier. Leben entwickelt sich hier von unten.

Das schöne Bild vom Netzwerk führt zurück in die Zentrale der Alternativkultur. Wenn es so etwas überhaupt gibt, dann kann sicherlich der »Mehringhof« in der Gneisenaustraße am ehesten als symbolhaft gelten. Dort zog zum erstenmal ein ganzes Dutzend von Projekten in ein aufgegebenes Fabrikgebäude. Darunter war das »Netzwerk Selbsthilfe«, das mit Spenden aus Mitgliedsbeiträgen – ohne »Staats-

Oben: Beim Flohmarkt am Maybachufer treffen sich Alternative und Anatolier. Hier wird gefeilscht und gehandelt, geguckt und gewühlt, und am Ende trägt man seine Schätze in Plastiktüten nach Hause.

Unten: Klar, daß im Kreuzberg-Viertel ein Pissoir von Karl Friedrich Schinkel nicht vornehm schwarz sein kann: Öko-grün und türkisch-bunt kommt es den »Bedürfnissen« der Herren Anwohner schon näher.

knete« – die alternative Infrastruktur ausbauen will. Gut verdienende Ärzte oder Wissenschaftler entrichten ihren Obulus, der dann nach ausführlicher Beratung beispielsweise an den Wissenschaftsladen oder die Kiez-Zeitung »Süd-Ost-Expreß« weiterfließt.

Der »Gesundheitsladen«, ein Verein alternativer Ärzte und Mediziner, zählt zu den Mietern im »Mehringhof« (benannt nach dem Mehringdamm gleich an der Ecke) wie die »Freie Schule Kreuzberg«, die wegen ihrer antiautoritären Erziehungsmethoden bei den Behörden einen schweren Stand hat. In der »Theaterei« gibt es Programme für Kinder und Gelegenheit zum Selbst-Spielen. Das Kollektiv »Ökotopia« bemüht sich derzeit, Kaffee aus Nicaragua (»Sandinos Dröhnung«) in Berlin bekanntzumachen. Hinter dem Namen »Wuseltronic« verbergen sich Tüftler, die auf ihre Art den Computerstaat unterwandern wollen. Außerdem treibt »Graf Druckula« hier sein Unwesen.

In der Redaktion des »Stattbuchs« laufen alle Fäden des alternativen Netzwerks in Berlin zusammen. Tausende von Initiativen sind in diesem unentbehrlichen Wegweiser durch die alternative Szene mit Kurzbeschreibungen vertreten. Die Freunde der »Ökobank«, die mit ihrem Institut gern die Instrumente der Kreditwirtschaft für den Selbsthilfe-Sektor in Bewegung setzen wollen, haben sich selbstredend im »Mehringhof« einquartiert. Wer Bedarf hat, kann sich von einem alternativen Steuerberatungsbüro betreuen lassen.

Nicht zuletzt nutzt die Alternative Liste Kreuzberg einige Räume. Sie verfügt im Bezirk über ihre stärkste Bastion in West-Berlin. Jeder vierte Wähler zwischen Oberbaumbrücke und Anhalter Bahnhof votierte zuletzt für die AL. In manchen Straßen mit einem starken Kiezflair haben die Alternativen gar die traditionellen Parteien CDU und SPD schon überholt.

Wie ein mittelalterliches Hospital sieht das alte Bethanien-Krankenhaus am Mariannenplatz aus. Fontane hatte seine Apotheke nebenan. Heute wird in Bethanien Kultur verabreicht.

Die Lage Berlins fordert, daß die
Stadt autark sein muß; dazu gehören nicht nur Müllverbrennungs-
anlagen und Klärwerke, sondern
auch Kraftwerke – hier das Kraftwerk Wilmersdorf, das direkt an
der Stadtautobahn liegt.

Vor einiger Zeit veröffentlichte das Informationsamt des Berliner Senats einen Wegweiser besonderer Art: Landkarten, die Spazierwege zu Industrie und Technik aufzeichneten. Das sind Hinweise auf die technischen Denkmäler der Industriestadt Berlin, die immer noch die größte Deutschlands ist. Da wird das Gelände der ehemaligen Firma Schwarzkopf genannt, die Groterjahn-Brauerei, die Geldschrank-Fabrik Arnheim an der Panke, da sind die Hallen der AEG in der Voltastraße: Denkmäler und bröckelnde Zeugen einer großen industriellen Vergangenheit.

Berlin war immer eine schnelle Stadt: Hier wurde schnell Geld verdient, eifrig spekuliert mit Grundstücken, böhmischen Erzen und neuen Aktien. Die Stadt hat immer die Abenteurer des Kapitalismus angezogen, sie blähte sich auf in der Gründerzeit und kam ebenso schnell in Schwierigkeiten. In Berlin lebt das Geschäft immer auch ein wenig von der Hoffnung.

Längst ist es vorbei mit den glanzvollen Zeiten industriellen Wagemuts. Berlin lebt sehr nostalgisch, der Geschäftssinn ist ein subventionierter, wer hier Geschäfte macht, der muß jammern können. Die großen und kleinen Krisen sind deutlicher spürbar, und lauter ist der Ruf nach staatlichen Hilfen und Zugaben. Wirtschaftsliberalismus ist Spielkram: Die Stadt lebt von der Hilfe von außen. Die großen Industrien wurden kleiner, und die Mehrzahl aller Arbeitnehmer ist heute im öffentlichen Dienst beschäftigt.

Als eines der Symbole der Glanzzeit Berlins wird die Ruine des Anhalter Bahnhofs genannt, die am Askanischen Platz in Kreuzberg steht. Das war einmal ein gigantischer Bau: Das Dach der Empfangshalle – damals die größte der Welt – überspannte 34,5 Meter. Im Eröffnungsjahr 1880 wurden drei

NEUE GRÜNDERJAHRE FÜR DIE WIRTSCHAFT?

64 Millionen Fahrgäste gezählt, auch der Frachtverkehr war beachtlich. Der Güterbahnhof auf der anderen Seite des Landwehrkanals ist heute ein »Biotop von besonderem Wert«: In der Wildnis gedeihen wilde Pflanzen, die von den Zügen von weither eingeschleppt wurden. Wasserturm, Lokschuppen, Drehscheibe und gelb geklinkerte Speicherhäuser vergammeln vor sich hin. Der Bahnhof wurde im Krieg schwer getroffen und 1960 endgültig abgetragen. Die Sprengmeister ließen den Portikus von Franz Schwechten stehen. Heute streiten sich die Ökologen und Museumsleute um das Gelände. Die einen möchten das innerstädtische Areal als Fluchtstätte für Spontanvegetation und seltene Vögel erhalten, die anderen würden hier gern das Museum für Verkehr und Technik erweitern.

Wo Siemens und Halske begannen

Nicht weit vom ersten Anhalter Bahnhof entfernt, gründeten der Ingenieur Werner von Siemens und der Mechaniker Johann Georg Halske in einer Hinterhofwerkstatt im Jahre 1847 eine »Telegraphen-Bauanstalt«. Aus dem Zwei-Mann-Unternehmen in der Schöneberger Straße 19 sollte das Elektro-Imperium werden, das noch immer zu den größten gehört, längst aber kein Berliner Unternehmen mehr ist.

Siemens und Halske waren »Gründer« – und wenn der Senat heute Zwei-Mann-Unternehmen fördert, dann in der Hoffnung, ähnlich begabte Erfinder und Geschäftsleute zu entdecken, die unter ganz anderen Verhältnissen der Wirtschaft der Stadt Beine machen.

Zehn Jahre vor der Siemens-Gründung hatte schon August Borsig in Berlin seine Maschinenfabrik ins Leben gerufen. Zuerst produzierte er Dampfmaschinen und ab 1841, das Eisenbahn-Zeitalter hatte gera-

Ein Mann der ersten Stunde ist August Borsig gewesen. Schon 1841 produzierte er Lokomotiven. 1897 zog die Firma von Moabit nach Tegel. Aus dieser Zeit stammt auch das trutzige Werktor.

de begonnen, Lokomotiven. Ganz von vorn mußten Borsig und Siemens freilich nicht anfangen. Auch der Alte Fritz, König Friedrich II. von Preußen, war durchaus für mechanische Neuheiten zu begeistern. Seine Majestät haben nämlich schon im Jahre 1785 »zu verordnen für nötig befunden, daß eine besondere Commißion vom hiesigen Magistrat eingesetzt werden soll, welche sowohl sämtliche neue, als alte Waagen, Waagebalken und Gewichte untersuchen, zur genauesten Richtigkeit bringen und mit einem festzusetzenden Stempel bezeichnen soll«. Damit war unser heutiges Eichwesen aus der Taufe gehoben. Übrigens: Fehlte vor 200 Jahren der Stempel am Gerät, gab es »Gefängnis«. Das hatte der König daselbst reglementiert.

Borsig und Siemens diktierten in Berlin den Takt der industriellen Entwicklung. Bald waren ihre Firmen so groß, daß Werkhallen gebaut werden mußten. Die neben den Arbeitsstätten entstehenden Siedlungen erhielten kurzerhand den Namen des Unternehmens: Borsigwalde und Siemensstadt.

Werner von Siemens wurde mit seinen Erfindungen zum Vater der Elektrotechnik. 1866 stellte er die elektrodynamische Maschine vor, damit war der Elektromotor geboren. 1879 ließ Siemens die erste elektrische Bahn mit Personenbeförderung während der Berliner Gewerbeausstellung auf einen Rundkurs gehen. Genau am 31. Mai desselben Jahres begann mit einer Geschwindigkeit von sieben Kilometer pro Stunde die Fahrt in die Ära der elektrischen Eisenbahn. Die Berliner waren von dem Gefährt derart fasziniert, daß sich bei einer Höchstbeförderungszahl von 18 Personen 80 000 Menschen auf die 300 Meter lange Strecke trauten.

Von nun an ging es bergauf. Am 16. Mai 1881 fuhr die erste elektrische Straßenbahn der Welt im Berliner Süden zwischen dem Bahnhof Lichterfelde und der Hauptkadet-

Oben: 1897 entstand auch das Fabriktor der AEG in der Brunnenstraße. Während Architekt Franz Schwechten für den Bau der Kaiser-Wilhelm-Gedächtniskirche romanische Stilformen wählte, verwandte er hier gotische Motive.

Unten: Ebenfalls von Franz Schwechten wurde 1872/76 der Anhalter Bahnhof gebaut, mit Abstand Berlins schönster Bahnhof. Heute stehen am Askanischen Platz nur noch Reste des Portikus.

Einige solcher Gewerbehöfe wurden zwar in großzügig geschnitte-
ne Wohnungen umgewandelt,
doch viele haben ihre Funktion
behalten. Immerhin gibt es in der
Stadt rund 2300 Industrie- und
11 500 Handwerksbetriebe.

tenanstalt in der Finckensteinallee. Werner von Siemens' »Elektrische« brauchte für die zweieinhalb Kilometer zehn Minuten. Das »Berliner Tageblatt« sprach ehrfurchtsvoll von dem »gespenstigen Vehikulum«. Mitfahren durfte jeder, »außer solchen Personen, welche betrunken sind«. Um 1900 hatte sich die »Elektrische« im Straßenbild durchgesetzt. Die Zeit der Pferdestraßenbahn war abgelaufen.

1883: Gründung der Vorläuferin der AEG

Zu den beiden Giganten Borsig und Siemens gesellte sich 1883 ein dritter: die Allgemeine Elektricitäts-Gesellschaft (AEG) von Emil Rathenau. Der 43jährige Berliner hatte auf der Pariser Elektrizitätsausstellung 1881 eine Erfindung ganz besonders bestaunt: die kleine, matt leuchtende Glühlampe des Amerikaners Thomas Alva Edison. Der Unternehmer Rathenau faßte den Entschluß, dieses neuartige Licht in Berlin populär zu machen. Er erwarb die Patente des Amerikaners und suchte in seiner Heimatstadt nach Auftraggebern. Am 2. Dezember 1882 leuchtete in der Wilhelmstraße die erste Straßenlampe mit elektrischem Glühlicht. Die Alternative zur Gaslaterne war da.

Am 19. April 1883 gründete Emil Rathenau die »Deutsche Edison-Gesellschaft für angewandte Elektricität« (DEG), die Vorläuferin der AEG. Mit Siemens kam eine Marktabsprache zustande. Die DEG produzierte Glühlampen und Zubehör und war für die öffentliche Stromerzeugung zuständig. Siemens und Halske besorgten den Bau der Dynamomaschinen sowie der Leitungs- und Kabelsysteme. Die Beleuchtung Berlins auf elektrischer Basis konnte losgehen.

An prominentem Ort testete Rathenaus Gesellschaft die Möglichkeiten eines Miniatur-Kraftwerkes: Für das Café Bauer am Kranzler-

Eck Unter den Linden/Friedrichstraße entstand im Keller eine kleine »Blockstation«; Gleichstrom mit 100 Volt illuminierte fortan das Etablissement. Für ein größeres Kraftwerk gab es nun keinerlei Hindernisse mehr. Am 8. Mai 1884 erfolgte die Gründung der Aktiengesellschaft »Städtische Elektricitäts-Werke«, heute heißt dieses Unternehmen in voller Länge »Berliner Kraft- und Licht-Aktiengesellschaft (Bewag)«.

Es dauerte ein gutes Jahr, bis das erste öffentliche Kraftwerk in der Markgrafenstraße elektrische Leistung anbieten konnte. Am 15. August 1885 ging nach einigen Anlaufschwierigkeiten zum erstenmal Strom ins Netz. So komfortabel wie heute war dieser Service aber noch nicht. Weil das Schauspielhaus den größten Bedarf hatte, mußten viele andere Verbraucher das Ende der Vorstellungen abwarten, bevor ihre Glühbirnen ein oft sehr schummriges Licht ausstrahlten.

Auch machte der Preis manchem potentiellen Kunden Kopfschmerzen. Ein Hausanschluß kostete 250 Mark. Sechs Mark jährliche Miete kamen für eine einzige Glühlampe dazu. Und dann mußten auch noch für jede verbrauchte Kilowattstunde 80 Pfennig bezahlt werden. Bei

Der größte private Arbeitgeber in Berlin ist die Siemens AG. 20 000 Berliner stehen dort in Lohn und Brot. Die Produktpalette reicht vom Starkstromkabel bis zum Computer-Telefon. Hier die Montagehalle des Dynamowerks.

68 dem Stundenlohn eines Elektromonteurs von 40 bis 45 Pfennigen war das Licht aus der Glühbirne somit ein äußerst teures Vergnügen.

Dank der Pionierleistungen von Siemens und Rathenau wurde Berlin schnell zum Zentrum der deutschen Elektroindustrie. Jeder dritte in diesem expandierenden Bereich Tätige war 1895 an der Spree beschäftigt. Viele kleine und mittlere Betriebe konnten sich im industriellen Boom als Zulieferer etablieren. Massenhaft strömten Menschen nach Berlin auf der Suche nach Arbeit und Wohnung. Die Bodenspekulation nahm einen manchmal kriminellen Verlauf. Auf den Straßen kursierte der Vierzeiler: »Wer nie bei Siemens-Halske war / bei AEG und Borsig / der weeß noch nich, wat Arbeet heeßt / der hat noch manchet vor sich.«

Als Meisterwerk der Industriebaukultur sind die AEG-Werkhallen an der Brunnenstraße im Wedding in die Architekturgeschichte eingegangen. Man nannte die Fabrikgebäude von Peter Behrens begeistert »Kathedralen der Arbeit«. Sie waren in der Tat eine »Zitadelle des neuen Industrialismus« und vereinten die geballte Produktivkraft eines dynamischen Großbetriebes mit einem weltaufgeschlossenen Design. Die moderne Fabrik als Wegbereiter des materiellen Fortschritts, dieses Selbstbewußtsein spricht aus der AEG-Architektur von Peter Behrens. Fassaden von Werkhallen, die an Paläste erinnern – das hatte es vormals nicht gegeben.

An der Ackerstraße steht so ein Fabrikgebäude der AEG, ganz Repräsentation und Ausdruck industrieller Metropole. Architekt war Franz Schwechten, der schon am Anhalter Bahnhof so treffend den Zeitgeist dargestellt hatte. 1890 begann die Produktion im AEG-»Palast« an der Ackerstraße. Berlin war auf bestem Wege, »Elektropolis« zu werden. Im Wedding, nur wenige Schritte von den industriel-

Größter Hafen Berlins ist der Westhafen. Er wurde 1923 in Betrieb genommen. Heute werden mit Hilfe von 28 Kränen an den 7,6 Kilometer langen Kais etwa fünf Millionen Tonnen Güter umgeschlagen.

len Tempeln entfernt, hausten die Proletarier in kleinsten Wohnungen mit Podesttoilette (in der Umgangssprache: Außenklo) und Höfen, die kaum je ein Sonnenstrahl berühren konnte.

An der Ackerstraße wurde später der erste Drehstrommotor entwickelt. Der Übertragung von Kraft hatten sich neue Horizonte erschlossen. Heute residiert in der alten AEG-Fabrik das Berliner Innovations- und Gründerzentrum (BIG) samt einigen Instituten der Technischen Universität.

Die AEG erreichte ihre größte Bedeutung noch vor dem Ersten Weltkrieg. Der Slogan »Aus Erfahrung gut« war zum Synonym der aufstrebenden Großstadt geworden. Kriegsproduktion und die späteren Wirtschaftskrisen der Weimarer Republik ließen den alten Idealen wenig Raum. 1945 schließlich ging die »Elektropolis« in Schutt und Verwüstung unter. Berlin hatte seine führende Rolle als Industriestadt erst wieder zurückzugewinnen.

Die neuen politischen Verhältnisse veränderten die Lage gründlich. Die Berlin-Blockade machte den Bürgern eindringlich klar, daß es mit der einstigen Herrlichkeit vorbei war. Nach dem mißglückten Aushungerungsversuch der Sowjetunion kam der kalte Krieg. Die Drei-Sektoren-Stadt mußte sich politisch eingekreist fühlen. Die Ahnung wurde zur Gewißheit, als die DDR-Behörden am 13. August 1961 eine Mauer um West-Berlin ziehen ließen. Bei solch instabilen Gegebenheiten war es nicht verwunderlich, daß AEG und Siemens ihre Firmenzentralen nach Westdeutschland verlagerten.

Lange blieb unklar, was in Berlin überhaupt noch zu machen sei. Oft wurde der wirtschaftliche Status der Stadt als der einer »verlängerten Werkbank« bundesdeutscher Unternehmen beschrieben. Hoffnungen keimten auf, als nach 1968 mit der Entspannungspolitik das politische Eis gen Osten gebrochen werden konnte. Unbeirrbare Optimisten erfanden das Schlagwort von der künftigen »Drehscheibe« im Ost-West-Handel.

Diese Erwartungen erwiesen sich aber als unrealistisch. West-Berlin hängt unverändert am Tropf der Bundesrepublik, die sich ihr Engagement einen kräftigen Batzen kosten läßt. 54 Prozent der Ausgaben des Landeshaushaltes entstammen direkt der Bundeshilfe aus Bonn. Bei Berliner Etatansätzen von über 20 Milliarden Mark jährlich ist das kein Pappenstil.

Das einstige Flaggschiff der Berliner Elektroindustrie, die AEG, mußte Lehrgeld dafür zahlen, daß sie die Zeichen der Zeit nicht recht zu deuten verstand. Statt auf neue Produkte umzusatteln, blieb das Management auf der traditionellen Palette vom Staubsauger bis zur Schreibmaschine sitzen. Von den Computer-Technologien in den USA und Japan hatte man wohl nur gelegentlich in der Zeitung gelesen. Der strukturelle Wandel bei der AEG blieb aus. So manövrierte sich der Elektroriese Schritt für Schritt in die Pleite. 1981 konnte das Ärgste gerade noch abgewendet werden. Ein Vergleich rettete das Unternehmen. Die Kosten aber waren schmerzlich: Am Hauptstandort der AEG in Berlin mußte die Zahl der Mitarbeiter von über 10 000 auf etwas mehr als 7000 gesenkt werden. »Gesundschrumpfen« nannte man das in der Branche. Der Verlust der Arbeitsplätze wog schon schwer, noch gravierender aber war der Verlust des alten Stammwerkes in der Weddinger Brunnenstraße. Dort, wo einst alles begonnen hatte, wurden nun die Maschinen versteigert oder einfach »verkloppt«.

Dieser Einschnitt drohte an die Substanz des wirtschaftlichen Selbstverständnisses der ganzen Stadt zu gehen. In Senatskreisen wurde die Notoperation zur Rettung der AEG mit schwersten Krisen aus der Nachkriegszeit verglichen, mit der Blockade oder mit dem Mauerbau etwa. Die Behörde mühte sich redlich, am Gesun-

dungsprozeß des Unternehmens mitzuwirken. Sie kaufte das Gelände an der Brunnenstraße an und versprach finanzielle Hilfe bei der nun unausweichlichen Neuorganisation.

Als die Auktionshämmer verstummt waren, wurde es einige Jahre still um die AEG. Das hundertjährige Firmenjubiläum 1983 »vergaß« man wohlweislich. Im Frühjahr 1985 gingen zwei neue Werke (für Bahntechnik in Siemensstadt und für Leistungselektronik und Anlagenbau in Marienfelde) offiziell in Betrieb. Berlin blieb dadurch mit sieben Werken größter AEG-Standort, aber die 3000 Arbeitsplätze waren weg. An den 150 Millionen Mark Investitionskosten hatte sich das Land Berlin mit einer Zinssubvention von fast 20 Millionen Mark beteiligt.

Das Bahntechnik-Werk begann gleich mit einem Großauftrag: 130 Straßenbahnzüge in Melbourne sollen mit modernster Elektronik ausgerüstet werden. »Der spektakulärste Sanierungsfall in der deutschen Wirtschaftsgeschichte« kann spätestens seit der Jahresbilanz 1984 als gelöst betrachtet werden. »Die AEG hat das Tal der Tränen verlassen«, heißt es.

Neue Technologien in alten Gebäuden

Es ist sicherlich eine der kuriosesten Wendungen der Wirtschaftspolitik in Berlin, daß ausgerechnet auf dem alten AEG-Gelände im Wedding die aus Japan und USA herübergeschwappten neuen Technologien ihr Erprobungsfeld finden sollen. Mit einer Phasenverschiebung von fünf bis sechs Jahren will man das Computer-Zeitalter nach Deutschland und Europa holen.

Der Senat proklamierte »neue Gründerjahre«, gut hundert Jahre nach den historischen. Die Kürzel BIG und TIP stehen nunmehr für den Aufbruch aus der »Strukturkrise«. BIG ist das Berliner Innova-

tions- und Gründerzentrum in der Ackerstraße und TIP der Technologie- und Industriepark Berlin, auf dem alten AEG-Komplex Brunnenstraße.

Berlin soll zur deutschen »High-Tech-Metropole« werden – und dies in Konkurrenz zu den Südstaaten der Bundesrepublik. In den offiziellen Broschüren wird Berlin als »Testgelände für das Neue« gefeiert. Die Besichtigungsreise nach Japan gehört für alle Wirtschaftsplaner und die ratlosen Politiker zum Pflichtprogramm. Demnächst wird Japan in seiner ehemaligen Botschaft im Tiergarten ein Kommunikations- und Handelszentrum einrichten, nachdem auch der Handel mit der DDR sich für Japan sehr erfreulich entwickelt hat.

Aus den USA wirft das »Silicon Valley« in Kalifornien seine Schatten nach Berlin herüber. Jenes Tal, in dem Zigtausende von Elektronikspezialisten an neuen Halbleiter-Erfindungen tüfteln. Wen wundert es, daß ein Buch mit dem Titel »Silicon-Valley-Fieber« Pflichtlektüre im Gründerzentrum wurde? Beste Kontakte bestehen auch zwischen dem Massachusetts Institute of Technology (MIT) und der Technischen Universität Berlin. Die Hochschule in Boston gilt als die perfekte Denkfabrik der neuen Technologien. Die TU schloß einen Partnerschaftsvertrag mit dem MIT ab.

Wie in Boston will die Berliner Universität ihr Know-how in den aufblühenden Wirtschaftszweig einbringen. Sie nistete sich daher nicht von ungefähr in der Ackerstraße mit ein. Frühere Berührungsängste zur privaten Wirtschaft sind längst vergessen. Im BIG soll die Forschung direkt in die Anwendung übergehen. Die Technologie-Transfer-Stelle der TU sorgt für einen fruchtbringenden Austausch von Informationen und Erkenntnissen zwischen Universität und Gründern.

25 Firmen haben sich bereits in der Ackerstraße niedergelassen. Ihre

Oben: Nach dem Zweiten Weltkrieg mußten allein in West-Berlin 84 von insgesamt 240 Brücken wiederaufgebaut werden. An der ebenfalls erneuerten Möckernbrücke begleitet die U-Bahn den Landwehrkanal.

Unten: Hart an der Grenze liegt das Klärwerk Marienfelde. Die Anlage wurde 1974 in Betrieb genommen und klärt mit mechanisch-biologischen Methoden die Abwässer aus Tempelhof, Kreuzberg, Steglitz und Tiergarten-Süd.

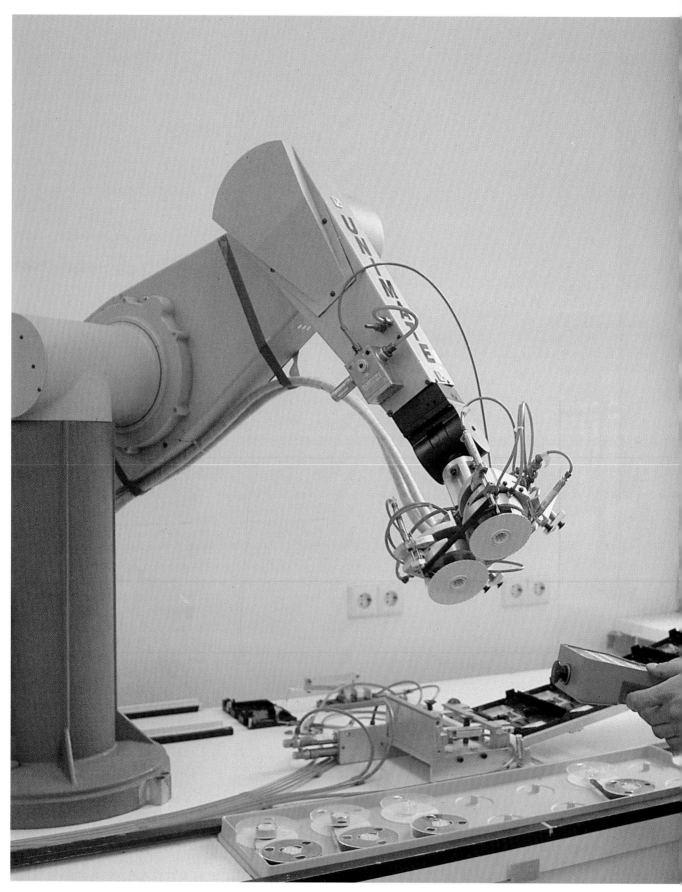

Gut hundert Jahre nach den historischen sind in Berlin die zweiten
Gründerjahre ausgebrochen. Im
BIG, dem Berliner Innovations-
und Gründerzentrum in der Ak-
kerstraße, sollen neue Technologien erschlossen werden.

Namen verraten, welchem Metier sich die Jungunternehmer verschrieben haben: Datanet Prozeßdatenerfassung, Entwicklungs-Gesellschaft für Energie- und Umwelttechnik (EFEU), PC-Matic Leiterplattenroboter, Gesellschaft für elektronische Sprachsysteme, Starlet Computer und so weiter.

Der Andrang der Jungunternehmer ist so groß, daß mit einer zusätzlichen Geldspritze in Millionenhöhe die Kapazität des BIG auf 50 Firmen verdoppelt werden soll. An den ersten »Gründertagen Berlin '85« beteiligten sich etwa 1200 Interessenten, darunter auch 200 Frauen. Daß die Unternehmensgründung nicht mehr nur Männersache ist, haben freilich viele Kreditberater noch nicht recht akzeptiert. Frauen, so wurde festgestellt, müßten größere Hürden überwinden, um als »Gründerpersönlichkeit« anerkannt zu werden. Für Kurzentschlossene hat der Senat sogar ein »rotes Gründertelefon« eingerichtet.

Auch das ist neu: »Kollektivbetriebe«

Parallel zur Entwicklung der Elektronikbranche haben sich in Berlin sogenannte »Kollektivbetriebe« herausgebildet, die – vor allem im Bezirk Kreuzberg – nach Schätzungen 10 000 Menschen Arbeit geben. Meist verbergen sich die alternativen Unternehmen hinter phantasievollen Namen. Das Kollektiv »Wilder Hammer« ist eine Tischlerei, im Laden »Stickstoff« kann man Wolle, Knöpfe und Kleider kaufen, das Café »Wirtschaftswunder« erinnert mit seinem Interieur an die fünfziger Jahre.

Besonders erfolgreich konnten sich die Öko-Bäckereien auf dem Markt etablieren. »Mehlwurm«, »Kreuzberger Brotgarten« oder einfach »Backstube« heißen die Unternehmen, deren Mitarbeiter sich zumeist mit dem schmalen Gehalt von 1250 Mark zufriedengeben. Nur

biologisch reines Getreide, das vor dem Backen selbst gemahlen wird, kommt in die Öko-Backwaren. Sonnenblumensamen oder Sesam gehören längst in jeden alternativen Brotteig. Der Verbraucher war schnell bereit, den neuen Geschmack zu akzeptieren. Inzwischen liefern die Öko-Bäcker auch an »normale« Lebensmittelketten. Konventionelle Großbetriebe nahmen mit der Marke »Bio-Brot« die Mode auf.

In Alternativ-Betrieben gibt es keine Chefs. Selbstverwaltung heißt die Devise. Man setzt nicht auf Profit und geschäftliche Expansion, dafür aber auf eine umweltverträgliche Produktion und umweltschonende Erzeugnisse.

Obschon es den Kollektivlern nicht zuallererst ums Geld geht, brauchen sie doch »Knete« oder »Kohle«, um ihr Geschäft in Gang zu bringen. »Staatsknete« ist teilweise verpönt, in anderen Fällen ist man für jeden Zuschuß dankbar. Das »Netzwerk Selbsthilfe« hat schon einige Jahre Übung darin, gezielt Subventionen zu vergeben.

Allein auf der Basis von Spendengeldern kann das »Netzwerk« jedoch nur wenig ausrichten. Seit Ende 1984 gibt es deshalb in Berlin einen Verein, der ein alternatives Geldinstitut auf die Beine stellen will. »Öko-Bank« heißt das Projekt im Anfangsstadium. In etablierten Bankkreisen betrachtet man das Projekt als reine Ketzerei. Und mit dem gängigen Finanzgeschäft hat die »Öko-Bank« in der Tat wenig gemein.

Der größte private Arbeitgeber in

Durch die Unterstützung des Senats entstand der Technologie- und Industriepark Berlin (TIP) auf dem alten AEG-Gelände an der Brunnenstraße. Neue Erkenntnisse hinter alten Mauern – das möchte Berlin vermitteln.

74 der Stadt ist immer noch die Siemens AG. 20 000 Menschen setzen Tag für Tag ihren Fuß über die Schwelle eines der neun Werke. Siemens trägt wesentlich dazu bei, daß Berlin seinen Ruf als führende Stadt der Elektroindustrie behalten hat. Umgeben von Werkssiedlungen, die meist in den zwanziger Jahren von »Bauhaus«-Architekten entworfen wurden, läuft die Produktion wie ein Uhrwerk.

Der traditionelle Firmensitz in Siemensstadt ist für das weltweit mehr als 300 000 Mitarbeiter zählende Unternehmen immer noch der größte Fertigungsstandort. Zwei neue High-Tech-Werke entstehen gerade in Berlin. In einem sollen Lichtwellenleiter-Komponenten (Glasfaser-Technik), im anderen elektronische Steuerungssysteme der Automatisierungstechnik gebaut werden. Die Produktpalette reicht jetzt schon vom Starkstromkabel über Hochspannungsschalter bis zu vollelektronischen Fernschreibern.

Der neueste Clou ist das Kommunikationssystem »Hicom« (High Technology Communications). Dieses Computer-Telefon kann alles: Es empfängt Fernschreiben im »elektronischen Briefkasten«, die Gesprächspartner können am Bildschirm Textformulierungen besprechen und schon beim Klingeln in einem Sichtkästchen erfahren, wer sie da eigentlich anruft. Allein für die Entwicklung von »Hicom« gab Siemens 500 Millionen Mark aus.

Die Talfahrt auf dem Arbeitsmarkt hatte in Berlin seit Beginn der siebziger Jahre ein rasantes Tempo angenommen. Von 254 000 Beschäftigten im verarbeitenden Gewerbe waren 1982 nur noch 168 000 übriggeblieben. Im Herbst 1984 konnte dieser Trend erstmalig nach zehn Jahren gestoppt werden. Der Regierende Bürgermeister Eberhard Diepgen verkündete schon: »Die Talsohle ist durchschritten.« Tatsächlich lag die Zahl der Beschäftigten im Jahresdurchschnitt um 1500 höher als 1983.

Oben: In Berlin gibt es viele sogenannte Kollektivbetriebe, die immerhin 10 000 Menschen beschäftigen. Im ehemaligen Wasserwerk am Teufelssee (Grunewald) hat sich das Öko-Werk niedergelassen.

Unten: Durch Ausstellungen, wie hier im Bild, aber auch durch Beispiele zeigt das Öko-Werk, wie die Umwelt, der eigene Lebensraum, durch sinnvolle Begrünung menschenfreundlicher gestaltet werden kann.

Trotz solcher Lichtblicke am Horizont blieb die Arbeitsmarktlage insgesamt trostlos. Anfang 1985 gab es 87 000 registrierte Erwerbslose. Viele von ihnen suchten schon länger als ein Jahr einen neuen Job. Die Arbeitslosenquote pendelte sich bei zehn Prozent ein und lag damit über dem Bundesdurchschnitt von etwa neun Prozent. Gleichzeitig stieg der Bedarf an qualifizierten Facharbeitern. 1984 zogen 37 000 deutsche Personen nach Berlin um, so hoch war der Zuzug seit 1974 nicht mehr. Die Aufwärtsentwicklung bei den Unternehmen machte sich auch bei der Einwohnerstatistik bemerkbar. Neben der Ansiedlung von neuen Betrieben – die Computerfirma Nixdorf, ein Spritzgußwerk von Ford und Produktionsstätten des Verpackungsherstellers Tetrapak kamen in den letzten Jahren nach Berlin – bemüht sich der Senat, durch Umschulung und Qualifikation Arbeitslosen bessere Chancen zu verschaffen. Arbeitsbeschaffungsmaßnahmen (ABM) sind seit Jahren Praxis in Berlin. Gut 7000 Berliner haben dank ABM einen zunächst meist auf ein Jahr beschränkten Arbeitsplatz sicher. In keinem anderen Bundesland werden derartig viele ABM-Plätze angeboten.

Ohne Förderung vom Bund geht es nicht

Ohne die massive Berlin-Förderung durch die Bundesregierung wäre allerdings die wirtschaftliche Kraft der halbierten Reststadt deutlich geringer. Sieben Milliarden Mark werden jährlich dafür ausgegeben. Mehr als die Hälfte davon wandert als Subvention an die Unternehmen. Die achtprozentige Berlin-Zulage auf den Lohn übt daneben durchaus eine reizvolle Wirkung auf die Beschäftigten aus, die auf diese Weise auch aus dem Bundesgebiet nach West-Berlin »gelockt« werden sollen.

Die wirtschaftliche Modernisierung Berlins soll natürlich nicht an den kleinen und mittleren Betrieben vorbeigehen. In etwa 2300 Industriebetrieben sind 155 000 Menschen beschäftigt. Dazu kommen 11 500 Handwerksbetriebe mit noch einmal 125 000 Angestellten. Eine solche Konzentration kann trotz der Insellage Berlins keine andere deutsche Großstadt vorweisen.
Das neue Hoffnungs-Programm heißt: Umweltschutz und Telekommunikation als vorrangige Felder von Innovationen. Zwei Ereignisse sollen einen großen »Schub« auslösen: der Beginn der Erdgaslieferungen aus Sibirien und der – nicht unumstrittene – Startschuß für das Kabelpilotprojekt Berlin.
Der neue Energieträger aus der Sowjetunion soll helfen, den Anteil der relativ schmutzigen Kohle- und Ölheizungen zurückzudrängen. Gleichzeitig geht der Senat daran, bis 1990 die Westberliner Bewag-Kraftwerke zu entschwefeln und zu »entsticken«, um den längst fälligen Beitrag zum Kampf für saubere Luft und gegen das Waldsterben zu leisten.
Auf das Kabelpilotprojekt stützt auch die Industrie- und Handelskammer große Hoffnungen. Die Sendezentrale wurde, wie BIG und TIP, auf dem ehemaligen AEG-Gelände an der Brunnenstraße untergebracht. In einem zunächst auf fünf Jahre befristeten Versuch sollen zwölf Fernsehprogramme in das schon ziemlich weitverzweigte Kabelnetz eingespeist werden. Mehr als 200 000 Berliner Haushalte hängen bereits am Draht. Außer New York und Amsterdam ist keine Stadt der Welt so dicht verkabelt wie Berlin.

BERLIN v. CÖLN

1695, als dieser Stich entstand, war
der Wiederaufbau nach dem Dreißigjährigen Krieg durch den »Großen Kurfürsten« bereits abgeschlossen. Links im Bild Berlin, in
der Mitte das Schloß und rechts
Cölln.

Zuerst waren es zwei kleine Dörfer, jedes an seinem Spree-Ufer: Berlin und Cölln. Da wohnten einige Handwerker und Kaufleute, Bauern und Fischer, die Zander und Aal aus dem Fluß holten. Hier kamen Händler aus Stettin und Magdeburg vorbei. Die schweren Karren mußten durch den Fluß geschoben werden. Ungewöhnlich schnell vergrößerte sich der Ort. Cölln wird zum erstenmal in einer Urkunde des Jahres 1237 erwähnt: Da hatte ein Pfarrer namens Symeon eine Akte des Markgrafen mit seiner Unterschrift zu beurkunden. Einige Jahre später war dieser geistliche Herr bereits Propst von Berlin – Zeichen für das Wachstum der Doppelstadt.

Nun war dieses Berlin-Cölln freilich spät dran: Wien besaß zu dieser Zeit bereits das Stadtrecht, ebenso Rostock, Lübeck und Nördlingen, die Kathedrale von Chartres war gerade fertig geworden, der Stauferkaiser Friedrich II. residierte im warmen Palermo, die Kreuzfahrer brachten die Lepra nach Europa mit, und Granada erlebte als Hauptstadt des iberisch-arabischen Reiches seine schönste Zeit. Kaiser Friedrich erließ ein Landfriedensgesetz, das erste Reichsgesetz in deutscher Sprache. Und die deutschen Landesfürsten durften von nun an (1235) überall Zölle erheben.

Die Berliner bauten erst mal eine Kirche – viel zu groß für den Ort: 56 Meter lang und aus Feldsteinen. Daß die optimistischen Bewohner recht behalten sollten, zeigte sich bald. Es war ein Zollprivileg, das den raschen Aufschwung brachte.

Die Markgrafen von Brandenburg interessierten sich sehr dafür, die märkischen Städte an den damaligen Welthandel anzubinden. So erwirkten sie Zollfreiheit für die Brandenburger in Holland, erreichten Zollermäßigungen für die Kaufleute, die über Hamburg nach Flan-

EIN LANGER WEG: DORF, RESIDENZ, WELTSTADT

dern gingen, sie verhandelten mit Dänemark, und dem kleinen Handelsplatz Berlin erlaubten sie die Einrichtung einer »Freihandelszone«: Jeder durchreisende Kaufmann war gezwungen, seine Waren einige Tage in der Stadt anzubieten. Hatte er es eilig, dann mußte er sich den Weg freikaufen. Der hohe Wegezoll floß in die Stadtkasse. Die Berliner profitierten also in jedem Fall. Um Kosten zu sparen, versuchten die Kaufleute, ihre Waren bereits hier umzusetzen. Die Berliner kauften ganz schön billig – heute würden sie sagen: »Wie im Intershop.«

Die flache Spree zwang die Schiffer, in Berlin ihre Fracht umzuladen. Die Waren wurden gestapelt, die Händler warteten auf den nächsten Kahn. Hierzu wurden hilfreiche Hände gebraucht. Erst 1550 begann man zum erstenmal, eine Schleuse zu bauen. Wir wissen heute – seit ein Hamburger Schuldbuch aus dem Jahre 1288 gefunden wurde –, daß viele Cöllner Kaufleute ihre Waren bereits zu dieser Zeit auf dem Wasserweg nach Hamburg gehen ließen. Als Hamburg 1284 abbrannte, lieferten die Berliner sofort große Mengen »Wagenschott« – das waren schwere Eichenbalken, die für den Wiederaufbau der Hansestadt gebraucht wurden.

Über den Handelsplatz Berlin ging der flandrische Tuchhandel, von der Ostsee wurden Bücklinge und Heringe geholt, Häute und Felle kamen aus Rußland über Stettin, und von weit her wurden Kolonialwaren und Gewürze herangebracht; Pfeffer, Ingwer und der beliebte Zimt, der bei keinem mittelalterlichen Festmahl fehlen durfte. Das Salz zur Suppe kam aus Lüneburg.

Das Doppeldorf verdankt seinen Aufstieg also den Handelsleuten, und bald hatte es sich herumgesprochen, wie angenehm das Leben an der Spree sein konnte. 88 Hektar groß war nun der Ort, eine Stadtmauer hatte man auch gebaut, zu-

Im Urstromtalgebiet von Spree und Havel gibt es noch Bruchwälder, die mit Birken und Ulmen bestanden sind. Im Südosten von Berlin beginnt der Spreewald. Im Bild das – auch bei Ausflüglern beliebte – Dorf Lehde.

erst aus Palisaden, dann aus Feld- und Backsteinen mit Türmen und Toren. Diese Cölln-Berliner Stadtmauer war sieben Meter hoch.

Ehrgeizige und junge Leute, die hier ihr Glück machen wollten, kamen aus dem Rheinland, aus dem Schwabengau zwischen Harz und Thüringerwald – eine bunte Mischung, diese Ur-Berliner. Es wurde erstmals niederdeutsch gesprochen, später wurde auch heftig gesächselt.

Wer oder was gab Berlin den Namen?

Woher die Stadt ihren Namen hat, das ist heute noch ein Rätsel. Einige Forscher meinten, der Name Berlin bezeichne wendisch eine Furt oder einen Wall, andere wollten Albrecht den Bären als Namenspatron in Anspruch nehmen. Tatsächlich sind dies alles Spekulationen. Gewiß ist nur, daß der Name Cölln sich tatsächlich von dem Colonia der Rheinstadt ableitet. Der Bär im Wappen der Berliner taucht erst gegen Ende des 13. Jahrhunderts auf, zusammen mit dem Adlerschild der Askanier.

Stadtbürger zu werden, das war nicht ganz einfach. Vor allem mußte man wohl einiges Geld im Beutel haben. Die Armen durften zwar in der Stadt wohnen, hatten aber nicht die Rechte des Bürgers. Grundbesitz war eine weitere Voraussetzung für das Bürgerrecht. Wer als Bürger aufgenommen und darauf vor dem Rat der Stadt eingeschworen war, der durfte sein Vieh auf der Gemeindewiese grasen lassen. Wenn er wegen irgendeiner Streiterei vor Gericht mußte, dann war für ihn das Stadtgericht zuständig, das in der Gerichtslaube am Rathaus tagte – bei offenen Fenstern, so daß jeder zuhören konnte. Und: Wer Haus und Hof besaß, der durfte auch Bier brauen.

Wer Bürger war, mußte versprechen, immer richtige Gewichte zu verwenden – und er kaufte sich eine

Rüstung und ein Schwert: »Wenn die Stunde der Gefahr kam, mußte jeder bereit sein, auf die Mauer zu eilen, um die Stadt zu verteidigen, nur Krankheit oder Altersschwäche erlaubten eine Ausnahme.« Auch Frauen konnten das Bürgerrecht erwerben, nicht aber Priester und Juden.

In den Stadtrat durften freilich nur die Großkaufleute und die Adligen, das Patriziat. Wie in allen mittelalterlichen Städten kam den Innungen und Gilden eine besondere Bedeutung zu: Sie bestimmten, wer ein selbständiges Handwerk ausüben durfte, sie kümmerten sich um die Lehrlinge und die Witwen. Die ersten Zünfte waren die der Bäkker, der Fleischer und der Schuhmacher. Wer Meister werden wollte, der mußte viel Geld gespart haben. So blieb den jungen Gesellen meist nichts anderes übrig, als eine Meisterswitwe zu heiraten, um endlich eigener Herr zu sein. Das Zunftsystem legte überall die Zahl der Handwerker fest, was später im 18. Jahrhundert die wirtschaftliche Entwicklung schwer hemmen sollte. Schwarzarbeit – also ohne den Segen der Innung – wurde hart bestraft.

Ende des 13. Jahrhunderts lebten ungefähr 6000 Menschen in der

Das schwäbische Grafengeschlecht der Hohenzollern hatte seit 1191 die Funktion der Burggrafen von Nürnberg inne. Einer von ihnen, Friedrich, wurde Anfang des 15. Jahrhunderts erster Markgraf von Brandenburg.

Doppelstadt: »Die Häuser standen fast sämtlich einzeln; zwischen ihnen zogen sich Gänge hin, aus denen oft ein unerträglicher Geruch strömte, denn man benutzte diese Zwischenräume zu Kloaken. Die Straßen waren nur zum Theil gepflastert, sie wurden von den Bürgern ohne Scheu zur Aufsammlung des Düngers benutzt; große Misthaufen türmten sich zur Seite der Haustür auf . . .«

Die leichte Bauart der Häuser führte dazu, daß die Städte mehrmals abbrannten. Jeder Bürger war verpflichtet, immer einen Eimer Wasser bereitzuhalten. Es gab noch andere Plagen: Ehrgeizige Herrscher, denen der Reichtum der Städte in die Augen stach, Ritter ohne Land, Räuber und Ganoven bedrohten die Stadtfreiheit. Bereits um 1350 war Berlin-Cölln Mitglied der Hanse geworden, die damals vor allem die Kaufleute vor ungerechten Zöllen und Steuern – und vor Seeräubern – schützen sollte. Einigkeit macht stark.

Daher hatten sich die beiden Städte auch 1307 zusammengeschlossen und auf der Langen Brücke ein gemeinsames Rathaus gebaut: »Ein hölzernes, mit roher Pracht ausgeführtes, mit Schnitzereien reich verziertes Gebäude.« Darin saßen die Ratmannen, zwei Drittel aus Berlin, ein Drittel aus Cölln.

Das 14. Jahrhundert: eine schlimme Zeit

Als der letzte Askanier, der Markgraf Woldemar, 1329 starb, setzte für Berlin und die Mark eine böse Zeit ein: Die verschiedenen Nachbarfürsten stritten sich um das kleine Ländchen. Berlin hielt den Wittelsbachern in Bayern die Treue, die Kirche stellte sich gegen den Kaiser, und der versuchte, die Bayern aus der Mark zu verdrängen. Als an einem Markttag des Jahres 1325 der Propst von Bernau in die Stadt kam, um eine angebliche Steuerforderung von den Bürgern

einzutreiben, geschah das Unglück: Von der Kanzel der Marienkirche beschimpfte der Kirchenmann die zahlungsunwilligen Berliner – die ergriffen und verprügelten ihn, Steine flogen. Der Propst wurde totgeschlagen. Man trug den Leichnam im Triumph durch die Gassen, alles schrie: »Nieder mit den Steuern!«

Ein Geistlicher, der in der Kirche erschlagen worden war – ein ungeheurer Frevel. Der Bischof von Brandenburg sprach gegen die Berliner den Kirchenbann aus. Das war schlimm, denn nun lebten die Bürger als Vogelfreie, sie waren rechtlos. Wer einen Berliner Kaufmann ausrauben wollte, der brauchte Strafe nicht zu fürchten. Es konnte nicht geheiratet werden, und die Toten durften nicht auf dem Gottesacker begraben werden. Erst nach langen Verhandlungen mit Papst Clemens VI. wurde den Berlinern erlaubt, sich mit einem hohen Lösegeld vom Bann freizukaufen.

Noch zweimal in diesem 14. Jahrhundert sollte die Stadt diese schreckliche Kirchenstrafe treffen. Das zweite Mal gerieten die Berliner in Bann, als sie einen kleinen Geistlichen aus dem Gefolge des Herzogs Rudolph von Sachsen erschlugen. Der Priester hatte auf der Straße eine Bürgerfrau angesprochen, »welche dem Wüstling durch ihre Schönheit auffiel. Er machte ihr den unzüchtigen Antrag, ihn in das Bad zu begleiten.« Das empörte die Bürgermänner so heftig, daß sie auch diesen Geistlichen totschlugen.

Ins Bad gingen damals Männlein und Weiblein gemeinsam, um sich in den Holzwannen bei Musik und gutem Essen zu vergnügen. An und für sich waren die Menschen damals nicht allzu prüde; die Volkswut galt eher den Geistlichen, die sich in die politischen Auseinandersetzungen mischten. Die Zahl der Kirchenleute war mit dem Wohlstand der Stadt sehr angestiegen, Bettelmönche und arme Priester zogen durch die Stra-

Moderne Wohngebäude hinter der alten Jungfernbrücke aus dem Jahre 1798. Sie überquert die Friedrichsgracht in Ost-Berlin, einen einstigen Spreearm, der früher das Stadtgebiet von Cölln südlich umfloß.

ßen, außerdem bildeten sich weltliche Orden, wie die Kalandsbrüder und die Schwestern der Beginen, deren Ruf nicht immer der beste war.

Einen wichtigen Vorteil hatte die Stadt von den vielen Geistlichen jedoch: Überall entstanden kleine Schulen, in denen die Knaben lesen und schreiben lernen konnten. Oft waren die Schüler allerdings damit beschäftigt, Lebensmittel für die Lehrer und Aufseher zu besorgen: »Die kleinen Schützen waren die gefürchtetsten Feinde aller Speisekammern, Rauchfänge und Hühnerställe ...«

Getrunken und gegessen wurde offensichtlich nicht wenig. Die Ratsherren erließen mehrmals Vorschriften, um ein unmäßiges Trinken und Essen zu verbieten. 1331 drohte der Rat den Woll- und Leinwebern eine hohe Strafe an, die ihre Hemden und Hosen vertrinken würden. 1335 wurde ein Gesetz erlassen, daß sich im Winter nach neun Uhr und im Sommer nach zehn Uhr niemand mehr in den Bierstuben aufhalten dürfe, und 1399 wurde den Altflickern, die bei der Innungsversammlung so viel aßen, daß sie es wieder von sich geben mußten, mit Gefängnis gedroht. Betrunkene, die nachts aufgegriffen wurden, setzte man in Narrenkisten, Käfige, in denen sie öffentlich ihren Rausch ausschlafen mußten.

Bei allen diesen Vergnügungen hatten die Frauen zu Hause zu bleiben. Aber manchmal durften sie mit zum Tanz gehen. Die Tänze der damaligen Zeit müssen recht seltsam gewesen sein: »Beim sogenannten Totentanz paarten sich die Gäste, Alt und Jung, und begannen, lustig springend unter Jubel und Gelächter zu tanzen; plötzlich aber hörte die Musik auf, und tiefe Stille trat ein; gleich darauf ertönte eine leise melancholische Melodie, welche in einen Trauermarsch überging..., ein junger Mann mußte sich nun auf dem Boden ausstrecken und den Toten spielen, die Frauen und Mäd-

chen umtanzten ihn mit zierlichen Sprüngen, indem sie sich bemühten, die Trauer um den Toten in möglichst komischer Weise zu karikieren; sie sangen dabei eine Trauermelodie, aber auch diese so lustig, daß ein allgemeines und anhaltendes Gelächter entstand. Nach der Vollendung des Gesanges traten die Frauen und Mädchen eine nach der anderen an den Toten und küßten ihn . . .«

Ansonsten waren die Sitten der alten Berliner nicht die feinsten. Als Kaiser Karl IV. schon gegen Ende des 14. Jahrhunderts einmal verordnete, an den Eßtischen hätten an Festtagen Männlein und Weiblein in bunter Reihe zu sitzen, und der Herr solle die Dame mit artigen Worten unterhalten, dürfe ihr aber auch, wenn das Gespräch ausging, einen Kuß auf die Wange geben, sozusagen als Pausenzeichen, da mißlang dieser Versuch einer Benimm-Regelung in Berlin völlig, »denn die Herren wußten sich nicht zu zügeln, und bei ihren groben Witzen vermochten die Damen die Röte, die ihnen ins Gesicht schoß, nicht zu verbergen«. Man saß also weiterhin an getrennten Tischen.

Daß es die Bürger der Stadt zu einigem Reichtum gebracht haben müssen, beweisen die vielen Vor-

schriften, die das Zur-Schau-Stellen des Luxus verhindern sollten: »Keine Frau soll an Spangen und an Geschmeide mehr tragen, als eine halbe Mark wiegen mag, und von seinen Perlen soll sie nicht mehr tragen, als eine halbe Mark wert sind. Auch soll keine Frau oder Jungfrau golddurchwirkte Tücher tragen, noch goldene Reifen . . . ferner wollen wir, daß bei Hochzeiten nicht mehr als vierzig Schüsseln auf den Tisch gesetzt werden, und

davon zehn Schüsseln für das Gesinde und drei Schüsseln für die Spielleute . . .«

1348 tauchte am Hof des Erzbischofs von Magdeburg ein Pilger auf, der eine höchst abenteuerliche Geschichte erzählte: Er sei der Markgraf Woldemar, der 29 Jahre im Heiligen Land verbracht habe. Man habe eine falsche Leiche begraben, nun sei er gekommen, um die Mark Brandenburg wieder in Besitz zu nehmen.

Zweifellos ein bißchen übertrieben groß sind auf diesem Holzstich von 1901 die »Langen Kerls« und ein bißchen untertrieben klein der »Soldatenkönig«, Friedrich Wilhelm I., dargestellt.

So dachte man sich die Szene: Der Holzstich aus dem Jahr 1880 zeigt den »Großen Kurfürsten«, Friedrich Wilhelm, in Gesellschaft bei »der ersten Kartoffelernte im Lustgarten zu Berlin 1649«.

des Gegners eingefallen war, sammelte dieser nicht etwa seine Mannen, um den eingedrungenen Feind zu vertreiben, ihn in offener Feldschlacht kräftig zurückzuschlagen, nein, er vergalt nur Gleiches mit Gleichem; er zog in das Land des Feindes und verbrannte dort die offenen Dörfer; derjenige war Sieger, der von den unglücklichen Bauern die reichste Beute heimgetragen hatte. Das ›Auspochen der Dörfer‹ war der Kunstausdruck für diese ritterliche Art der Kriegführung...«

Berlin-Cölln führte das Städtebündnis

Klar, daß auch die Städte sich zahlreichen Angriffen ausgesetzt sahen. Um diese Rechtsunsicherheit zu steuern, schlossen sich die Bedrängten in Städtebündnissen zusammen, und Berlin-Cölln fiel hierbei eine führende Rolle zu. Es gab in dieser Stadt sehr tüchtige Ratsleute, die bei jedem der einander folgenden Grafen und Fürsten mit Geschick neue Rechte und Vorteile

In die Streitigkeiten zwischen den Wittelsbachern, den Anhaltinern und dem Kaiser kam der »falsche Woldemar« gerade recht. Als am 20. September 1348 Woldemar in Berlin ankam, brach ein blutiger Aufstand aus. Ein Teil der Ratsmannen und der Innungen blieben in Treue dem Wittelsbacher verbunden, andere hielten zum Kaiser, der den falschen Woldemar gegen die Bayern unterstützte – nicht lange allerdings. Als Woldemar ins Hintertreffen geriet, entzog ihm Kaiser Karl sein Wohlwollen wieder, und nun wurde Markgraf Ludwig mit der Mark belehnt.

Das Land war ziemlich verwahrlost. Räuberbanden machten die Straßen unsicher, und die Adligen machten sich ein Vergnügen daraus, gegeneinander zu kämpfen und sich möglichst viel Schaden zuzufügen: »Eine seltsame Kriegführung! – Wenn einer der Adligen mordend und brennend in das Land

In den Zeiten absoluten Königtums ließ man sich gern so malen, wie es vor allem Frankreichs »Sonnenkönig«, Ludwig XIV., vorgemacht hatte. In fast gleicher Pose prunkt hier Friedrich I., König von Preußen.

84 für die Stadt herausgeschlagen hatten. Berlin stand mit eigener Gerichtsbarkeit an der Spitze der verbündeten 31 märkischen Städte.

Im Jahr 1411 wurde der Burggraf Friedrich VI. von Nürnberg aus dem Hause Hohenzollern mit der Mark belehnt. Ihm gelang es mit diplomatischem Geschick, die Städte auf seine Seite zu ziehen. Auch zahlreiche havelländische Edelleute schlossen sich ihm an, und so konnte der Burggraf mit seinen Soldaten es wagen, das Land von den Raubrittern zu befreien. Der mächtigste dieser Wegelagerer war Dietrich von Quitzow, der Schrecken der »Pfeffersäcke«. In einer ersten Schlacht wurde Friedrich böse geschlagen, aber er gab nicht auf. Im Februar 1414 berannte er mit schweren Geschützen die Burgen Quitzows. Der mußte sich ergeben; die Macht der Raubritter war gebrochen.

15. Jahrhundert: die Hohenzollern kommen

So angenehm dies für die Berliner war – die Befriedung der Mark hatte ihren Preis. Die nun folgenden Hohenzollern waren immer stärker daran interessiert, die Selbständigkeit der Stadt zu brechen und die Fürstenmacht zu stärken. Als Kurfürst Friedrich II. – den man Eisenzahn nannte – im Jahr 1440 die Regierung übernahm, ließ er sich mit großem Pomp von den Berlinern huldigen. Die Ratsleute baten um eine Bestätigung der Stadt-Privilegien, doch der Herrscher sagte nur »schlichte Worte«, schriftlich gab er nichts – und ließ sich die Stadtschlüssel aushändigen. Da es zu immer heftigeren Auseinandersetzungen zwischen den Gewerken und den Ratsleuten gekommen war, konnte der Kurfürst die Bürger gegen die städtischen Patrizier ausspielen.

Er verordnete erst mal das, was wir heute eine Verwaltungsreform nennen würden. Die vereinigte Stadt-

Im Ehrenhof des Charlottenburger Schlosses steht das Reiterdenkmal des »Großen Kurfürsten«, das zu den bedeutendsten nördlich der Alpen zählt. Ab 1696 hat Andreas Schlüter daran gearbeitet, 1703 wurde es aufgestellt.

verwaltung von Berlin und Cölln wurde wieder getrennt: Es galt, die Macht der großen Ratsfamilien der Städte zu brechen. Zum Zeichen seines Anspruches ließ der Kurfürst ein Schloß bauen: Aus der freien, mächtigen Stadt wurde nun im 15. Jahrhundert – gegen den Willen der Berliner – eine Residenz. Nicht ohne wirtschaftliche Verluste entwickelte sich nun die Handelsstadt zum Verwaltungszentrum. Das Wappentier der Stadt, der Bär, so heißt es, wurde seitdem nur noch in gebückter Haltung gezeigt.

Waren die Kurfürsten früher in den Landen herumgezogen, hatten in prächtigen Zelten getafelt, waren wochenlang in den Wäldern auf der Jagd gewesen, wurden sie nun häuslicher. Friedrich II. nahm seinen Wohnsitz im Berliner Schloß. Aus den Kaufleuten mit weitgespannten europäischen Interessen wurden allmählich Hoflieferanten. Und da der Hof ständig Geld brauchte, verborgten die reichen Bürger ihres – dabei verloren die meisten großen Familien ihr Vermögen.

Für die Masse der Berliner brachte der landesherrliche Segen nicht viel. Die Schulen, so heißt es, waren genauso schlecht wie früher, die besseren konnten nur reiche Leute bezahlen. Die Schüler verdienten sich Geld, indem sie Theaterstücke aufführten. 1574 wurde das berlinische Gymnasium zum Grauen Kloster gegründet, das später Weltgeltung erlangen sollte – und das noch heute fortbesteht. So unterschiedliche Talente, wie der Philosoph Schleiermacher, der Baumeister Schinkel, der Politiker Bismarck und der Turnvater Jahn, sollten hier im Laufe der Zeit die Bank drücken.

Seit 1571 gab es in Berlin eine Druckerei, die der Alchemist Leonhard Thurneysser eingerichtet hatte. Um 1600 herum erschien schon eine Wochenzeitung, in der vor allem Berichte von den Höfen, aber auch Nachrichten aus Kultur und Wissenschaft sowie die Preise von Schweinen und Roggen standen.

Berlin war auf 8000 Einwohner angewachsen, aus Italien, Holland und Sachsen waren die Bauleute gekommen, neue Innungen waren entstanden, die sich untereinander stritten. Die Zahl der Bettler hatte so zugenommen, daß der Rat der Stadt nunmehr Blech- oder Zinnmarken an privilegierte Bettler ausgab, auf denen geschrieben stand: »Gebt den Armen!« Diese Marke mußten sie stets am Hut tragen.

Die Chronisten beklagen eine allgemeine Sittenlosigkeit der Berliner, an der die Mönche keinen geringen Anteil hatten. So verzeichnet das Berliner Stadtbuch, daß jeder Bürger berechtigt sei, einen Priester totzuschlagen, ohne dafür mit dem Bann bestraft zu werden, wenn er ihn mit seinem angetrauten Weib in Ehebruch oder mit seiner Mutter, Schwester oder Tochter in Unkeuschheit überraschte.

Als der neue Kurfürst Joachim I. den Thron bestieg, war er erst 15 Jahre alt. Dies war in der Zeit zwar nicht ungewöhnlich, die Berliner fürchteten aber, daß es nun wieder losgehen würde mit dem Morden und Brennen. Ein Komet zog über den Himmel, und nach dem Glauben der Zeit kündigte dies der Menschheit kommende Gefahren an. Und tatsächlich: Eine furchtbare Pestepedemie zog über das Land. Schuld daran waren nach all-

Eine bekannte Darstellung von König Friedrich II., dem Großen – auch »Alter Fritz« genannt –, ist dieses um 1770 entstandene Gemälde von Anton Graff.

gemeiner Ansicht die Juden. Das 16. Jahrhundert erlebte zahlreiche Pogrome. Am 19. Juli 1510 wurden auf dem Neuen Markt 38 Juden verbrannt, die angeblich Hostien aus einer Kirche gestohlen hatten. Tatsächlich hatten diese Judenverfolgungen ganz handfeste wirtschaftliche Hintergründe. Den Juden war das Geldgeschäft erlaubt, so waren viele von ihnen Bankiers und Wechsler. Bei der allgemeinen Verschuldung und der Not, die durch die Pest entstanden war, erschien es von Zeit zu Zeit günstig, statt Geld und Zins zurückzuzahlen, die Gläubiger des Landes zu vertreiben oder umzubringen. Mehrmals wurden die Juden aus der Mark und aus Berlin verbannt, bis sie der Große Kurfürst Mitte des 17. Jahrhunderts wieder hereinließ. Allerdings wurden nur wohlhabende Juden zugelassen, wie sie gerade vom Kaiser Leopold I. aus Wien vertrieben worden waren.

Die Geschichte von Hans Kohlhase

Wie unsicher die Zeiten waren, zeigt die Geschichte des Hans Kohlhase. Der handelte mit Pferden und war 1532 auf dem Weg nach Leipzig. In Kursachsen wurde er von einem übermütigen Adligen angehalten. Der nahm ihm die Pferde weg und beschuldigte ihn des Diebstahls. Bei der Rückreise von der Messestadt wollte Kohlhase seine Pferde zurückhaben, der Ritter verlangte aber Pflegegeld für die inzwischen zu Schindmähren herabgewirtschafteten Gäule.

Eine Klage beim sächsischen Kurfürsten blieb vergeblich, auch der Brandenburger unterstützte den Fall nicht, und so erklärte Kohlhase seinen privaten Krieg und überfiel, wo er konnte, die sächsischen Herren. Das dauerte bis 1539. Schließlich raubte Kohlhase einen brandenburgischen Silberschatz, was Joachim II. zwang, der Selbstjustiz des Pferdehändlers ein Ende zu set-

zen. Kohlhase wurde gefangen und auf das Rad geflochten: »Der Körper blutete viele Tage, welches man damals für ein Zeichen der Unschuld hielt, und den Kurfürsten soll nachher das Urteil sehr gereut haben.« Der Silberschatz wurde nie wiedergefunden, der Sage nach soll er in Kohlhasenbrück unter der Bäke-Brücke versenkt sein.

Heinrich von Kleist hat aus dieser Geschichte eine große Erzählung gemacht, in der er die ganze Problematik des Menschen ausbreitet, der sich mit staatlicher Macht auseinandersetzt und so zwischen Recht und Unrecht gefangen ist – ein Stück Weltliteratur.

Joachim II. war es, der Berlin und die Mark Brandenburg in das Lager der Reformierten führte. Die ständigen Geldforderungen Roms und das sittenlose Treiben der Geistlichen hatten die Berliner so verärgert, daß sie den Kurfürsten baten, sich dem neuen evangelischen Glauben des Dr. Martin Luther anschließen zu dürfen. Für Joachim II. waren gewiß sowohl theologische wie auch handfeste politi-

Schloß Rheinsberg im Bezirk Potsdam wurde 1734/39 von Knobelsdorff umgebaut. Es war vier Jahre lang – von 1736 bis 1740 – Wohnsitz des Kronprinzen, des späteren Königs Friedrich II.

ren, Löwen und Wölfe – aufeinanderzuhetzen. Ein besonderer Spaß für die Berliner waren die regelmäßigen Pferderennen, an denen Bürger und Adlige teilnehmen konnten.

Aus Spiel wurde Ernst: der Knüppelkrieg

Berühmt geworden ist ein Fest, das in einer wilden Prügelei endete. Der Kurfürst ließ die Berliner gegen die Spandauer in einem Wassergefecht kämpfen. Auf der Havel begegneten sich die Kahnflotten beider Städte, mit Knüppeln bewaffnete Bürger versuchten, sich ins Wasser zu werfen. Trompeten erschallten, der Kurfürst sah mit seinem Hofstaat an Bord eines großen Schiffes dem Spiel zu.

Die Spandauer hatten die Anweisung bekommen, die Seeschlacht zu verlieren, im Eifer des Gefechts hielten sie sich jedoch nicht an die Absprache. Zum großen Zorn des Kurfürsten wurden die Berliner in die Flucht geschlagen. Wütend darüber kehrten sie nach einiger Zeit um, und die anschließenden Raufereien dauerten bis in die Nacht. Der Kurfürst sah sich um das Schauspiel gebracht. Er ließ den Bürgermeister von Spandau, Bartholomäus Bier, in das Gefängnis werfen, und die Spandauer und die Berliner kühlten ihre Beulen. Das war der Knüppelkrieg des Jahres 1567.

Er war gewiß ein Vorspiel für die Auseinandersetzungen, die bis in die Mitte des nächsten Jahrhunderts fortdauern sollten. Im Dreißigjährigen Krieg standen die Brandenburger Herrscher mal auf der Seite des Katholiken Wallenstein, der 1628 und 1630 in Berlin einmarschierte, mal hielten sie zu dem Schwedenkönig Gustav Adolf, der von den protestantischen Bürgern 1631 begeistert begrüßt wurde.

Berlin wurde als Residenzstadt zwar nicht angegriffen, mehrmals brannten Truppen jedoch die au-

sche Gründe, bei denen es um die Stimmenverhältnisse im Reichstag ging, ausschlaggebend, der Bitte nachzukommen. Am 1. November 1539 trat er in der Nikolaikirche in Spandau zu den Reformierten über. Noch heute ist dieser Tag für die Schulkinder in West-Berlin schulfrei.

Nun wurde in den Kirchen deutsch gesprochen. Der kunstliebende Fürst erlaubte jedoch nicht, die Kirchen ihres Schmucks und ihrer Bilder zu berauben. Er schätzte die Prachtentfaltung der römischen Kirche, und als die Berliner sich bei Martin Luther darüber beschwerten, wie wenig protestantisch es in den Stadtkirchen zuging, antwortete er sehr diplomatisch, seinetwegen könne man drei Hemden übereinander tragen, wenn man in die Kirche gehe, dem Herrgott sei das egal. Luther wollte den Kurfürsten Brandenburgs nicht wegen einiger Meßgewänder verärgern.

Joachim II. ging gern auf die Jagd, und im Tiergarten ließ er eine Menagerie anlegen. Ein Vergnügen der Zeit war es, wilde Tiere – Bä-

ßerhalb der Mauern liegenden Vorstädte nieder. Auch mußten die Berliner immer häufiger für den Unterhalt der vorbeiziehenden Truppen sorgen, und die Abgaben stiegen. Der Rat der Stadt mußte, um Edelmetall zu sparen, Kupferpfennige prägen, die nur mit einer dünnen Silberschicht überzogen waren.

Als 1643 Kurfürst Georg Wilhelm, später der »Große Kurfürst« genannt, in Berlin eintraf, um die Huldigung seiner Untertanen entgegenzunehmen, fand er eine armselige Residenz vor. Von den 850 Berliner Häusern waren 300 verlassen, in Cölln standen von 634 Häusern 150 leer. Vor dem Dreißigjährigen Krieg hatte man in Berlin-Cölln 12 000 Einwohner gezählt, jetzt waren es noch die Hälfte.

Sofort ließ der Kurfürst mit den Aufräumungsarbeiten beginnen. Die Doppelstadt sollte unter seiner Herrschaft das Gesicht völlig verändern: Der Große Kurfürst, der seinen schmückenden Titel erhielt, nachdem er das schwedische Heer bei Fehrbellin geschlagen hatte, schwärmte für den Festungsbau. »Es machte ihm Vergnügen, Entwürfe für fortificatorische Bauten flüchtig niederzuzeichnen, und er legte ein besonderes Gewicht darauf, daß auch seine Söhne gründlichen Unterricht in der Fortification erhielten.«

Tatkräftiger Regent: der »Große Kurfürst«

Berlin und Cölln erhielten eine neue Stadtmauer, neue Tore und »Courtinen«, schnurgerade Erdwälle, die die Bastionen miteinander verbanden. In Holland hatte der Große Kurfürst aber auch die Parkanlagen und Wasserkünste bewundert. Er holte nun Baumeister und Gärtner aus den Niederlanden, die das Spreetal in eine Grachten-Landschaft zu verwandeln suchten. Der Lustgarten, der im Krieg verfallen war, wurde wieder hergerich-

tet, Grotten, Springbrunnen und Statuen errichtet, auch ein Ballhaus für die beliebten französischen Ballspiele gebaut. 1679 wurde in Schöneberg ein weiterer großer Garten angelegt, der spätere Botanische Garten, was er bis 1908 an der Stelle des heutigen Kleistparks blieb. Zwischen Tiergarten und der Hundebrücke pflanzte man Reihen von Nuß- und Lindenbäumen – die Straße hieß später »Unter den Linden«.

Der Große Kurfürst sorgte dafür, daß mit dem Oder-Spree-Kanal eine durchgehende Wasserverbindung zwischen Hamburg und Breslau hergestellt wurde. Wichtigste Zollstelle war Berlin. Der Berliner Wollmarkt nahm einen so raschen Aufstieg, daß eigens eine Wollbörse errichtet werden mußte. Auch die Schiffergilde bekam wieder reichlich zu tun. Die Einwohnerzahl der Residenz erhöhte sich zwischen 1680 und 1709 von 10 000 auf 57 000 Einwohner – für damalige Verhältnisse eine Großstadt.

Wer in der Stadt ein Haus bauen wollte, brauchte sechs Jahre lang keine Steuern zu zahlen und bekam

Auch Friedrich II. war bestrebt, für Hof und Kriege mehr Geld in die Kassen zu bekommen. So war ihm die Wirtschaft durchaus wichtig; hier besichtigt er eine Tuchfabrik (Holzschnitt von Adolph von Menzel).

auch noch Bauholz geliefert. Sogar Grundstücke wurden umsonst abgegeben. So ist erklärlich, daß es zu einem Bau-Boom kam, bei dem ganz neue Stadtteile entstanden. Zwischen dem alten Cöllner Stadtgraben und der heutigen Oberwall- und Niederwallstraße wuchs als neue Stadt Friedrichswerder mit eigenem Rathaus und einem Markt. Der erste Bürgermeister wurde der Architekt Memhardt, dem wir zahlreiche genaue Stadtpläne verdanken.

Nördlich von Friedrichswerder, das mit der Schloßfreiheit, auf der Beamte und Künstler des Hofes wohnten, durch die Jungfernbrücke verbunden war, entwickelte sich ein weiteres neues Stadtviertel. Das Gelände war 1688 der zweiten Frau des Kurfürsten, Dorothea, geschenkt worden, und so nannte man die Siedlung Dorotheenstadt.

Natürlich mußte in den neuen Quartieren Ordnung herrschen, und so wurden viele neue Vorschriften erlassen, die teilweise bis in das 19. Jahrhundert gelten sollten. Es wurde bestimmt, welche Gassen beleuchtet werden mußten,

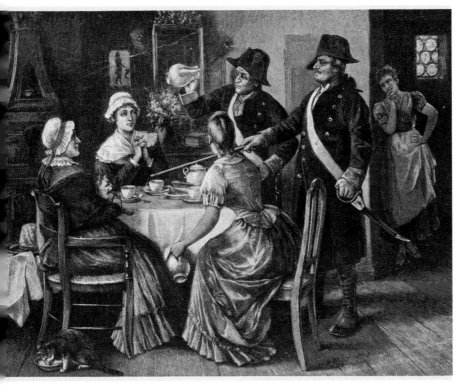

Nehring entstand die Friedrichstadt, in der man 1709 bereits 615 Häuser zählte. Hauptstraßenzüge waren die Friedrichstraße bis zur Wilhelmstraße und die Lindenstraße, und neu angelegt wurden der Leipziger Platz und das Rondell (der Mehringplatz). In der Wilhelmstraße baute man vornehme Palais mit großen Gärten, während die Friedrichstadt eher schlicht angelegt war. In der südlichen Wilhelmstraße erhielten böhmische Glaubensflüchtlinge Häuser zugewiesen, in denen sie kleinere Webereimanufakturen einrichteten.

Berlin wurde königliche Residenz

Symbol des jungen Königshauses sollten das Schloß und das Zeughaus werden, mächtige Barockbauten, deren erste Entwürfe von Schlüter stammen. Das Schloß stand bis 1945 in der von Eosander von Göthe ausgeführten Form, bei einem Luftangriff wurde es zerstört. 1951 wurden die Reste abgetragen, nur ein Portal stellte man vor die Fassade des Staatsratsgebäudes der DDR.

Berlin als königliche Residenz: Das brachte der Stadt viele neue Verpflichtungen, aber auch Vergnügungen. Überall rings um die Stadt entstanden kleine Schlösser, Sommersitze und Gärten. Der König wollte natürlich für seine Hauptstadt alles haben, was es in Paris auch gab. Die Akademie der Wissenschaften wurde gegründet, und der erste Präsident wurde der Philosoph und Mathematiker J. G. Leibniz. Eine Sternwarte wurde eingerichtet, am Hofe wurden »Lustballette« aufgeführt.

Für die Entwicklung der künftigen Stadt war wichtig, daß der König beschloß, die fünf Städte, die um das alte Berlin und Cölln gewachsen waren, zusammenzulegen und die Einheitsgemeinde Berlin aus den Städten Berlin, Cölln, Friedrichswerder, Dorotheenstadt und

eine Feuerschutzordnung und vor allem eine Bauordnung wurden erlassen. Die Häuser wurden größer, man errichtete jetzt zur Straße hin große Fassaden mit vielen Fenstern. Es entstanden zwei- bis dreigeschossige Gebäude mit Hinterhäusern, die mit dem Vorderhaus durch Seitenflügel verbunden wurden.

Und die Berliner rauchten. Friedrich Wilhelm förderte die Rauchlust seiner Untertanen, weil sie ihm eine willkommene Steuereinnahme sicherte. »Alles, was die Sinne kitzelte und den leibhaftigen Genuß erhöhte, wurde von den Bürgern freudig aufgenommen. Auch das Branntweintrinken nahm, besonders unter dem ärmeren Volke, sehr überhand. Die heitere Kunst aber, welche der Kurfürst begünstigte, fand bei dem Bürgertum noch keine Stätte. Der geistigen Rohheit der Berliner widerstrebte der Kunstgenuß, und dieselbe wurde genährt durch das Schauspiel blutiger Hinrichtungen, deren Zeuge das Volk von Berlin häufig genug war«, schreibt der Chronist Adolf Streckfuß.

Dabei bemühte sich der Kurfürst, Kunst und Wissenschaft in Berlin zu fördern. Er ließ eine Hofbibliothek anlegen, sammelte Gemälde und erlaubte den Druck einer Zeitung, aus der die »Berlinische privilegierte Zeitung«, die spätere »Vossische«, wurde. Die damalige Zeitung erregte den Unwillen mancher regierender Häupter. Aus Wien berichtete der brandenburgische Gesandte: »Man hat hier ein ziemliches Mißfallen an den neuen Zeitungen, die allemal aus Berlin geschrieben und gedruckt werden. Man sagt: ›Es sei kein Ort im ganzen Reich, wo man also frei und schlimm schreibe gegen ihre Kaiserliche Majestät, oder gegen dero Armee, als in Berlin.‹«

Folge dieser Beschwerde war übrigens ein Zensurerlaß. Die wichtigste Beschäftigung des Großen Kurfürsten war jedoch der Aufbau des Heeres. Er begründete die Berufsarmee Preußens und damit auch den Aufstieg des preußischen Staates. Der Nachfolger des Großen Kurfürsten, Friedrich, konnte sich bereits König nennen.

Unter der Aufsicht des Architekten

Ein weiterer Weg, um zu Geld zu kommen: die Kaffeesteuer. Dazu schnüffelten amtliche »Kaffeeriecher« um 1785 sogar in den Wohnstuben der Bürger herum (Holzstich nach einem Gemälde, um 1860).

Vue de la Place d'armes,
d'une partie du Château, du Dôme, de la Bourse et des environs, prise du côté de la nouvelle Douane

Friedrichstadt zu bilden, mit einem gemeinsamen Rathaus in Cölln. Der neue Magistrat bestand nun aus 19 Mitgliedern, die auf Lebenszeit ernannt wurden: vier Bürgermeister, zwei Syndici, drei Kämmerer und zehn Ratsherren.

»Auf äußeren Prunk und den sinnlichen Genuß war während der Regierungszeit Friedrichs der Sinn der Berliner gerichtet. Die Zahl der Gasthäuser und Schenken vermehrte sich ... und die waren zumeist Spielhöllen, denn außer anderen Lastern, war das Spiel in die Stadt eingedrungen ... und das Raubunwesen nahm sogar so überhand, daß eine Verordnung erschien, nach der demjenigen, der zur Habhaftwerdung von Dieben beitragen würde, unter Verschweigung seines Namens der vierte Teil des Gestohlenen als Belohnung versprochen wurde.«

Mit der Sittenlosigkeit wollte Friedrich Wilhelm I., der 1713 die Regierung übernahm, aufräumen. »Ich werde euch mit Skorpionen züchtigen!« versprach der »Soldatenkönig« seinen Untertanen. Nicht nur, daß der König eigenhändig mit dem Stock losprügelte, wenn ihm jemand begegnete, dessen Gesicht ihm nicht gefiel, seine Leidenschaft, Soldaten für die Armee zu rekrutieren, führte in den ersten Jahren der Regierung zu einer Abwanderung von 17 000 Männern – darunter fast 8000 Handwerker –, die dem Militärdienst entgehen wollten.

Aus den Parks und Plätzen wurden Exerzierfelder, und 1735 entstand eine Mauer um die Stadt, die Flucht und Desertion der Söldner und gepreßten Soldaten verhindern sollte. Die vielen Uniformen, die nun gebraucht wurden, stellte man in neuen Wollmanufakturen her. Einen heftigen Aufschwung nahm die Gold- und Silbermanufaktur, in der Borten, Tressen und Stickereien für den Militärbedarf fabriziert wurden.

Von Kunst und Wissenschaft hielt der König wenig, den Präsidenten der Akademie machte er zu seinem Hofnarren. Es gab Jahre, in denen für die Bibliothek nicht ein einziges Buch angeschafft wurde. In den Druckereien erschienen fast nur religiöse Werke. Allein die Charité, das Krankenhaus, interessierte den König; hier wurden nämlich die Militärärzte ausgebildet.

Die rigide Rekrutierungspolitik

Das war das Herz, das Zentrum des alten Berlin: das königliche Schloß und der Lustgarten (Kupferstich von 1777). Nach schweren Kriegszerstörungen wurde das Schloß 1950/51 gesprengt.

hatte nicht nur die Stadt entvölkert, auch Handel und Gewerbe sahen sich bedroht. Die Steuereinnahmen gingen bedrohlich zurück, und der König sah sich gezwungen, es mit einer neuen Politik zu versuchen. Nun förderte er den Zuzug von Ausländern, vornehmlich der französischen Refugiés, der Böhmen und der Holländer. Fachkräfte wurden gebraucht, die Fabrikanten, die Wolle und Seide herstellen sollten, wurden durch Schutzzölle und drastische Verbote, ausländische Waren zu kaufen, begünstigt. In der Tuchfabrik des Geheimrates Kraut arbeiteten 4700 Menschen: davon, wie man sagen muß, die Mehrzahl Kinder unter 13 Jahren!

Einen Vorteil – außer dem, am Aufbau Preußens mitgewirkt zu haben – hatten die Berliner doch. Der

König verordnete die Einrichtung des ersten öffentlichen Droschkendienstes. 1739 fuhren die ersten Fiaker auf Berlins Straßen.

Friedrich II. wurde von den Berlinern begeistert begrüßt. Der Philosoph auf dem Herrscherthron ließ sofort den Bau eines Opernhauses beginnen, er schuf die Elite-Truppe der Langen Kerls ab, und wenn er nicht sofort in den Schlesischen Krieg gezogen wäre, hätte er seine weitreichenden Pläne zur Verschönerung Berlins wohl verwirklichen können. Friedrich II. war ein aufgeklärter, aber doch auch ein ganz und gar absolutistischer Herrscher. Für die Berliner Stadtverwaltung bedeutete dies, daß die Staats- und Domänenkammer über alles Aufsicht führte und der König jederzeit direkt in die Geschäfte eingreifen

konnte. Um zu Geld zu kommen, verpachtete der König zahlreiche Staatsbetriebe an Privatleute, die Steuerverwaltung übergab er französischen Unternehmern, die dadurch nicht beliebter wurden.

Der König sprach deutsch nur sehr mangelhaft, die Gesellschaftssprache der Zeit war Französisch, und der Akademiepräsident war der Franzose Maupertuis. Vom Hof unbeachtet entwickelte sich in Berlin ein reges geistiges Leben. Im Haus des Buchhändlers Nicolai traf sich das aufklärerische Bürgertum. Namen, wie die des Philosophen Moses Mendelsohn, des Architekten Schadow, des Komponisten Zelter und des Kupferstechers Chodowiecki, seien hier genannt. Feuilletonredakteur der »Vossischen Zeitung« war damals G. E. Lessing.

Die Radierung von 1780 zeigt die Straße »Unter den Linden«; rechts das Zeughaus, heute »Museum für Deutsche Geschichte«, und dahinter das Prinz-Heinrich-Palais (Humboldt-Universität), links Kronprinzenpalais und Oper.

92 Auch in der Wissenschaft war dies eine fruchtbringende Zeit: Der Chemiker Marggraf entdeckte das Berliner Blau und den Zuckergehalt der Runkelrüben. Es entstand eine Forstlehranstalt, und Pastor Hecker gründete eine ökonomisch-mathematische Realschule.

Unter den Linden verlustierten sich die Berliner bei braunem und weißem Bier. Dort waren aus den Zelten nunmehr feste Etablissements geworden, die das Ziel der Ausflüge am Montag waren. Montags war nämlich, alter Tradition gemäß, für Handwerker blau. Ganz in der Nähe baute Philipp Boumann für den Prinzen Ferdinand das Schloß Bellevue mit einem englischen Landschaftspark. Heute residiert dort der Bundespräsident. Damals fuhren von dieser Stelle die Gondeln nach Charlottenburg.

Üble Gerüche in der gerühmten Stadt

Der Staat Friedrichs wurde in Europa hochgerühmt. Berlin bekam von dem Glanz viel ab, obwohl der König lieber in Potsdam weilte und das Berliner Stadtschloß sogar an seinen Bruder verschenkte. Ein etwas mißmutiger Reisender, der Kriegsrat von Cöln, gab eine sehr kritische Beschreibung der Residenzstadt: »Berlin liegt in den Sandwüsten Arabiens; man mag nun hinkommen, aus welcher Richtung man will, so wird man von den keuchenden Postpferden in einem Sandmeer fortgeschleppt; im Sommer brennt die Sonne auf diesem Sande doppelt so stark, und einige von Raupen zerfressene Kieferstämme geben den einzigen dürftigen Schatten, der zu finden ist. Von Bergen findet das Auge weit und breit keine Spur, und wo man etwas Wasser findet, da ist es ein Sumpf, um den eine Schar von Kiebitzen ihren angenehmen Gesang erhebt... Man freut sich, wenn man endlich die Turmspitzen von Berlin erblickt; jetzt kommt aber nahe an der Bar-

riere dem Reisenden ein pestilenzialischer Geruch entgegen, denn die Berliner laden all ihren Unrat vor den Toren ab...

Hat man im Tor die unleidliche Revision der Accisebeamten überstanden und dem wachthabenden Offizier seine hundert Fragen beantwortet, damit er die öffentliche Neugierde befriedige (denn zu wei-

ter dienen sie nicht), so sieht man sich in die Mitte ärmlicher Hütten, Wiesen und Felder versetzt... In die Rinnsteine leert man die Nachtstühle und allen Unrat der Küche aus und wirft krepierte Haustiere hinein, die einen unleidlichen Gestank verbreiten. In Berlin kannst du unaufhörlich deine Nase im Schnupftuch tragen...«

Wilhelm I. (1797–1888) war ab 1871 deutscher Kaiser. Er trug dazu bei, daß aus den vielen Einzelstaaten wirklich ein Deutsches Reich wurde. Die Zeichnung zeigt ihn am Fenster seines Arbeitszimmers (1887).

fressen, und nun schickte sich Napoleon zur Welteroberung an. Am 27. Oktober 1806 zog er mit seiner »grande armée« durch das Brandenburger Tor und ließ sofort die Quadriga entfernen und nach Paris schaffen.

Der Eroberer verordnete den Berlinern sogleich eine neue Stadtverwaltung nach französischem Vorbild. Napoleon hat immer ein großes Interesse an Verwaltungsreformen gehabt. Gegen die welsche Besatzung formierte sich der nationale Widerstand in den Salons der Romantiker. Als 1808 die Franzosen abzogen, hatten die Stadtkämmerer ein Minus von 4,5 Millionen Talern in der Kasse. Die allgemeine Armut war so groß, daß in Volksküchen täglich 6000 Essensportionen an die Berliner ausgegeben wurden.

Freiherr vom Stein hatte als Ministerpräsident die Reform der preußischen Städteordnung begonnen. 1808 erhielten die Bürger wieder das aktive und passive Wahlrecht. Allerdings besaßen nur zehn Prozent der Berliner dieses Recht. Beamte, Künstler, Arbeiter und Mieter waren von den Wahlen ausgeschlossen. Dies bedeutete auch das Ende der französischen Kolonie und machte vielen Juden Schwierigkeiten. Im April 1809 wurde die erste Stadtverordnetenversammlung gewählt.

1810 ist die Berliner Universität gegründet worden: 52 Professoren hatte sie und 256 Studenten. Der Aufschwung der bürgerlichen Wissenschaft – genannt seien die Brüder Grimm, Hegel, Schelling und die Historiker Niebuhr, Ranke und Treitschke – wurde durch die einsetzende Reaktion im Gefolge der »Karlsbader Beschlüsse« heftig gebremst. Der urig-patriotische Turnvater Jahn, der in der Hasenheide die deutsche Turnbewegung begründet hatte, wurde nun als ein gefährlicher Staatsfeind und Anarchist angesehen.

In diesem 19. Jahrhundert erlebte Preußen gewaltige wirtschaftliche

Mit dem Tod des Alten Fritz war es mit der französischen Mode vorbei. In die Akademie zogen nun so bedeutende Männer, wie Alexander und Wilhelm von Humboldt, der Philosoph Fichte, und Goethe wurde korrespondierendes Mitglied. Baumeister Friedrich Gilly regte die Beschäftigung mit der mittelalterlichen Backsteinkunst an, und das kulturelle Leben der Hauptstadt bekam nun erstmals einen bürgerlichen Anstrich in den vielen literarischen Salons, deren berühmtester der Rahel Varnhagens war. Das Französische Schauspielhaus am Gendarmenmarkt wurde nun »Deutsches Nationaltheater«.

In Frankreich hatte die Revolution den König verjagt, ihre Kinder ge-

Schöne Frauen, fest ins Korsett geschnürt, und lamettaglitzernde Männer – eine wahre Augenweide war der »Cercle bei Kaiser Wilhelm I.«, wie dieser Ausschnitt aus einem Gemälde von Adolph von Menzel zeigt (1879).

Umwälzungen. Die Gewerbefreiheit und das hitzige Wachstum der Industrie brachten der Stadt einen ungeheuren Bevölkerungszuwachs. Vom flachen Land strömten Arbeiter und Dienstkräfte in die Großstadt: 1831 hatte Berlin 230 000 Einwohner, bis 1847 wurden es 403 500, wozu noch 12 000 Mann Soldaten kamen.

Die wachsenden sozialen und politischen Spannungen fanden ihren Höhepunkt in der Revolution von 1848. Von König Friedrich Wilhelm IV. erwarteten die Berliner eine liberale Verfassung: »Am 18. März sollte eine große Kundgebung der Bevölkerung vor dem Schloß stattfinden. Zwei Schüsse aus den Reihen des aufgezogenen Militärs und die gewaltsame Räumung des Schloßplatzes führten in allen Stadtteilen zum Barrikadenbau und zu blutigen Kämpfen. Über 200 Tote, vorwiegend aus Kreisen der Arbeiterschaft und des Kleinbürgertum, wurden gezählt.« Die Schwäche der Monarchie war die Stärke des Bürgertums, das sehr unternehmungslustig an den industriellen Aufbau heranging. Die großen Firmen der Berliner Wirtschaftsgeschichte nahmen in der Mitte des Jahrhunderts ihren Anfang: Siemens, Borsig, Schering und Schwarzkopf.

1857 erklärte ein stolzer Magistrat, Berlin habe sich »aus der bescheidenen Rolle einer Residenzstadt zur Weltstadt« entwickelt. Und dann auch noch Hauptstadt des Kaiserreiches! Von 1870 bis 1914 stieg die Bevölkerungszahl auf über zwei Millionen Menschen, die meisten wanderten aus Pommern, der Mark, aus Schlesien und Nordostdeutschland zu.

Zu Beginn der kaiserlichen Zeit erreichte die Wohnungsnot ein bisher ungekanntes Ausmaß, zahllose Familien hatten kein festes Dach über dem Kopf. Bodenspekulation und die vollständige Ausnutzung der Bauflächen machten Berlin zur größten Mietskasernenstadt der Welt. Hinter den prachtvollen Stra-

ßenfronten lagen häufig mehrere Höfe hintereinander, die mit Seiten- und Querflügeln, die euphorisch als »Gartenhäuser« bezeichnet wurden, verbunden waren. Die wohlhabenderen Bürger suchten sich neue Stadtviertel: Lichterfelde, Grunewald, Friedenau und Wannsee waren derartige Neugründungen von Villenkolonien, die von geschäftstüchtigen Spekulanten und Terraingesellschaften gebaut wurden.

Der Staat baute sich in der wilhelminischen Zeit den Reichstag, und zum Zeichen des Sieges über Frankreich wurde die Siegessäule mit der Siegesgöttin aufgestellt. Ei-

ne so große Stadt verlangte nach einem Verkehrssystem. 1896 beförderte die private Pferdeeisenbahn mit 1107 Wagen und 6300 Pferden jährlich 154 Millionen Fahrgäste. Siemens und Halske stellten ihre elektrische Stadtbahn vor, die erste elektrische Straßenbahn fuhr in Lichterfelde. Die ersten Hoch- und Untergrundbahnen wurden um die Jahrhundertwende gebaut.

Am 9. November 1918 rief Karl Liebknecht die Republik aus, Philipp Scheidemann verkündete das Ende der Monarchie vor dem Gebäude des Reichstags. Die Weimarer Zeit hatte begonnen: 235 000 Arbeitslose in Berlin im Jahre 1923

Alles war reglementiert im alten Berlin, hier ist es die »Milchprüfung durch die Marktpolizei« im Jahre 1890. Das »Volk« – inklusive Schusterjunge – schaut eher interessiert zu: Ordnung war das halbe Leben.

Für die Stadt Berlin war das Jahr 1920 von besonderer Bedeutung: Das Gesetz über die Bildung einer neuen Stadtgemeinde schloß nun sieben Städte, 59 Landgemeinden und 27 Gutsbezirke zur neuen Verwaltungseinheit von Groß-Berlin zusammen. Diese neuen Grenzen umfaßten eine Fläche von 88 000 Hektar, auf der fast vier Millionen Menschen lebten. Es wurden 20 Stadtbezirke eingeteilt, die auch heute noch bestehen. Die Teilung Berlins durch die Alliierten berücksichtigte diese Grenzziehungen der Reform von 1920.

Ende Januar 1933 wurde Hitler Reichskanzler, knapp einen Monat später brannte der Reichstag und gab das Signal zu schweren Repressalien gegen Sozialdemokraten, Kommunisten und Gewerkschafter. Das demokratische Leben in Deutschland war ausgelöscht. Die Stadtverordnetenversammlung von Berlin hat in der Zeit der Naziherrschaft nicht mehr getagt.

Jüdische Mitbürger wurden gezwungen, ihre Geschäfte zu Spottpreisen zu verkaufen. Die Bürgerrechte wurden ihnen abgesprochen, und es begannen die Deportationen in die Konzentrationslager. Einen Höhepunkt antisemitischen Terrors erlebte Berlin in der »Kristallnacht« vom 9. zum 10. November 1938, als jüdische Geschäfte geplündert und alle Synagogen Berlins zerstört wurden.

Hitler und sein Generalbauinspektor, Albert Speer, hatten weitreichende Pläne zum Umbau der Reichshauptstadt, die glücklicherweise nicht zur Ausführung gelangt sind. Sie sahen gigantische Neubauten, einen fast völligen Abriß der Innenstadt und eine Anzahl breiter Verkehrsachsen vor. Für den Stil der Nazizeit kennzeichnend sind die Verwaltungsbauten am Fehrbelliner Platz, das Reichsluftfahrtministerium in der Leipziger Straße und zahlreiche Gebäude im Diplomaten-Viertel des Tiergartens. Die Reichskanzlei wurde nach dem Einmarsch der Sowjetarmee gesprengt.

und eine Radikalisierung des politischen Lebens, die in Straßenkämpfen, Saalschlachten zwischen linken und rechten Parteien, Mord und Terror ihren Ausdruck fand.

»Die Not machte vor keiner Familie halt. Die 1929 hereinbrechende katastrophale Weltwirtschaftskrise zerstörte den Gesundungsprozeß auch in Berlin.« Die letzten freien Reichstagswahlen in Berlin brachten der KPD am 6. November 1932 860 837 Stimmen, der NSDAP 720 613 und der SPD 646 644 Stimmen. Auch bei der Reichstagswahl vom April 1933 bekam Hitler in der Reichshauptstadt nur 30 Prozent der Stimmen.

Bei Ausbruch des Zweiten Weltkrieges hatte Berlin 4,3 Millionen Einwohner, 1945 waren es noch 2,8 Millionen. Ganze Stadtteile waren im Luftkrieg zerstört worden, am schwersten waren die Innenbezirke betroffen. Bahnhöfe und Wasserleitungen, die Gas- und Stromleitungen waren nicht mehr funktionsfähig. Es gab kein Heizmaterial, und die Lebensmittel waren so knapp, daß die Bevölkerung auf weiten »Hamsterfahrten« in die Provinz versuchen mußte, von den Bauern »Kartoffeln gegen Teppiche« zu tauschen. Im August 1945 waren die Westmächte in ihre Sektoren eingezogen. Berlin stand nun unter der Oberhoheit von vier Besatzungsmächten.

Wer damals die Trümmerlandschaften Berlins sah, hätte es nicht geglaubt, daß in nur wenigen Jahren eine neue Stadt entstehen sollte. Berlin war nun lange Jahre Mittelpunkt der Auseinandersetzung zwischen den beiden Weltsystemen. Die Teilung der Stadt, die Blockade, der Bau der Mauer, West-Berlin auf der einen Seite, Ost-Berlin als Hauptstadt der DDR auf der anderen – das ist die bereits im zweiten Kapitel geschilderte Nachkriegsgeschichte Berlins.

Nach Wilhelm I. kam Wilhelm II. bis 1918 auf den deutschen Kaiserthron, ein Freund martialischer Uniformen, wie das Foto von 1900 zeigt. Seine Regierungszeit wird auch Wilhelminisches Zeitalter genannt.

Zweifellos der beliebteste Teil der
Dahlemer Museen ist die Südsee-
Abteilung, in der einige Ausstel-
lungsstücke beziehungsweise
Nachbauten sogar angefaßt wer-
den dürfen; hier einige zierliche
Schiffe.

Größtes Museum ist die Stadt selbst: »museal« die Repräsentanz ihrer Gebäude und die Großzügigkeit ihrer Straßen und Plätze, die erst für das Auftreten von Königen und Kaisern und dann für die Inszenierungen eines »Führers« geplant wurden. Das heutige Berlin füllt seine Architektur nicht mit der eigentlichen Funktion aus. Es erscheint wie ein Kunstwerk, das von seinem angestammten Platz entfernt wurde und in der neuen Umgebung unproportional wirkt.

Berliner Straßen, Gebäude oder Anlagen scheinen ein bißchen zu groß zu sein. In West-Berlin wird dies am deutlichsten im Bezirk Tiergarten: Die »Straße des 17. Juni« ist mit spärlichem Verkehr eine verkümmerte Ost-West-Achse, der funktionslose Reichstag und das neue »Kulturforum« sind auch ein paar Nummern zu gewaltig. Und in Ost-Berlin scheinen der neuen »Hauptstadt der Deutschen Demokratischen Republik« die alten Kleider der »Reichshauptstadt« zu weit geschneidert zu sein.

Berlin als Freilichtmuseum erzählt von Aufstieg und Zerstörung, von Wahn und Wahnsinn. Berlin ist damit ein Museum für deutsche und europäische Geschichte.

Berlin ist heute keine Kunststadt mehr, aber eine Kulturmetropole von europäischem und Weltrang. Das liegt an dem, was die Mauern der Museen an Schätzen bergen. Freilich hinterließ der Krieg Spuren, die nicht zu vertuschen sind. Wenn der normale Betrachter, auch der Kunstverständige, sie kaum spürt, hat das seine Ursache in der Überfülle, die die Sammlungen vor dem Krieg bereits auszeichnete. Selbst schwerste Verluste konnten aus der Masse ersetzt werden. Durch thematische Begrenzung wurden die Zerstörungen auch zentraler Sammlungsteile, was das künstlerische und wissenschaftliche Niveau betrifft, verkraftet.

EIN PUZZLE: MUSEEN IN WEST UND OST

98 Die politischen Verhältnisse in der Folge des Krieges führten zu einer »Zellteilung«. Über das Gebiet des ehemaligen Deutschen Reiches verstreut und von der jeweiligen Siegermacht geborgen, wurden die Sammlungen oft mehr als zehn Jahre später nicht an ihrem traditionellen Sammlungs- und Ausstellungsort wieder zusammengeführt. Was im Westen war, blieb im Westen. Was der Osten hatte, behielt er. So kommt es, daß oft gleich oder ähnlich bezeichnete Sammlungen in Ost- und West-Berlin zu finden sind.

Da dem Osten die Mittel für einen Ersatz der fehlenden Teile nicht zur Verfügung standen und auch lange Jahre der politische Anspruch auf Zusammenführung am historischen Ort – fast immer im Osten gelegen – Aktivitäten in dieser Richtung lähmte, im Westen aber die hohen Preise auf dem Kunstmarkt eine Auffüllung nur selten und dann nur in der Spitze zuließen, könnte man die westlichen und östlichen Sammlungshälften wie ein Puzzle zusammenfügen und erhielte fast die Pracht der Museumsstadt der Vorkriegsjahre. Allerdings würden in diesem Puzzle immer Teile fehlen. Sie verbrannten in den Magazinen, sind in den Kriegswirren verschollen, oder die alliierten Truppen haben sie »sichergestellt«.

Der ehemals im Museum für Vor- und Frühgeschichte untergebrachte »Schatz des Priamus« aus Heinrich Schliemanns Troja-Grabungen ist seit 1945 vermißt. Die »Gemäldegalerie« erlebte 1945 die größte Katastrophe, die je einem Museum zugestoßen ist: Im Bunker Friedrichshain verbrannten 400 großformatige Gemälde, die nicht in Bergwerke evakuiert werden konnten. Vor allem die italienische und flämische Malerei der Neuzeit wurde hiervon betroffen. Die Hälfte des malerischen Œuvre von Karl Friedrich Schinkel, 17 Gemälde, verbrannte mit 900 weiteren Bildern der »Nationalgalerie«. Nur 300 von 7000 Objekten des »Museums für

Im Charlottenburger Schloß – im Bild der Weiße Saal – werden Möbel, Kunstgegenstände und Plastiken aus dem Besitz der Verwaltung der »Staatlichen Schlösser und Gärten« ausgestellt.

Ostasiatische Kunst« konnten über die Kriegswirren gerettet werden. Der Rest wurde durch Brand vernichtet oder verschwand nach dem Abtransport noch nach Kriegsende. Jede Berliner Sammlung, jedes Museum der Stadt hat solche Verluste zu beklagen.

Die fünfziger Jahre waren die Zeit der Heimkehr der Kunstwerke in die Museen der Stadt. Bis 1958 waren fast alle in die Sowjetunion abtransportierten Objekte in den Osten der Stadt zurückgekehrt. Nicht selten waren sie nach Kriegsende in der Sowjetunion von Fachleuten restauriert worden.

Neue Museumsbauten und Provisorien nahmen im Westen die vor allem in Celle und Wiesbaden vorübergehend untergebrachten Exponate auf. Die sechziger Jahre fügten die Sammlungen in den historischen oder in den neuen Ausstellungsräumen wieder zu einem geschlossenen Bild zusammen. In den siebziger Jahren, als Folge der Entspannung, wurden dann die Lücken gefüllt und die Bestände ergänzt; Lücken, die auch die Kunstpolitik der Nationalsozialisten mit der Aussonderung »entarteter Kunst« gerissen hatte. Dem Kunstschaffen der Gegenwart wurde, einer Berliner Tradition gemäß, der Weg in die Museen geöffnet.

Neue Institutionen entstanden, wie das »Berlin-Museum« im ehemaligen Kammergericht in der Lindenstraße oder das »Museum für Verkehr und Technik« auf dem ehemaligen Gelände des Anhalter Bahnhofs. Das »Bauhaus-Archiv«, seit 1979 in einem Neubau in der Nähe

Auf dieser prächtigen Amphore im Charlottenburger Schloß ist die ursprünglich 1743 von Knobelsdorff erbaute Oper Unter den Linden dargestellt.

Noch einmal ins Dahlemer Völkerkundemuseum: Steinstelen künden von lange versunkenen Kulturen in Südamerika.

des Lützowplatzes untergebracht, übt mit seiner Sammlung und Dokumentation eine bescheidene Wiedergutmachung an der von den Nazis verfemten Kunstschule und ihren Lehrern. Private Schenkungen und Stiftungen schufen neue Museen, wie das Kolbe-Museum, das Brücke-Museum und die »Sammlung Bröhan«.

Der Besucher, der wegen der Museumsschätze in die Stadt gekommen ist oder den schlechtes Wetter und Sightseeing-Pflichten in die Hallen führen, muß aus der Fülle des Angebots auswählen: Will er Vor- oder Frühgeschichte, Völker- oder Volkskunde, flämische, italienische Malerei, deutsche Meister, die europäische Kunst des 19. Jahrhunderts, die deutsche Kunst des 20. Jahrhunderts oder die neuesten Kunsttrends sehen, vielleicht preußische und deutsche Geschichte studieren?

West- und Ostberliner Museen bieten ihm alles. Die Museen, Kunsthallen und Galerien sind über die ganze Stadt verstreut, aber es gibt doch vier Zentren, wo sie massiert sind. Einmal ist dies der Bezirk Mitte, heute zu Ost-Berlin gehörig und in West-Berlin hineinragend, dann die »Dahlemer Museen« im Südwesten von (West-)Berlin im Bezirk Zehlendorf, das Schloß Charlottenburg und das Ägyptische Museum gegenüber sowie das neue »Kulturforum« zwischen Gropius-Bau und Philharmonie.

International: die Dahlemer Museen

In Dahlem, an der Arnimallee und in der Nähe des ehemaligen Dorfkerns der Domäne Dahlem gelegen, befinden sich seit den fünfziger Jahren große Teile der Bestände der ehemaligen »Staatlichen Museen«. Seit der Auflösung des preußischen Staates durch die alliierten Siegermächte 1947 befinden sie sich im Besitz der »Stiftung Preußischer Kulturbesitz«.

In dem zwischen 1914 und 1921 zunächst für die asiatischen Sammlungen erbauten Gebäude, das allerdings bis Ende des Zweiten Weltkriegs nur als Depot des Völkerkundemuseums diente und bis 1970 durch Erweiterungsbauten seiner neuen Funktion angepaßt wurde, befinden sich die Gemäldegalerie, das Kupferstichkabinett, die Skulpturengalerie mit Frühchristlich-Byzantinischer Sammlung, die Museen für Indische, Islamische und Ostasiatische Kunst und das Museum für Völkerkunde mit seinen Abteilungen Alt-Amerika, Südsee, Afrika und Ostasien.

Da all diese recht unterschiedlichen Sammlungen in einem Gebäudekomplex liegen und der Besucher nach Durchschreiten einer Tür von der Südsee in die italienische Renaissance, vom deutschen Mittelalter in eine islamische Welt eintreten und dann noch schnell die niederländischen Meister besuchen kann, sind die sogenannten Dahlemer Museen besonders für Nicht-speziell-Interessierte, für Familien und Gruppen als Einstieg in die Museumswelt geeignet.

Gleich im Foyer, von der Lansstraße zu betreten, zwingen Hinweisschilder zur Entscheidung: Geht man nach rechts, gelangt man in die »Alt-Amerika«-Sammlung des Museums für Völkerkunde und weiter in die »Südsee«-Abteilung und die darüberliegende Welt Afrikas und Südasiens. Oder lenkt man den Schritt nach links in das Museum für »Indische Kunst« und ein Stockwerk darüber die Museen für Islamische und Ostasiatische Kunst? Geradeaus, direkt neben den »Heidnischen Götzen« aus Mittel- und Südamerika, liegt die Frühchristlich-Byzantinische Sammlung mit ihren Ikonen und Skulpturen, Stoffen und Schmuck, dahinter die Skulpturengalerie.

Wenn die Gemäldegalerie beginnt, ist der Museumsbesucher bereits im Altbaukomplex, der auch durch ein Foyer von der Arnimallee aus betreten werden kann. Die »Gemäl-

degalerie« in Dahlem beherbergt den bedeutenderen Teil der ehemaligen Gemäldegalerie der Königlichen, später Staatlichen Museen. Im Jahre 1830 gegründet und zunächst im von Schinkel erbauten »Alten Museum« am Lustgarten (Berlin-Mitte, Unter den Linden) untergebracht, war sie schnell, vor allem durch das an Repräsentanz orientierte preußische Herrscherhaus gefördert, zu einem der bedeutendsten Museen der Welt geworden.

Vergleichbar nur älteren, harmonischer gewachsenen Sammlungen, dokumentierte sie vor der Zerstörung eines Teils ihrer Bestände im Krieg und der nachfolgenden Spaltung die europäische Malerei vom 13. bis ins 19. Jahrhundert in einmaliger Fülle. Im Osten der Stadt verblieb der größte Teil der Werke – aber nicht der bedeutendste. Diese werden heute in Dahlem gezeigt, soweit sie nicht großformatig waren. Denn diese Formate verbrannten im Krieg. Wer durch die ein wenig zu engen, nur spärlich mit natürlichem Licht erhellten Räume geht, begegnet Motiven und Namen, die aus Kalenderblättern, von Drucken und aus dem Kunstunterricht fast schon zu geläufig sind.

Die Niederländer Rembrandt, Bruegel, Rubens, Bosch, die Italiener Raffael, Tizian, Tintoretto, Bellini, der Spanier Velázquez, der Franzose Watteau, die Deutschen Lucas Cranach d. Ä., Albrecht Altdorfer, Albrecht Dürer und viele andere repräsentieren in ihren Werken ihr Zeitalter und die Kunstgeschichte, die sich in dieser Sammlung dem Betrachter als europäische erschließt.

Kein Besucher übersieht Rembrandts »Mann mit dem Goldhelm«, das »Aushängeschild« der Dahlemer Museen, oder Pieter Bruegel d. Ä. Werk »Die niederländischen Sprichworte«, deren Entschlüsselung ein mit ausstellungsdidaktischen Hilfsmitteln unterstütztes Museumserlebnis für jedermann werden kann.

Oben: Der Gropius-Bau von 1881 war als Kunstgewerbemuseum konzipiert. Nach dem Wiederaufbau beherbergte er 1981 die große Preußen-Ausstellung; der Innenausbau wird jedoch erst 1987 abgeschlossen sein.

Unten: Mies van der Rohes Nationalgalerie ist Zentrum des neuen »Kulturforums« südlich des Tiergartens. Längst nicht alle Bestände der Sammlungen – hier ein Fries von Edvard Munch – finden jedoch Platz.

Herrscht in der Gemäldegalerie oft andächtiges Staunen und vornehmes Geflüster, so in der Südsee-Abteilung hektische Betriebsamkeit. Kinder toben auf einigen dafür freigegebenen Exponaten (zum Teil sind es Nachbauten); Erwachsene fassen den seit der Lektüre in Jugendjahren immer wieder geträumten Traum vom Leben unter Palmen und in azurblauen Riffs handfest an. Die Südsee-Abteilung ist von den völkerkundlichen Sammlungen bei den Besuchern die beliebteste – wenn auch die Kultur der Melanesier und Polynesier nie die Stufe ihrer asiatischen Nachbarn erreichte.

In der Südsee-Abteilung wird dem aufmerksamen Besucher auch nicht entgehen, wie die Berliner Museen, zumindest teilweise, an ihre Schätze kamen. In der Südsee hatte das Deutsche Reich bis 1915 Kolonialbesitz in Neuguinea, dem »Bismarck-Archipel« und in »Samoa«. Das zog Expeditionen an, die den »Eingeborenen« Boote, traditionelle Hütten, Schmuck und Waffen im Tausch gegen Tand oder moderne Waffen abhandelten. Heute müßten die Bewohner dieser Länder schon in die Hauptstädte der Alten Welt reisen, wollten sie die großen Leistungen ihrer frühen Kulturen besichtigen.

Wäre Tut-ench-Amuns Grab nicht 1922 im Tal der Könige entdeckt worden, sondern zwei Jahrzehnte zuvor, wären diese Schätze heute wohl in London zu besichtigen und nicht in Kairo. Nur gut zehn Jahre zuvor hatte der Berliner Ludwig Borchardt bei der Freilegung einer Bildhauerwerkstatt in Amarna die Büste einer jungen ägyptischen Pharaonin entdeckt. Sie war die Frau Tut-ench-Amuns und dem altägyptischen Protokoll gemäß seine Schwester.

Nofretete hieß sie, und von ihrer Schönheit kündet noch heute die bemalte Kalksteinbüste, die sich im Ägyptischen Museum in der Charlottenburger Schloßstraße befindet. Die Büste der Nofretete ist der

Oben: Im ehemaligen Berliner Kammergericht – hier war E. T. A. Hoffmann einst Gerichtsrat – ist heute das Berlin-Museum mit vielen Exponaten über die Stadt, ihre Geschichte und Bewohner untergebracht.

Unten: Kein klassisches, aber ein notwendiges Museum ist in der Genter Straße eingerichtet worden: das Friedensmuseum; hier ein Blick in die Innenräume.

größte »Schatz« der (West-)Berliner Museen.

»Nofretete will nach Hause«, behauptet bewußt polemisch eine Streitschrift des Leiters des Bremer Übersee-Museums, Herbert Ganslmayr, und des Journalisten Gert von Paczensky. Mit ihrer Forderung, die »verschleppten« Kulturgüter den Nationen der Dritten Welt zurückzugeben, lösten sie eine Kontroverse in der Fachwelt aus.

Widmen sich die Gebäude an der Lansstraße und der Arnimallee den Volks- und Hochkulturen anderer Kontinente, so zeigt das Museum für Deutsche Volkskunde, ebenfalls in Dahlem (Im Winkel 6), Volkskunst aus allen deutschen und ehemals deutschen Regionen.

Rund um Schloß Charlottenburg

Im zweiten zentralen Museumskomplex West-Berlins, dem Schloß Charlottenburg, ist ein Museum für Vor- und Frühgeschichte untergebracht, das auch die jahrtausendealte Besiedlung der Berliner Landschaft dokumentiert; unter anderem in Exponaten, die schon die brandenburgischen Kurfürsten sammelten. Sie hatte der Komplex einer angesichts des alten Chinas und Ägyptens jungen und »barbarischen« mitteleuropäischen Zivilisation dazu getrieben. Die brandenburgische Steinzeit sollte ihren kulturellen Anspruch untermauern.

Nur schräg über den Spandauer Damm — und im Ägyptischen Museum entfaltet sich die frühe Kulturlandschaft am Nil. Als an Havel und Spree noch Steine zu primitiven Werkzeugen behauen wurden, blühten dort Handwerk und Kunst wie bei uns 4500 Jahre später. Mancher übersieht angesichts des Glanzes in diesem Museum, daß dort nicht nur das Leben (und der Totenkult) der Pharaonen und ihres Hofes dokumentiert ist, sondern auch das Leben des einfachen Volkes.

Größer könnten die Kontraste nicht sein: Auf der anderen Seite der Schloßstraße sammelt ein kleines Team eines »Museums im Aufbau« unser aller Leben heute – die Alltagskultur des 20. Jahrhunderts. Alles, was wir so bedenkenlos fortgeworfen haben und immer noch nicht beachten, wird dort für künftige Generationen, aber auch unsere nächste Zukunft, archiviert. Das »Werkbund-Archiv-Museum für Alltagskultur des 20. Jahrhunderts« zeigt seine Sammlertätigkeit immer mal in thematischen Ausstellungen und wird später im »Gropius-Bau« in Kreuzberg seine endgültige Bleibe finden.

Im Charlottenburger Schloß werden nicht nur Möbel, Kunstgegenstände und Plastiken aus dem Besitz der Verwaltung der »Staatlichen Schlösser und Gärten« ausgestellt, es ist auch ein Antikenmuseum mit griechischer und römischer Plastik. Bis zum Umzug in das eigene Haus im Tiergarten befand sich im Charlottenburger Schloß auch noch das Kunstgewerbemuseum. Das »Teehaus« im Park des Schlosses enthält eine Sammlung Berliner Porzellans. Der Schinkel-Pavillon, an der Schloßbrücke gelegen, beherbergt Kunst- und Einrichtungsgegenstände aus der Schinkel-Zeit – der Blüte der Berliner Kultur.

Die vielfältigen Sammlungen, die im Charlottenburger Museumskomplex untergebracht wurden, haben im Schloß und in den Gebäuden der Schloßstraße eine historische Umgebung.

Moderne Architektur nimmt das dritte Westberliner Ausstellungszentrum auf: die Museen im Tiergarten, dem neuen »Kulturforum«. Die Nationalgalerie wurde 1861 durch die preußischen Könige ins Leben gerufen mit dem Ziel, vor allem deutsche Malerei und Skulptur der Gegenwart zu sammeln. Im oft chauvinistischen Preußen war es wohl ein Glück, daß in den Schenkungen, die den Grundstock der Galerie bildeten, schon zahlreiche

104 nichtdeutsche Werke aus dem 19. Jahrhundert zusammenkamen. So sammelte die Nationalgalerie von Anbeginn nicht nur deutsche, sondern zunächst europäische und heute Welt-Kunst. Trotzdem hat sie ihre größte Bedeutung in der deutschen Malerei des 19. Jahrhunderts. In die Bestände an Kunst des 20. Jahrhunderts riß die nationalsozialistische Politik mit ihrer Aussonderung von »entarteter Kunst« große Lücken. Bis heute konnten sie nicht geschlossen werden.

Die Nationalgalerie ist seit 1968 in einem Gebäude von Mies van der Rohe an der Kreuzung der Potsdamer Straße mit dem Landwehrkanal untergebracht. Die 65 mal 65 Meter große, quadratische Halle, eine von acht Stützen getragene Stahlkonstruktion mit zurückgesetzter Glaswand, ist ein architektonisches Kunstwerk für sich. Sie ist allerdings nur der sichtbare Teil der Galerie. Unter ihr befindet sich als Sockel ein etwa doppelt so großer Raum, der die eigentliche Galerie aufnimmt. Was der Nationalgalerie architektonischen Reiz gibt, nimmt der Masse der Gemälde den Ausstellungsraum, denn durch die räumliche Lösung sind die Verhältnisse in ihr beengt. Nur ein Teil der Bestände findet an ihren Wänden Platz.

In der Nationalgalerie sind alle bedeutenden Künstler des 19. und 20. Jahrhunderts mit Werken vertreten. Nicht immer sind die von der Kunstwissenschaft Geehrten bei den Besuchern die populärsten. So ist die – in Frage gestellte – Idylle in Carl Spitzwegs 1839 entstandenem Bild »Der arme Poet« wohl das bekannteste Motiv aus der Galerie, ebenso die »Toteninsel« von Arnold Böcklin, eine kostspielige Neuerwerbung der letzten Jahre.

So viel Besucherinteresse finden gerade die Werke Berliner Maler nicht. Dabei zeigen sie nicht selten dem Berlin-Besucher einen Ausschnitt aus dem untergegangenen Berlin. Die Naturalisten Max Liebermann, der sein ganzes Leben am

Zukunftsträume über Größe und Umfang des künftigen Museums zeigt das große Wandbild an einem der Gebäude des im Aufbau befindlichen »Museums für Verkehr und Technik« auf dem Gelände des einstigen Anhalter Bahnhofs.

Pariser Platz, direkt neben dem Brandenburger Tor, gewohnt hat, und Adolph von Menzel, der »Hofmaler«, vertreten die Malerei um die Jahrhundertwende, Eduard Gaertner, Karl Blechen und andere die Berliner Malerei des frühen 19. Jahrhunderts. Lovis Corinth, Karl Ludwig Kirchner, George Grosz, Carl Hofer und vor allem Max Beckmann repräsentieren die Vielfalt der Kunstrichtungen und Auffassungen, die alle in diesem Jahrhundert in Berlin zur Blüte gelangten.

In direkter Nachbarschaft, neben der Philharmonie, haben das neue Gebäude des Kunstgewerbemuseums und das Musikinstrumente-Museum den Museumsstandort Tiergarten aufgewertet und das »Kulturforum« ergänzt.

Von 1881 bis 1921 war das Kunstgewerbemuseum in einem Gebäude von Martin Gropius, dem Onkel des Bauhaus-Direktors Walter Gropius, untergebracht (danach im Berliner Stadtschloß). Der »Martin-Gropius-Bau«, ein Gebäude in der Tradition Schinkels, wurde im Krieg fast völlig zerstört und erst nach langen Diskussionen Ende der siebziger Jahre wiederaufgebaut. Eröffnet wurde er mit einer Schinkel-Ausstellung und der großen Ausstellung zum Preußenjahr.

1981 noch ein Provisorium mit unverputzten Wänden, noch nicht rekonstruierten Decken und Böden, herrschte in ihm eine beklemmende museale Atmosphäre, die von der Vergänglichkeit der Kultur und ihrer Gefährdung kündete. Viele Besucher und Museumspädagogen hätten das mit einem hohen Lichthof, Galerien und großen Räumen für seine Zwecke ideale Gebäude gern in diesem Zustand belassen. Dazu konnte sich die Kultusverwaltung aber nicht durchringen: Sie ging lieber den konventionellen – und kostspieligeren – Weg einer kompletten Wiederinstandsetzung. Der Martin-Gropius-Bau dient zur Zeit noch wechselnden Ausstellungen, oft internationalen Koproduk-

Der bekannteste Schatz auf der
Ostberliner Museumsinsel ist
zweifellos der 1886 in Kleinasien
ausgegrabene »Pergamon-Altar«.
Er gab dem Pergamon-Museum
mit seiner umfangreichen Antikensammlung den Namen.

tionen. Nach seiner endgültigen Fertigstellung 1987 soll er eine ganze Reihe von Berliner Sammlungen aufnehmen.

Wechselnde Ausstellungen zeigt auch die »Staatliche Kunsthalle«, in der Zoopassage untergebracht, die vor allem durch ihre Aufbereitung von Kunst mit gesellschaftlichem Hintergrund und Politik von sich reden machte, und die »Akademie der Künste« am Hanseatenweg im Hansaviertel. Das »Kunstamt Kreuzberg«, auch für kritische, oft politische Ausstellungen bekannt, stellt im Kreuzberger »Künstlerhaus Bethanien« am Mariannenplatz aus. Im »Haus am Waldsee« in Zehlendorf werden immer wieder internationale Trends der Kunstwelt frühzeitig aufgegriffen.

Wer nach Berlin gekommen ist, um etwas über die Stadt, die Menschen und ihre Geschichte zu erfahren, darf das »Berlin-Museum« in der Lindenstraße nicht versäumen. Berliner Wohnkultur, Industrie, Handwerk werden in ihrer Entwicklung und ihren Leistungen gezeigt. Anhand von Modellen und alten Stadtplänen, Fotografien und Stichen kann man sich ein Bild von der Stadt vor ihrer Zerstörung machen. Das Gebäude ist im ehemaligen Kammergericht untergebracht, vor dem der Müller von Sanssouci seinen Prozeß gegen den allmächtigen Friedrich den Großen gewann. Hier, wo heute die Zeichnungen von (Pinsel-)Heinrich Zille hängen, hatte vor 150 Jahren der Dichter und Gerichtsrat E. T. A. Hoffmann sein Arbeitszimmer.

Das Berlin-Museum ist bei Touri-

Ebenfalls in Ost-Berlin, und zwar Unter den Linden, befindet sich im ehemaligen Zeughaus das »Museum für Deutsche Geschichte«. Es gilt als das zentrale historische Museum der DDR.

sten nicht zuletzt wegen eines Angebots populär, das selbst ausgewiesene Museumsmuffel nicht ausschlagen: In einer historischen Berliner Weißbierstube wird nicht nur Wissensdurst gestillt. Ein Berliner Buffet bietet bodenständige Gaumenfreuden nach dem kulturellen Genuß.

Seit Mitte der siebziger Jahre wird ein »Museum für Verkehr und Technik« aufgebaut. Inspiriert durch das »Deutsche Museum« in München, sollte auch die Stadt, von der so viele bedeutende naturwissenschaftliche und technische Impulse ausgingen, diese Tradition vermitteln. Auf dem »toten« Gelände des ehemaligen Anhalter Bahnhofs wurden Gebäude hergerichtet. In ihnen werden schon heute die Perspektiven, auch die Schätze ausgebreitet, die einmal dieses Museum ausmachen werden. Wer die bereits lohnenswerten Ausstellungen des Museums besucht, kann bei weiteren Besuchen in den nächsten Jahren »Museumsarbeit« verfolgen. Eisenbahn, Straßenverkehr, Schiffahrt, Bürotechnik, Maschinenbau und so weiter werden sich mit der wild wuchernden Natur und den Ruinen der Gleislandschaft zu einem Museum zusammenfügen, wie es nur in einer Stadt entstehen kann, die diese Technikgeschichte (mit)gemacht hat.

Dutzende anderer Museen, Sammlungen und Ausstellungsorte hat West-Berlin außerdem. Viele Institutionen haben eigene Museen, wie die Post, die Polizei und der Rundfunk. Und in seiner Privatwohnung in Kreuzberg zeigt ein Berliner sein – in der Welt führendes – »Zirkusmuseum«.

Mancher sammelt noch heute im Privaten, um es vielleicht eines Tages, wie es der Kunsthändler Hans Pels-Leusden vor kurzem mit seiner Käthe-Kollwitz-Sammlung tat, der Öffentlichkeit zu stiften.

Drei Museumszentren hat West-Berlin. Ein großer, vielleicht durch ein Geschick der Geschichte wertvollerer Teil des preußischen Kulturbesitzes befindet sich in der westlichen Hälfte. Aber die alte Tradition der Museumsstadt Berlin verwaltet und pflegt der Osten. Im Bezirk Mitte, und hier auf der sogenannten Museumsinsel, die die Spree und der Kupfergraben umgeben, hinter dem Lustgraben und vor der Sprengung dem Stadtschloß gegenüber, glänzte das kaiserliche Berlin mit seinen Sammlungen.

Auf der Ostberliner Museumsinsel

Seit 1830 wird in der Stadt wissenschaftlich und koordiniert gesammelt. Die Gebrüder Humboldt und Wilhelm Bode, nach dem heute der größte Komplex auf der Museumsinsel benannt ist, waren geistige Väter, wohlhabende Berliner, Forschungsreisende und Entdecker und das Herrscherhaus die Mäzene.

Die Museumsbauten auf der Museumsinsel wurden nach dem Krieg wiederaufgebaut und mit dem gefüllt, was im östlichen Teil verblieben war oder aus der Sowjetunion heimkehrte. Darunter sind Schätze wie der »Pergamon-Altar«: 1862 von Carl Humann in Kleinasien entdeckt, bis 1886 ausgegraben und 1902 in Berlin wiedererrichtet, paßte sich diesem monumentalen Exponat die Architektur des Ausstellungsgebäudes an. Der Altar, eines der »Weltwunder« des klassischen Altertums, verführt den Besucher zunächst zu reinem Staunen, das nur langsam der Beschäftigung mit seiner Ornamentik und den im Fries dargestellten, überlebensgroßen Kampfszenen der Götter gegen die Giganten weicht. Ein Modell verdeutlicht dem Besucher den Platz des 180 bis 159 v. Chr. geschaffenen Altars im Komplex der Burg von Pergamon. 300 Jahre jünger (um 165 n. Chr.) ist das Markttor zu Milet, der zweite herausragende antike Schatz der Berliner Museen, das im Eingangsbereich des Pergamon-Museums wiedererrichtet wurde.

Die Museumsinsel ist eine Welt für sich. Auf ihr kann der Besucher ein Museumserlebnis haben, das im Vergleich zu den Dahlemer Museen noch durch die Architektur verstärkt wird, die die künstlerische, wissenschaftliche und historische Leidenschaft der Gestalter der Berliner Museen Stein werden ließ.

Das »Alte Museum« (Kupferstichkabinett und Nationalgalerie seit 1945), die »Nationalgalerie« (Ost), das »Bode-Museum« (mit dem ägyptischen Museum, der Frühchristlich-Byzantinischen Sammlung, der Gemäldegalerie, dem Münzkabinett, dem Museum für Ur- und Frühgeschichte, der Papyrus-Sammlung) und das »Pergamon-Museum« (mit der Antiken-Sammlung, dem Islamischen Museum, dem Museum für Volkskunde, der Ostasiatischen Sammlung, dem Vorderasiatischen Museum) darf sich niemand entgehen lassen, der auch wegen der Museen die Stadt besucht. Schmerzvoller als im Westen wird am historischen Ort der Verlust durch Spaltung und Zerstörung deutlich, der Berlin und seine Museen traf.

Noch ein Blick in einige Galerien

Die Museen nehmen auf, was museal, aus vergangener Zeit oder schon anerkannt (gut) ist. Das Junge, Neue findet in ihnen keinen Platz. Wer sich noch eben mit Kunst auseinandersetzte, die unsere Großväter und Väter zur Auseinandersetzung herausforderte, kann sich in Berliner Privatgalerien den Werken heutiger Künstler stellen. Hunderte, einige behaupten fast tausend, private Galerien gibt es in der Stadt: Selbsthilfegalerien von jungen Künstlern, spezialisierte Galerien für jede Kunstform und -richtung, Galerien von Idealisten und solche von erfolgreichen Kunsthändlern. Kunst wird gemacht, ausgestellt und gehandelt. Letzteres viel, aber nicht genug, denn nur

die wenigsten bildenden Künstler können von ihrer Arbeit leben.

Dabei finden in Berlin vor allem zwei Richtungen Anerkennung, öffentliches und fachliches Interesse: Die sogenannten Kritischen Realisten, in den siebziger Jahren bestimmend mit Vertretern der »Schule der Neuen Prächtigkeit« (Matthias Koeppel, Johannes Grützke u. a.), Joachim Schmettau (er schuf den Brunnen vor dem Europa-Center) und Klaus Vogelgesang sind vor allem in der »Galerie Poll« am Lützowplatz zu finden. Die »Heftige Malerei« mit Helmut Middendorf, Salome, Bernd Zimmer und Rainer Fetting sowie ihrem »Lehrer« K. H. Hödicke in Berlin hervorragend vertreten, ging aus der »Selbsthilfegalerie am Moritzplatz« in Kreuzberg hervor. Rainer Fetting feiert heute aufsehenerregende Verkaufserfolge in der Galerie »Raab« in der Nähe der Potsdamer Brücke an der Nationalgalerie.

Die traditionellen Galerien Pels-Leusden und Nierendorff verfügen noch heute über reiche Bestände von Malerei, Zeichnungen und Druckgraphik von Käthe Kollwitz, Heinrich Zille, Max Liebermann, Max Slevogt, Lovis Corinth und anderen.

Die aus Hannover nach Berlin übergesiedelte Galerie Brusberg am Kurfürstendamm hat alles, was international gut – und teuer – ist. Die absoluten Spitzenkunstwerke aber kauft kaum ein Museum noch vom Bilderhaken einer Galerie. Sie werden auf Auktionen ersteigert. In Berlin gibt es unter anderem Auktionen bei Leo Spik am Kurfürstendamm. Hier und international bieten manchmal auch die Berliner Museen und ihre Gönner mit. Privat gesammelte wird so zur öffentlichen Kunst, die der Museumsstadt Berlin neues Leben einhaucht.

Aktuelle Kunst ist immer noch unterrepräsentiert in den bundesdeutschen und Berliner Museen. Wer sich dafür interessiert, kann in West-Berlin Hunderte Galerien »abklappern« und sich informieren.

In klassischer Schinkel-Schönheit
erstrahlt das Schauspielhaus – am
Platz der Akademie in Ost-Berlin
– noch nicht lange wieder. Lang-
wierig waren die Wiederaufbauar-
beiten nach starken Zerstörungen
im Zweiten Weltkrieg.

Der Berlin-Besucher, der über die Transitautobahn oder aus der Luft in die Stadt kommt, kann schwerlich eine Empfindung für die spröde brandenburgische Landschaft bekommen. Doch auf den Friedhöfen zwischen Mehringdamm, Blücher- und Zossener Straße kann er sie mit einiger Muße erahnen.

Hier liegt das Grab des romantischen Komponisten Felix Mendelssohn-Bartholdy. 1809 in Hamburg geboren, 1847 in Leipzig gestorben, in der Jugend ein Wunderkind, Enkel des bedeutenden Philosophen Moses Mendelssohn und Sohn des Bankiers Abraham Mendelssohn, der vom Judentum zum Protestantismus übertrat, verkörpert er Berliner Kunst- und Kulturtradition in einer Person. Sein Grab: viermal sechs Meter märkischer Sand, auf dem drei Kiefern wachsen, eingefaßt von einem Eisengitter. Wer seine Musik im Sinn hat, ahnt unter den Bäumen und zwischen den verwitternden Grabsteinen, woraus er sie schöpfte.

Wenn nur Komponistennamen zählen, fällt Berlin hinter Wien, Paris, London, Mailand und Neapel zurück – vielleicht mit Ausnahme des 20. Jahrhunderts. Wenn es jedoch um die Interpretation und Präsentation von Konzert, Oper und Chorgesang geht, konnte die Stadt sich immer messen. Und sie kann es noch heute.

Berlin liegt in der Mark Brandenburg, die es heute als territorialen Begriff nicht mehr gibt. Ihr Name wird jedoch nicht vergessen werden, solange die »Brandenburgischen Konzerte« von Johann Sebastian Bach gespielt werden. Dreimal weilte Bach in der Stadt. Nach seinem ersten Besuch schrieb er die Brandenburgischen Konzerte im fernen Köthen, wo er eine Anstellung hatte. 1721 widmete er sie dem Markgrafen Christian Ludwig von Brandenburg, wohl in der Hoffnung, in Berlin durch diesen Lei-

KULTURSTADT BERLIN: (FAST) IMMER SPITZE

stungsbeweis eine Anstellung zu
finden. Daraus wurde aber nichts.
Die Partitur verschwand in (gut
geführten) musikalischen Berliner
Archiven. Hier entdeckte sie der
junge Felix Mendelssohn-Bartholdy zusammen mit anderen Werken
des schon fast vergessenen Bach.
Seit 1820 gehörten Felix und seine
Schwester Fanny der »Singakademie« an. In Berlin gedeiht die
Kunst noch heute am besten als
»Bürgerinitiative«. Die »Singakademie« war eine Initiative der Bürger der Stadt. In der »Singakademie« – man sang und probte zunächst über dem Pferdestall der
preußischen »Akademie« – pfleg-
ten die Berliner den Chorgesang a
capella oder mit einfacher Klavier-
begleitung, ohne den Aufwand hö-
fischer Orchestermusik. Weil sie
künstlerisch so erfolgreich und dadurch so populär wurde, lösten die
Berliner mit ihrer »Singakademie«
die Chor- und Gesangsvereinsbe-
wegung in Deutschland aus, die
noch heute einmalig in der Welt ist.
Bis 1829 drängte die »Singakademie« nicht an die Öffentlichkeit.
Dann überredete der junge Mendelssohn-Bartholdy den Leiter der
»Singakademie«, Carl Friedrich
Zelter, einen Maurermeister und
Freund Goethes, die Matthäus-Passion Bachs, von der er eine Partitur
zum 18. Geburtstag geschenkt bekommen hatte, aufführen zu dürfen. Das Konzert der »Singakademie«, das Mendelssohn-Bartholdy
dirigierte, wurde zu einem der
größten Triumphe der Musik-
und Konzertgeschichte. Mit einem
Schlag war Bach populär. Der Aufführung hatten der König, die Philosophen Schleiermacher und Hegel sowie Heinrich Heine beige-
wohnt.
Das Gebäude der »Singakademie«,
von Schinkel erbaut, beherbergt
heute (in Ost-Berlin) das Maxim-
Gorki-Theater. Auch in unseren
Tagen verfügt Berlin über bedeutende Laienchöre, ohne die die
Aufführung manches Orchester-
werkes undenkbar wäre. Sie erfül-

Eine Heimstätte der Berliner
Chortradition wurde die 1824/27
erbaute Sing-Akademie (hinter
der Neuen Wache in Ost-Berlin
und heutiges Maxim-Gorki-Theater). Das Foto wurde 1939 gemacht.

len die Anforderungen, die die exzellenten Orchester stellen. Der Chor der St. Hedwigs-Kathedrale – sie liegt im Osten – ist so ein Laienchor, der immer wieder bei Tourneen um den Erdball, bei Plattenaufnahmen, in eigenen und in Orchesterkonzerten höchste Ansprüche erfüllt.

Im 19. Jahrhundert wollten sich die Mitglieder der »Singakademie« von der höfischen Oper absetzen. Aus dem Kreis der »Singakademie« war 1809 die »Berliner Liedertafel« hervorgegangen – ein Männerchor und der Prototyp des deutschen Männergesangvereins. Die Liedertafel war, entsprechend der Zeit, romantisch gesinnt. Und Romantiker war auch der Komponist Carl Maria von Weber. Seine Lieder sang die Liedertafel. Carl Maria von Weber wurde ein früher Berliner »Star«. Das Volk liebte ihn, der Hof fürchtete seine aufrührerische Musik. Man wollte ihn nicht zum Leiter der Oper Unter den Linden berufen. Berlin hatte neben dieser zu jener Zeit noch eine zweite Oper, die »Deutsche Oper«, in der deutsch gesungen wurde. Carl Maria von Weber schrieb für diese ein Auftragswerk, und die Berliner setzten durch, daß es 1821 aufgeführt werden durfte. Die Premiere des »Freischütz« fand im von Schinkel neu erbauten Theater am Gendarmenmarkt statt, das – wiederaufgebaut – seit 1985 in Ost-Berlin dem Symphonischen Orchester als Konzertsaal dient. Acht Jahre vor Mendelssohn-Bartholdys Aufführung der Matthäus-Passion erlebte das Musiktheater mit dieser Oper einen ungeheuren Triumph. Den »Jungfernkranz« sang schon am Tag nach der Premiere die ganze Stadt.

Seither ist Berlin Opernstadt. Es wird bedeutendere Opernstädte geben und gegeben haben, aber in Berlin herrschte auf dem Gebiet der Oper immer Kontinuität auf hohem Niveau. Seit Mitte des 19. Jahrhunderts war die Oper Unter den Linden eine »Nationaloper«, die auch deutsche Opern spielte.

1927 erhielt sie Konkurrenz: Der jetzt demokratisch regierte preußische Staat entschloß sich zum Aufbau einer »Volksoper«. Sie erhielt ihren Sitz in der »Krolloper«, einem Gebäude, das an der Stelle stand, wo sich heute die Ruine der Kongreßhalle befindet. Die »Krolloper« pflegte risikoreiche Aufführungen, erregte bei der Kritik große Anerkennung – aber nicht genug Publikumsresonanz. Ihr führender Kopf war der Dirigent Otto Klemperer. An der Oper Unter den Linden wirkte zur selben Zeit Wilhelm Furtwängler als Kapellmeister. Die »Krolloper« wurde 1932 wegen der Leere der Staatskasse geschlossen. Otto Klemperer ging ins amerikanische Exil.

West-Berlin verfügt, im Gegensatz zu Ost-Berlin, heute nur über ein Opernhaus, die »Deutsche Oper« in Charlottenburg. Ihr erstes Domizil war das Theater des Westens in der Kantstraße. 1961 zog sie in das großzügige Opernhaus an der Bismarckstraße um. Doch die 1900 Plätze reichen dort nicht aus, um die Opernleidenschaft der Berliner und ihrer Besucher zu stillen. 900 Menschen gibt sie Arbeit, darunter 450 Solisten, Sängern, Tänzern, Mitgliedern des Chors und des Orchesters.

Sind Opernkarten schon schwer zu bekommen, so sind Karten für Ballettveranstaltungen der Deutschen

Wichtig für das Berliner Musikleben im vorigen Jahrhundert war Felix Mendelssohn-Bartholdy. Das Gemälde entstand ein Jahr vor dem Tod des früh Verstorbenen, 1846.

Oper eine Rarität. Nach Meinung vieler Kritiker und Berliner Kunstfreunde kommt der Tanz auch zu wenig auf die Bühne des Opernhauses. Vom neuen Intendanten Götz Friedrich hatte man sich da Abhilfe erhofft. Unter ihm, der vorher ebenfalls als Intendant an der »Deutschen Staatsoper Berlin« im Osten der Stadt gewirkt hatte, gewann das Haus allerdings an Renommee, wenn auch die Berliner Kritik noch immer nicht alle künstlerischen Möglichkeiten ausgeschöpft sieht – bei einem 70-Millionen-Mark-Jahresetat (davon 57 Millionen Mark Zuschuß!).

Bis Ende der sechziger Jahre hatten Deutsche Oper (West) und Deutsche Staatsoper (Ost) im Schatten der dritten Berliner Oper gestanden, der »Komischen Oper« in Ost-Berlin. Dort wirkte der Österreicher Walter Felsenstein und setzte eine moderne Opernkonzeption durch, die das Musiktheater weltweit beeinflußte. Felsenstein lebte übrigens auch nach dem Mauerbau weiter in West-Berlin und wirkte im Osten. Die Mauer ist, wie nicht zuletzt der Intendantenwechsel von Ost- nach West-Berlin belegt, für musikalische Höchstleistungen durchlässig.

Wilhelm Furtwängler war 1922 als Kapellmeister der Staatsoper Unter den Linden zum Chefdirigenten des Berliner Philharmonischen Orchesters berufen worden. Die Philharmoniker sind eine »Musikerinitiative« mit innerer demokratischer Selbstverwaltung. Ihre Chefdirigenten wählt die »Musikerrepublik« selbst. Das heute mit 27 Millionen Mark im Jahr hoch geförderte Orchester hat diese inneren demokratischen Strukturen erhalten können.

1882 entstand das Orchester aus der Spaltung eines autoritär geführten Privatorchesters. Schon in den ersten Jahren des Bestehens erreichte es die Spitzenstellung in der Welt, die es bis heute hält. Johann Strauß und Johannes Brahms dirigierten es in den ersten Jahren. Die Chefdirigenten, von Hans von Bülow über Artur Niekisch und Wilhelm Furtwängler bis Herbert von Karajan, und das Können dieses Orchesters, das in strenger Selbstauswahl seiner Musiker und der glücklichen Hand bei der Dirigentenwahl begründet ist, verhalfen dem Klangkörper zu seinem Weltruf.

Viel zu selten freilich spielen die Philharmoniker in Berlin. Und wenn sie in der akustisch hervorragenden Philharmonie unter ihrem Chefdirigenten Herbert von Karajan auftreten, gibt es keine Karten an der Abendkasse. Mehrere Tage stehen Musikenthusiasten Schlange für das alljährliche Neujahrskonzert mit Beethovens 9. Symphonie. Neben den Philharmonikern, und leider zu oft in deren Schatten, gedeihen die anderen Berufsorchester der Stadt: das Radio-Symphonie-Orchester (RSO), von den Sendern SFB und RIAS getragen, und das Symphonische Orchester. Beide haben auch unter zu geringer finanzieller Förderung zu leiden und vollbringen trotzdem beachtenswerte Leistungen.

Nimmt man die Orchester von Deutscher Oper und Theater des Westens hinzu, so verfügt West-Berlin über fünf Berufsorchester. Der Melomane kann also fast jeden Tag im Jahr in ein Orchester- oder Chorkonzert gehen, das, wenn nicht in der Philharmonie, dann in der Hochschule der Künste, im großen Sendesaal des SFB oder im Internationalen Congress-Centrum (ICC) stattfindet.

Aus den Orchestern rekrutieren sich auch einige bedeutende Kammermusikensembles, wie die »12 Cellisten« und das »Kreuzberger Streichquartett« (aus den Musikern des Philharmonischen Orchesters). Seit 1985 können sie im Kammermusiksaal neben der Philharmonie auftreten.

Zur Zeit Carl Maria von Webers gab es noch nicht die Trennung von »ernster« und »unterhaltender« Musik. Der »Jungfernkranz« war ein Opernchor und ein »Schlager« zugleich. Die Trennung setzte erst ein, als Kneipenmusikanten, Hinterhof-Drehorgelspieler und die ersten Musikautomaten musikalische Konfektion benötigten – eingängige, simple Melodien, die auch die unbegabten besseren Töchter auf dem in Berlin erfundenen Pianino spielen konnten.

In Wien gestattete der Walzer eine Symbiose zwischen ernster und unterhaltender Musik. Die musikalischen Grundmuster der Berliner aber sind der Marsch und die Polka. Sie passen zur Schnoddrigkeit der Berliner Schnauze. Auf sie können sich auch mittelmäßige Texter einen Reim machen.

Vom Operetten-Schlager zum Pop-Hit

Kurz vor der Jahrhundertwende eroberte der Schlager Berlin. Paul Lincke und Walter Kollo wurden seine ungekrönten Könige. Hauptsächlich von ihren Werken lebt die Berliner Operette, die noch heute ein- oder zweimal im Jahr im Theater des Westens aufgeführt wird. »Es war in Schöneberg, im Monat Mai«, »Glühwürmchen, Glühwürmchen, flimmre« oder »Donnerwetter, Donnerwetter, wir sind Kerle« von Lincke und »Immer an der Wand lang« von Walter Kollo sind wohl nicht nur in Berlin bekannt.

Seit zu Beginn der achtziger Jahre die Schlagersängerin Nina Hagen von Ost- nach West-Berlin ging, zu aus England gekommener Punk-Musik deutsche Texte machte und in ehemaligen Polit-Rock-Spielern eine ebenbürtige Begleitband fand, weht durch das deutsche Schlagereinerlei ein neuer Wind.

Nina Hagen und ihre Band hatte der damalige Fotograf Jim Rakete »aufgebaut«. Er hatte zuvor in dem Charlottenburger Kant-Kino in Deutschland noch unbekannte Bands aus den USA und von der Britischen Insel fotografiert, unter anderen die seinerzeit noch unbekannte »Blondie«.

Als 1963 die Philharmonie von Hans Scharoun eingeweiht wurde, wogten die Diskussionen in der Bevölkerung über den außen wie innen revolutionären Konzertsaal hoch – heute genießt man einfach die blendende Akustik.

Das Kant-Kino von Conny Konzack war Ende der siebziger Jahre ein trendmachender Auftrittsort. Nach der Auflösung der Nina-Hagen-Band und dem Fortgang der schnell aufgestiegenen Rockdiva mit dem provozierenden Auftreten in die USA entdeckten Rakete und die verlassenen Hagen-Musiker eine junge Sängerin aus dem Ruhrgebiet, die in die neue Rockmusikmetropole Berlin gekommen war. Sie arrangierten die Lieder ihrer Begleitband und gaben der seltsam kühlen, aber betörenden Stimme den Namen »Nena«. Die Musikerin wurde zum Star, die Hitparade aus Berlin schwamm mit ihr auf der »Neuen Deutschen Welle«. Jim Rakete ist seitdem einer der großen »Macher« des deutschen Musikbusiness.

Conny Konzack vom Kant-Kino hatte in der Zwischenzeit eine andere Berliner Band gefördert. Die sang in einem Lied, was viele junge Berliner in den unruhigen achtziger Jahren dachten. »Ich steh' auf Berlin« von »Ideal« ist die Reaktion der Rockgeneration auf die »Berliner Luft« von Lincke. Berlin-Lieder, die bleiben, sind beide.

Nina Hagen, Nena, die Geschwister Humpe von »Ideal« und den »Neonbabies« waren Stars der frühen achtziger Jahre. Die neuesten Trends lassen sich im »Loft« und im »Metropol« am Nollendorfplatz hören. Was vor Jahren erfolgreich war, wie der Jazz, der Rock der sechziger und siebziger Jahre, Liedermacher, deren Zeit um 1970 mit dem Berliner Reinhard Mey begann, spielt im »Quartier Latin« in der Potsdamer Straße.

Für Rock-Großveranstaltungen stehen die Deutschlandhalle mit 10 000 Plätzen, die Eissporthalle, das (Zirkuszelt) Tempodrom und im Sommer die Waldbühne zur Verfügung. Internationale Entertainer und deutsche Unterhaltungskünstler haben im Internationalen Congress-Centrum optimale Auftrittsbedingungen.

Im märkischen Sand des Kreuzber-

ger Dreifaltigkeitsfriedhofs legen
noch heute Musikfreunde ihren
Dank an den großen Anreger des
Berliner Musiklebens, Felix Mendelssohn-Bartholdy, in Form von
Blumen und Gebinden nieder.
Vielleicht 50 Meter entfernt, direkt
an der Friedhofsmauer, liegt ein
anderer Großer des Berliner Kul-
turlebens. Vielen sagt sein Name
heute nichts mehr. Denn seine
Kunst war noch vergänglich, als er
sie ausübte. Vor gut 200 Jahren
hielt kein Zelluloid und kein Ma-
gnetband die Schauspielkunst für
die Nachwelt fest. Was wir von ihm
und seinem Einfluß wissen, verdanken wir der schon damals sehr regen
Berliner Theaterkritik und Zeitgenossen wie Goethe.

Mit großer Tradition: Theater in Berlin

»Iffland starb 1814« verkündet eine
Grabplatte über dem Grab an der
Friedhofsmauer. Nichts mehr. Keinen Vornamen, kein Geburtsjahr,
keinen seiner Titel. Den Zeitgenossen schien das nicht notwendig.
Über ihn und seine Größe war alles
bekannt. »Iffland starb 1814«, die
wenigen Buchstaben und Ziffern
verkünden noch die Erschütterung
und die Ehrfurcht seiner Zeitgenossen. Unfaßbar war für sie der frühe
Tod im Alter von 54 Jahren.
August Wilhelm Iffland, der 1796
berufene Direktor des »Königlichen Nationaltheaters«, starb an
Überarbeitung. Er hatte sein Theater geleitet, die bedeutendsten Rol-
len selbst gespielt, die Stücke ein-
studiert, selbst – seinerzeit erfolg-
reiche – Dramen verfaßt und den
Nachwuchs ausgebildet. Unter ihm
wurden die »Komödianten« zu an-
erkannten Schauspielern, er selbst
zum »Ritter vom roten Adleror-
den« geschlagen. Er und sein Theater boten den Zeitgenossen, die zu
seinen Lebzeiten den Grundstock
zum deutschen Nationaltheater
schrieben – Lessing, Goethe, Schiller –, die angemessenen Aufführun-

Oben: In den sechziger, siebziger
Jahren und bis heute macht die
»Schaubühne am Lehniner Platz«
– früher am Halleschen Ufer –
Theatergeschichte. Wichtigste
Künstlerpersönlichkeit war ihr
jahrelanger Leiter, Peter Stein.

Unten: 1961 erhielt West-Berlins
»Deutsche Oper« in der Bismarckstraße eine neue Spielstätte. Trotz
1900 Plätzen herrscht fast chroni-
scher Kartenmangel.

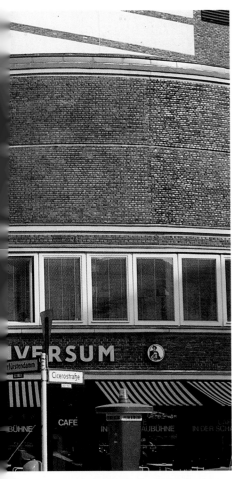

gen, ohne die ihre Werke nicht ihre Bedeutung für das Theater gefunden hätten.

Dabei war auch Iffland umstritten. In Berlin hatte er Feinde, in der Kritik und im Publikum, denn in die letzten Jahre seines Wirkens fiel der Aufstieg der Romantik. Die Berliner wollten romantische Stücke sehen. Iffland aber spielte die deutsche Klassik. »Viel Feind, viel Ehr« gilt noch heute am Berliner Theater. Denn die Berliner Theaterkritik ist bissig, manchmal vernichtend. Sie ist durch 200 Jahre Theatergeschichte und nationale wie internationale Gastspiele verwöhnt.

In Berlin wurde zu fast jeder Zeit hervorragendes und prägendes Theater gemacht. Aus der großen Zahl der bedeutenden Theatermacher ragen drei heraus: Iffland, Max Reinhardt und Bert Brecht. Leopold Jessner, Erwin Piscator und Gustaf Gründgens stehen den großen Drei nur wenig nach. Sie alle sind von ihrer Theaterauffassung, von ihren Ansichten, ihren Persönlichkeiten und menschlichen Qualitäten verschieden gewesen. Im Welttheater hinterließen sie Spuren.

Den Namen von Max Reinhardt trägt heute die staatliche Schauspielschule in Berlin, ein Teil der Hochschule der Künste. Brecht wird noch heute – viele meinen »museal« – am Schiffbauerdamm-Theater entsprechend seinen Maßgaben gespielt.

Theater wurde in Berlin zeitweise wie heute als sportliches Großereignis empfunden und kommentiert. Die Feuilletons der Zeitungen führten bis in die zwanziger Jahre auch bei »gewöhnlichen« Lesern kein Schattenleben. Hier siegte man nach Punkten. Die Großkritiker vergaben sie. Wer sie erhielt, stieg über Nacht auf, wie Max Reinhardt. Wer sie nicht erhielt, überstand auch das, wie Bert Brecht, den der größte Kritiker seiner frühen Berliner Zeit, Alfred Kerr, immer verkannte.

Jede Woche gibt es in Berlin Pre-

mieren, denn die Zahl der Bühnen ist groß. Da sind einmal die Staatlichen Bühnen »Schillertheater«, »Schloßparktheater« und »Werkstatt« unter einer Leitung zusammengefaßt und von einem über hundertköpfigen Ensemble bespielt. 28,5 Millionen Mark kosten sie im Jahr den Landeshaushalt. Geld, das in Berlin fast unumstritten ist – wenn die Leistung stimmt. Damit meinen auch Berliner Kulturpolitiker nicht unbedingt den Besuch, denn die Berliner Theater sind voll, wenn auch nicht so voll wie die Oper. Sie meinen die Ausstrahlung. Die fehlt den drei staatlichen Schauspielbühnen seit einigen Jahren, und häufigere Intendantenwechsel haben sie bis jetzt nicht gebracht. Es war wohl nicht das richtige Klima vorhanden, das für den ruhigen Aufbau von Spitzenleistungen notwendig ist.

Wenn es die Verantwortlichen auch nicht wahrhaben wollen: Den Staatlichen Bühnen sitzt ein – allerdings mit 15,5 Millionen Mark hochsubventioniertes – Privattheater im Nacken, das von allen Seiten Applaus bekommt. Die »Schaubühne am Lehniner Platz« – früher am »Halleschen Ufer« – ist die führende deutschsprachige Bühne. Peter Stein ist lange Jahre ihr Leiter gewesen, noch heute die beherrschende Künstlerpersönlichkeit. Mitte der sechziger Jahre begannen

Eine der wichtigsten Persönlichkeiten in der Berliner Theatergeschichte war August Wilhelm Iffland, der 1796 als Direktor des »Königlichen Nationaltheaters« nach Berlin berufen wurde (Kupferstich von 1799).

117

er und der Kern des Ensembles, aus Bremen kommend, mit einer neuen Art, Theater zu machen. Kollektive Arbeitsformen wurden entsprechend der politischen Aufbruchsstimmung versucht, realistische Dramatik gespielt: Gorki, Brecht, DDR-Autoren, junge, politische deutsche Stückeschreiber. Brecht, im Kalten Krieg in West-Berlin als »Ostberliner« fast nicht gespielt, setzte sich über die Schaubühne auch im Westen durch.

Karl Ernst Herrmann stattet die wichtigsten Produktionen der »Schaubühne« aus. Für Peter Steins Inszenierung von Gorkis »Sommergäste« stellte er einen ganzen Birkenwald auf die Bühne der alten »Schaubühne am Halleschen Ufer«. Unter Birken und an Berliner Seen hat das Ensemble die Inszenierung in das Medium Film übertragen. Heute ist die Schauspielkunst nicht mehr für den Augenblick gemacht, wie zu Ifflands Zeiten.

Neben den Staatlichen Bühnen und der »Schaubühne« gibt es noch eine große Bühne: die »Freie Volksbühne« in der Schaperstraße. Sie verfügt allerdings über kein eigenes Ensemble. Die Schauspieler werden für jedes Stück engagiert. Das garantiert immer erstklassige Besetzungen, aber führt zu einem unterschiedlichen Niveau. An der »Freien Volksbühne« wechseln sich Erfolg und Mißerfolg, Spitzenleistungen und Mittelmaß ab.

Das »Renaissance Theater« an der Hardenbergstraße und die »Tribüne« an der Otto-Suhr-Allee versuchen ebenfalls, einen anspruchsvollen Spielplan zu gestalten. Die »Tribüne« spielt Volkstheater, oft mit Berliner Einschlag.

Der Kurfürstendamm ist der Bummelboulevard der Berliner. Wen wundert es, daß an ihm das »Boulevardtheater« zu Hause ist? Amerikanische und britische Konversationsstücke bestimmen das Repertoire; hin und wieder findet auch eine Berliner »Klamotte« Eingang in den Spielplan. Die Boulevard-

Ein bundesweit guter Ruf – das ist für ein Kindertheater schon bemerkenswert. Das »Grips-Theater« am Hansaplatz hat mit seinen teilweise emanzipatorischen Stücken in diesem Genre neue Akzente gesetzt.

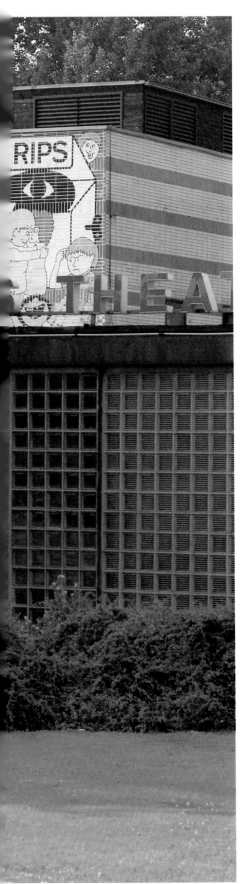

theater »Komödie« und »Theater am Kurfürstendamm« sind nicht-subventionierte Privattheater, entsprechend sind die Preise. Das Publikum akzeptiert sie, um seine Lieblinge aus dem Fernsehen live zu erleben. In Moabit hat das letzte Berliner »Volkstheater« überlebt, das »Hansa Theater«.

Weltweit führend ist das Westberliner Kindertheater. »Grips« am Hansaplatz steht für emanzipatorische Stücke, die bis heute in über 20 Ländern nachgespielt wurden. Manche sagen, das »Grips-Theater« sei die »Schaubühne für Kinder«. Die Grips-Macher kommen vom »Reichskabarett«, neben den »Stachelschweinen« in den sechziger Jahren das renommierteste Kabarett der Stadt.

Kabarett hatte in den fünfziger und sechziger Jahren in Berlin eine große Zeit. Pointen über die umgebende »sozialistische Umwelt« boten sich an; an der Adenauer-Politik wetzten Wolfgang Müller, Wolfgang Gruner und Wolfgang Neuss ihre spitzen Zungen. Das Fernsehen sendete die schlagfertigen Bonmots der »Stachelschweine« zur besten Sendezeit. Die veränderten politischen Verhältnisse der siebziger Jahre ließen das Kabarett jedoch veröden.

Seit der erneuten Wende in Bonn geht es mit dem Berliner Kabarett wieder aufwärts. Entscheidende Anstöße kamen aus der Alternativszene. Dort blühen Dutzende von Theatergruppen, oft ohne eigene Spielstätten. Wo sie das Kabarett als ihr Ausdrucksmittel wählen, nutzen sie ihre Möglichkeiten am besten. »CaDeWe« nennt sich eine Truppe, die in der Hochburg der Alternativen, dem Kreuzberger Mehringhof, spielt. »Die Drei Tornados« wirbeln meist auf Tournee durch die Bundesrepublik und sind so pietätlos, daß auch schon mal der Staatsanwalt glaubte, eingreifen zu müssen.

Auch die traditionellen Kabaretts blühen wieder auf; Hannelore Kaub hat vor wenigen Jahren ihr Kabarett »Bügelbrett« neu gegründet, und nicht zuletzt betätigt ja der Münchener Dieter Hildebrand seinen »Scheibenwischer« vom Berliner SFB aus.

Eine in Berlin sehr bekannte Sektmarke, sozusagen die Hausmarke der Stadt, die nach der ehemals berühmten Gaststätte »Lutter & Wegener« am Gendarmenmarkt benannt ist, ziert ein Gemälde, das den Schauspieler Ludwig Dvrient mit seinem Freund und Trinkkumpanen Ernst Theodor Wilhelm Hoffmann in dieser Gaststube zeigt. Hoffmann, ein Gerichtsrat am Kammergericht in der Lindenstraße (dem heutigen Berlin-Museum), prostet seinem Freunde zu. Schon früh änderte Gerichtsrat Hoffmann seinen dritten Vornamen in »Amadeus«, um so seine Mozart-Verehrung auszudrücken. Und weil die Vornamen für eine literarische Karriere, die er anstrebte, zu lang waren, verwandte er als Künstler nur die Anfangsbuchstaben: E. T. A. Hoffmann nannte er sich. »Ausgezeichnet im Amte, als Dichter, als Tonkünstler, als Maler, gewidmet von seinen Freunden« rühmt ein schlichter Sandstein den auf dem »Jerusalemer und Neuen Kirche«-Friedhof Begrabenen.

Als Tonkünstler blieb sein Ruhm nicht erhalten, auch den Kammergerichtsrat und Maler vergaß man. Die Schulbücher und die Literaturgeschichte aber führen ihn an hervorragender Stelle. Und von den Schriftstellern seines Jahrhunderts ist er international nach Goethe,

Apotheker und Zeitungsberichterstatter war Theodor Fontane, bevor er sich ganz der Literatur widmete. Das Foto aus dem Jahre 1895 zeigt ihn an seinem Schreibtisch drei Jahre vor seinem Tod.

120 Schiller und Heine der bekannteste Deutsche. Wer den Autor von »Klein Zaches«, »Die Elixiere des Teufels«, »Kater Murr« und »Das Fräulein von Scuderi«, einem der ersten Kriminalromane, in der Schule und später nicht gelesen hat, der erinnert sich an die eingängigen Melodien von Jacques Offenbachs Oper »Hoffmanns Erzählungen«.

Bei »Lutter & Wegener« saßen die Literaten auf der berühmten Spötterbank, tranken und lebten ein wenig das Leben der literarischen Boheme, das heute noch in Kreuzberger Nächten und Kneipen zu Hause ist.

Fünf Jahre jünger als Hoffmann war Adelbert von Chamisso, auch ein Romantiker von adliger, französischer Abstammung, der Zeit seines Lebens kein Selbstverständnis als Deutscher (und Berliner) oder als Franzose finden konnte. 1813 bescherte seine Biographie der Literatur eines der schönsten Gleichnisse. »Peter Schlemihls wundersame Geschichte« erzählt von einem Mann, der seinen Schatten an den Teufel verkauft und zu keiner Identität mehr finden kann. Auch Chamisso liegt auf dem »Jerusalemer« Friedhof begraben.

Die Literatur Hoffmanns, Chamissos und der anderen Romantiker ist »deutsche« Literatur. Berlin war nicht ihr Thema. Über ihre Zeit hinaus wirkende bedeutende Schriftsteller, die »Berliner Literatur« und damit zugleich literarische Geschichte schrieben, hat Berlin eigentlich nur zwei.

Zunächst einmal gilt es, Theodor Fontane zu nennen. 1819 in Neuruppin geboren, aus einer (französischen) Hugenottenfamilie stammend, wirkte er als Apotheker in Berlin. Seine Apotheke existiert noch heute am Mariannenplatz in Kreuzberg und trägt seinen Namen. Gegen Mitte des letzten Jahrhunderts wurde Fontane Zeitungsberichterstatter. Die Landschaft und Natur seiner Heimat erschloß er sich in »Wanderungen durch die Mark Brandenburg«.

Nach schweren Kriegszerstörungen sieht es nun am Platz der Akademie (Ost-Berlin) wieder gut aus: rechts der Französische Dom, links das Schauspielhaus, heute Konzertsaal und »Heimat« des Symphonischen Orchesters.

Zwanzig Jahre nach Fontanes Tod 1898 begann Kurt Tucholsky in den Zeitschriften der Stadt zu publizieren. Seine Art zu schreiben hat nichts von der besonnenen Ruhe Fontanes. Sie hat den Rhythmus der Rotationsmaschinen und die Hektik eines vergnügungssüchtigen Jahrzehnts. Tucholsky war durch und durch Berliner, im Bezirk Tiergarten geboren, in der Stadt aufgewachsen. Nur von ihm ließen sich die Berliner so begeistert die eigenen Schwächen vorhalten.

Tucholsky war ein politischer Schriftsteller, ein scharfer Kritiker der gesellschaftlichen Verhältnisse. Er litt an den Zuständen in Deutschland und an der Stadt, die er aber zum Leben brauchte. Er verließ Berlin schon Ende der zwanziger Jahre und ging in ein freiwilliges Pariser Exil. Er hatte feinnervig alles vorausgesehen, was 1933 in Berlin und Deutschland geschehen sollte. In Schweden schied er 1935 aus dem Leben. Es gibt keine statistischen Unterlagen, aber die Regale der Berliner Buchhandlungen deuten an, daß er noch heute der meistgelesene »Berliner« Autor ist.

E. T. A. Hoffmann, Theodor Fontane und Kurt Tucholsky schrieben literarisch anspruchsvoll, wohl auch leicht zugänglich und somit populär. Populär ist auch der herausragendste Berliner Schriftsteller der Gegenwart. Dabei ist das Werk von Günter Grass, dem gebürtigen Danziger, auch in der literarischen Form anspruchsvoll. In seinem Theaterstück »Die Plebejer proben den Aufstand« hat er die Berliner Vorkommnisse des 17. Juni 1953 und die Reaktion von Bert Brecht darauf zum Thema gemacht. Günter Grass ist heute Präsident der (Westberliner) Akademie der Künste.

Für die vielen Expressionisten der ersten drei Jahrzehnte des 20. Jahrhunderts, die in Berlin lebten und fast alle im Café »Größenwahn« genannten »Café des Westens« (dort steht heute das Europa-Center) verkehrten, war das Drama die beliebteste literarische Form. Heute werden sie selten in Berlin gespielt. Regelmäßig im Spielplan sind natürlich die naturalistischen Dramen des Schlesiers und zeitweiligen Fast-Berliners Gerhart Hauptmann; er lebte südlich von Köpenick außerhalb der heutigen Stadtgrenzen. »Die Ratten« vermitteln noch heute das Elend der Hinterhöfe.

Natürlich wird auch in dieser Zeit in der Stadt viel geschrieben. Aber der heutigen Literatur fehlt der »merkantile« Unterbau für eine gedeihende Literatur. Denn wie auch andere Betriebe haben bedeutende Verlage ihren Sitz in den Westen verlegt. Allen voran der Verlag von Samuel Fischer, der literarisch richtungweisend war. Bis zum Ende des Zweiten Weltkrieges waren Berlin und Leipzig die wichtigsten Verlagsstädte. Heute haben neben dem Ullstein-Verlag nur noch wissenschaftliche Verlage und eine junge Verlagsszene eine große Tradition fortzusetzen.

Der bis jetzt bekannteste »Berlin-Roman« gelang in den zwanziger Jahren Alfred Döblin mit »Berlin Alexanderplatz«. Der Alexanderplatz, damals eher mit Hamburgs »sündiger Meile« Reeperbahn vergleichbar als mit der Repräsentanz seines heutigen Aussehens, schwemmte alle die an, die es in dieser Stadt nicht schafften. Döblin setzte ihnen ein Denkmal.

Seither wartet Berlin auf den Berlin-Roman. Dabei wurde fast 40 Jahre übersehen, daß es ihn gab. Ein Amerikaner, der in den dreißiger Jahren in Berlin gelebt hatte, schrieb ihn. Der Mann hieß Christoph Isherwood, und außer diesem Roman gelang ihm kein großes Buch mehr. Aber sein »Good bye, Berlin« kennen die wenigsten. Erst die geniale Hollywood-Verfilmung in der Regie von Bob Fosse, mit Liza Minnelli in der Hauptrolle, machte das Buch bekannter. Der Film hieß »Cabaret« und erhielt sechs Oscars.

In Berlin spielend, von Hollywood produziert, wurde »Cabaret« mit deutschen und US-Schauspielern in München gedreht. Nur wenige Außenaufnahmen wurden in Berlin gemacht. Das sagt alles über die Rolle Berlins als Stadt der Filmindustrie. Die großen Zeiten sind für immer vorbei, als es in Babelsberg (Vorort von Potsdam, wo heute noch die DDR-»Defa« ihre Studios hat) und in Tempelhof ganze Filmstädte gab.

Filmgeschichte und viele Festivals

Berliner Filmindustrie: Das heißt Ufa. Noch heute existiert sie und produziert hauptsächlich fürs Fernsehen. Ihre einstige Bedeutung hat die jetzige Bertelsmann-Tochter aber verloren.

Noch gibt es das alte Ufa-Gelände in Tempelhof. Seit 1980 halten es die Alternativen mit einer Großkommune, der Ufa-Fabrik, besetzt. Zunächst waren sie illegal in die alten Studios eingedrungen, um sie vor dem Abriß zu bewahren. Dann bekamen sie Mietverträge. Heute leben sie inmitten der Großstadt fast autark. Sie backen selbst, haben Handwerkskollektive – und ein Kino, das alte Vorführkino der Ufa. Bei schönem Wetter gibt es im Sommer nach Einbruch der Dunkelheit auf dem Ufa-Gelände Freiluftkino.

Film in Berlin meint heute (leider) fast ausschließlich: Kino. Aber da ist die Stadt wieder führend. Große Ur- und Erstaufführungskinos mit Traditionen, die noch in die Stummfilmzeit zurückreichen, liegen am Kurfürstendamm. In allen Stadtteilen und auch in der City findet man »Off-Kinos« mit anspruchsvollerem Programm. Sie schufen das Klima, in der Filmkunst gedeiht und ein Massenpublikum findet. Immer im Februar, zur Zeit der Filmfestspiele, zeigt sich das in den Schlangen begeisterter Kinogänger vor den Kassen.

Ernste, unterhaltende, rockige Musik, Musiktheater, Musical, Schauspiel, Kino, Museen und Ausstellungen, Fernsehen und Radio – in Berlin gibt es Kunst und Kultur für jeden auf jedem Niveau. Hier wird sie gemacht, und hier kann sie »konsumiert« werden. Aber den Berlinern, die alle diese Angebote annehmen und Gäste dazu einladen, ist das noch nicht genug. 400 Millionen Mark gibt die Stadt pro Jahr aus ihrer Landeskasse für die Kultur aus. Fast zehn Millionen erhalten davon die »Berliner Festspiele« (noch einmal die gleiche Summe trägt Bonn bei). Mit diesem Geld holt sich der Berliner Senat künstlerische Spitzenleistungen aus aller Welt. Die Künstler der Stadt wollen (und können) sich so an der Weltspitze messen, sich inspirieren lassen. Zugleich werden Lücken im Angebot geschlossen.

Natürlich schielen die Festivals auf politisches und künstlerisches Prestige. Filmfestspiele, Theatertreffen, Horizonte-Festival der Weltkulturen, Jazztage, Sommernachtstraum und Berliner Festwochen reihen einen Höhepunkt an den anderen.

Manchem Berliner wird dieses Angebot zuviel. Wo viel angeboten wird, kann man auch viel verpassen, und das möchte der Berliner auf keinen Fall. Deshalb wird in der Stadt hin und wieder die Forderung nach einem »festivalfreien« Tag erhoben. Man muß als kunstinteressierter Berliner schon nachrechnen, um diese Forderung als – allerdings nur leicht – übertrieben zu erkennen.

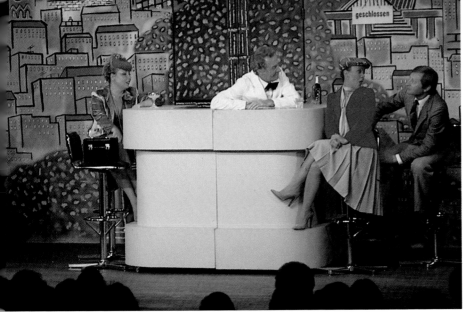

Oben: Im Deutschen Theater (Schumannstraße, Ost-Berlin) feierte in den zwanziger Jahren Max Reinhardt seine großen Triumphe. Auch dieser Bau aus dem vorigen Jahrhundert war zerstört; er wurde 1983 wiedereröffnet.

Unten: Das Kabarett hat gute Tradition in Berlin – und seine große (Nachkriegs-)Zeit waren die fünfziger und sechziger Jahre. Hier eine Szene aus dem Programm der »Stachelschweine«.

Auf dem Karlsberg, bei der Havelchaussee, steht der Grunewaldturm. Man sollte den Aufstieg auf
sich nehmen, um den herrlichen
Blick auf grüne Wälder und den
blauen Havellauf zu erleben.

Wie in kaum einer anderen europäischen Großstadt ziehen sich Wälder und Parks als grüne Lungen durch das Häusermeer Berlins, werden die Straßen und Höfe von Bäumen beschattet. Im Sommer duften die Linden und Robinien, und wenn es sehr heiß und trocken ist, kommen die Berliner mit Wassereimern, um ihre Bäume zu wässern. Der Berliner liebt Hunde – auf 19,3 Westberliner entfällt statistisch ein Hund – und Bäume. Ob beides miteinander in einem Zusammenhang steht, sei dahingestellt.

West-Berlin ist ungefähr 480 Quadratkilometer groß, und 40 Prozent dieser Fläche sind von Wald, Park oder Wasser bedeckt. So gibt es in Berlin tatsächlich eine eigene Fauna und Flora und eine Landwirtschaft, wenn diese auch mehr symbolische Bedeutung hat. Immerhin werden 2570 Pferde gezählt, 702 Stück Rind und sogar 3690 Schweine. Auf 167 Schafe kommen 18 Böcke – es werden allerdings von Jahr zu Jahr mehr, seit im Düppeler Museumsdorf eine Herde steht, die auch dazu dient, Ur-Schafe zu züchten, die in das mittelalterliche Bild des Dorfes passen. So etwas Ähnliches wie Ur-Schafe laufen in Berlins Wäldern zuhauf herum, nämlich Mufflons, die in großen Herden anzutreffen sind, etwa bei Einbruch der Dämmerung um Nikolskoe.

Berlins Wälder sind außerordentlich wildreich. Vor einigen Jahren gab es sogar eine Wildschwein-Überbevölkerung, die Fachleute sprachen von einer »Wildschwein-Explosion«. Normale Spaziergänger bekommen die Schwarzkittel selten zu sehen: Berliner Ausflügler haben die Gewohnheit, sich nur an den Uferstreifen zu bewegen. Das Innere der Berliner Wälder ist gewöhnlich selbst an Sonntagen menschenleer (und wildschweinvoll). Auch Rotwild ist reichlich vorhan-

URIGE WÄLDER, KUNSTREICHE PARKS

den. Berlin führt jährlich viele Tonnen Wildfleisch aus. Das Jagdrecht haben nur die Förster und die Alliierten, die alljährlich große Entenjagden veranstalten.

Liest man die Berliner Statistik, dann sind Berlins Seen auch noch voll mit Fischen. Von den Berufsfischern werden Aal, Barsch, Blei, Hecht, Karauschen, Karpfen, Plötzen, Rapfen, Schlei, Wels und Zander gefangen – zusammen 56 921 Kilo jährlich.

Der wahre Tierreichtum einer Landschaft mißt sich allerdings nicht nur an den verwertbaren, eßbaren Tieren – die Vielfalt der natürlichen Tierbevölkerung ist entscheidend. Und da haben Berlins Tiere nur noch Chancen auf verwilderten, ungenutzten Grundstükken, im Inneren der Wälder und im unzugänglichen Grenzbereich, solange dort keine Unkrautvernichter versprüht werden. So hat sich im Schatten der Mauer eine eigene Tierbevölkerung angesiedelt: Am Teltow-Kanal, in Albrechts Teerofen beispielsweise, gibt es Waschbären, die allerdings nicht nur den Inhalt von Mülltonnen fressen, sondern – zum Ärger der Tierfreunde – auch die Gelege der Vogelnester ausnehmen. In dem Zipfel Niemandsland laufen Fasane durch die Wiese, nächtlich streift der Uhu unbeschwert zwischen Ost und West.

Am Teltow-Kanal und am Tegeler Fließ wurden noch Eisvögel gesichtet, an der Glienicker Brücke nisten einige Reiherpärchen, Graureiher, die an der Pfaueninsel und auf den wenigen letzten Sumpfwiesen (etwa auf der Bäkewiese vor dem Campingplatz Kohlhasenbrück) ihr Futter suchen. Käuzchen und Nachtigallen sind häufig im Grunewald, ganz zu schweigen von den Schwarzspechten. Ein beliebter Rastplatz für Vogelschwärme ist der Zoo, an dessen Teichen regelmäßig durchziehende Vogelgäste Station machen. Störche gibt es in unmittelbarer Nähe Berlins auf den Sumpfwiesen bei Potsdam.

Der 55 Meter hohe Grunewaldturm wird auch Kaiser-Wilhelm-Turm genannt – er sollte nämlich zu des Kaisers 100. Geburtstag 1897 eröffnet werden. Architekt Franz Schwechten stellte ihn jedoch erst 1899 fertig.

Das Gros der umherschweifenden Tiere bilden sicherlich alle Arten von Nagern, die Bisamratten an der Spitze, die amtlich verfolgt werden, weil sie die Uferböschungen zerwühlen. Es gibt aber auch Marder und Siebenschläfer, die bis in die Villenvororte eingedrungen sind, ebenso Spitzmäuse, Haselmäuse, Wiesel, Maulwürfe und Füchse. Die Eichhörnchen haben sich voll an das großstädtische Leben angepaßt.

Aus dem Kiefern- wurde Mischwald

Der Berliner Wald war früher ein reiner Kiefernwald. Seine Bestände wurden bei Kriegsende fast zur Hälfte dezimiert. Seither ist kräftig aufgeforstet worden, und es entstand ein schöner, artenreicher Mischwald. War der Wald früher als Wirtschaftswald angelegt – »Im Grunewald, im Grunewald ist Holzauktion« –, hat er sich heute zum Erholungswald gewandelt, um dessen Attraktivität sich die Förster bemühen, die zahlreiche Wildgehege, Waldlehrpfade, Schutzhütten und Wanderwege angelegt haben.

Der größte zusammenhängende Wald ist der Grunewald, der im Westen von der Unterhavel begrenzt wird, begleitet von der Kette der Havelberge. Eine Eigenart des Waldes sind die in seinen Tiefengräben versteckten Waldseen, die so geheimnisvolle Namen wie Teufelssee und Pechsee haben.

Bereits im 16. Jahrhundert jagten die brandenburgischen Herren mit Vorliebe hier. Joachim II. ließ sich ein Jagdhaus bauen, der Sage nach an der Stelle, an der sich zwei Hirsche mit den Geweihen ineinander verhakten. Das Jagdschloß Grunewald am östlichen Ende des Grunewaldsees entstand 1705 in der heutigen Form.

Der Grunewaldsee ist typisch für diese märkische Landschaft. Sonntags kann der Spaziergänger sich wie auf einer Hundeausstellung

Oben: Ein herrlicher Landschaftspark – gestaltet von Lenné – liegt rings um das 1797 als Ruine erbaute Schloß auf der Pfaueninsel, das heute Einrichtungs- und Kunstgegenstände aus der Erbauungszeit zeigt.

Unten: Gleich am Anfang des Kleinen Wannsees, an der Bismarckstraße 3, findet sich das schlichte Grabmal Heinrich von Kleists, der 1811 hier zusammen mit seiner Freundin Henriette Vogel Selbstmord verübte.

fühlen, da halb Zehlendorf hier seine vierbeinigen Freunde auszuführen scheint. Dicht neben der Hundebadestelle wurde ein FKK-Gelände eingerichtet, das den Namen »Bullenwinkel« trägt. Wer einkehren will, kann dies im alten Forsthaus Paulsborn tun. Wanderwege führen durch das Naturschutzgebiet des Langen Luch über die Onkel-Tom-Straße zur Krummen Lanke. Oftmals wurde diese – heute nur noch in der Woche stille – Landschaft von den Malern Leistikow und Liebermann gemalt. Im Winter erfreuen sich hier die Schlittschuhläufer.

Im weniger besuchten inneren Teil des Grunewalds findet man den Teufelssee und die anschließenden Moorgebiete des Teufelsfenn. Am Ufer baute man 1872 ein Wasserwerk, in dem heute das erste »Berliner Ökowerk« Platz gefunden hat, ein Zusammenschluß von Naturschutzverbänden, die hier verschiedene Projekte zum Landschaftsschutz und zur Ökologie verwirklichen. Die kleinen Gewässer des Barsees und des Pechsees sind als Naturschutzgebiet geschützt und nicht zugänglich – ein Refugium für Frösche und Lurche.

Der ganze Grunewald ist zu überblicken vom Grunewaldturm, der 1897 im pompösen Stil der Kaiserzeit auf dem Karlsberg nach Plänen von Franz Schwechten gebaut wurde. 55 Meter hoch ist der Turm, und der Ausblick geht bis hinüber nach Gatow und Spandau, von der Innenstadt sind die Rauchschleier zu sehen. Längs der Havel, an der Havelchaussee, findet man einige Ausflugslokale, die an sonnigen Wochenenden freilich stark frequentiert werden.

Erinnern der Grunewald und seine Sandberge noch an die urzeitliche Landschaft, beginnt an der Unterhavel mit der Pfaueninsel jenes große Landschaftsensemble, das bis hinüber nach Babelsberg und Potsdam reicht und eines der großen Kulturleistungen Preußens ist. Die Pfaueninsel ist gewiß der be-

Oben: Karl Friedrich Schinkel baute für den Italienliebhaber Prinz Friedrich Karl von Preußen das Schlößchen Glienicke. Heute sitzt hier eine Heimvolkshochschule.

Unten: Der Glienicker Park gilt als der schönste Berlins. Er hat die Leitidee, eine Wanderung von Italien nach Deutschland darzustellen. Zwei Aussichtstempel tragen die vielsagenden Namen Große und Kleine Neugierde.

deutendste Landschaftspark West-Berlins. Für seine Geliebte Wilhelmine Enke ließ König Friedrich Wilhelm II. hier von einem Potsdamer Tischlermeister ein Schlößchen bauen. Ursprünglich war das Gebäude als Provisorium und nur zu kurzem Vergnügen gedacht. Es ist eine Ironie der Geschichte, daß gerade dieses Schloß das einzige Berlins ist, das den Krieg unbeschädigt überstanden hat. Im Interesse des stark gefährdeten Waldes sollte der Besucher mit einem der öffentlichen Busse zur Pfaueninsel fahren, auch legen die meisten Dampfer der Unterhavel dort an.

Der lebenslustige König, der das Schloß als Ruine bauen ließ, konnte es jedoch kaum nutzen, denn es wurde erst in seinem Todesjahr, 1797, fertig. Sein Nachfolger, Friedrich Wilhelm III., und Königin Luise verbannten sofort die Enke, die den Titel einer Gräfin Lichtenau führte, nach Glogau und wohnten nun selbst gern während des Sommers auf der Insel.

Seit 1822 hatte Lenné die Planung für den Ausbau des Parks übernommen, und Schinkel baute im romanischen Stil, der sich der künstlichen Ruine des Schlosses anpaßte, ein Kavaliershaus mit der Fassade eines Danziger Bürgerhauses, ein Schweizerhaus, und ganz am nördlichen Ende entstand ein kleiner Bauernhof. Der Pferdestall wurde als gotische Kapelle gebaut, auch die Meierei erhielt die Form einer Kirchenruine. Dort befindet sich ein kleiner ausgemalter Festsaal, den man nur besichtigen kann, wenn man den Bewohnern gut zuredet. Am Wiesenrand erhebt sich der Gedächtnistempel für Königin Luise. Der Hechtgraben wurde vor einiger Zeit erneuert, um den Fischen Laichgründe zu geben.

Mitte des 19. Jahrhunderts war die Pfaueninsel zur Menagerie und zum Botanischen Garten geworden. Man kann noch Reste der ehemaligen Zwinger finden. Seit dieser Zeit haben auch die Pfauen ihr Quartier auf der Insel. Versteckt

Im sogenannten russischen Stil ließ 1834/37 König Friedrich Wilhelm III. die Kirche St. Peter und Paul in Nikolskoe errichten – für seine mit dem russischen Zaren Nikolaus verheiratete Tochter.

130 zwischen den Bäumen findet man die große Fontäne. Die heutige Schloßverwaltung hat mit großem Kunstsinn begonnen, den Park ganz im Sinne und nach den alten Plänen Lennés zu rekonstruieren. Gelegentlich gibt es Führungen auf der Pfaueninsel.

Eng verbunden mit der Insel, aber drüben auf dem »Festland« gelegen, ist Nikolskoe mit der Kirche Peter und Paul und dem Blockhaus. Die Kirche wurde auf Befehl Friedrich Wilhelms III. für seine Tochter Charlotte, die den Zaren Nikolai I. geheiratet hatte, im russischen Stil gebaut. Als das russische Herrscherpaar nach Potsdam kam, wurde ihnen zu Ehren das Blockhaus für eine kurze Rast im Wald errichtet. Das Blockhaus, ein renommiertes Ausfluglokal, brannte vor einiger Zeit aus; es wird gegenwärtig restauriert.

Schloßpark Glienicke lädt zum Bummeln ein

Auf dem Weg am Wasser entlang gelangt man in den Glienicker Park, einen der schönsten der Stadt. Der Blick geht hinüber zur Heilandskirche, die lange Zeit im Niemandsland an der Mauer dem Verfall preisgegeben war, die nun aber wieder restauriert werden soll. Wer hier, so sagt eine alte Legende, am Ufer eine Schlange sieht, die eine goldene Krone trägt, wird unendliches Glück in der Liebe haben. Dann gelangt man über die Königstraße zum Haupteingang des Schloßparks.

Das Schloß Klein-Glienicke wurde 1825 von Schinkel geschaffen, Ludwig Persius veränderte es 1844. Bewohner war der Prinz Friedrich Karl, ein kunstliebender Mann, der selbst auf die Bauarbeiten großen Einfluß nahm. Zeugnisse seiner Sammlerleidenschaft, die er in Griechenland und Italien befriedigte, finden sich überall im Haus und im Park. An das Schloß im italienischen Landhausstil schließen sich

Frische Luft, gute Sicht und vielleicht sogar ein kleiner Sonnenbrand – Ausflugsfahrten mit dem Dampfer sind bei den Berlinern beliebt. Und Wasserläufe gibt es ja reichlich.

Kavaliershaus und Wagenremisen an. Die Orangerie ist kürzlich wiederhergestellt worden. Ein kleiner Weg führt – mit den für Lenné typischen Möglichkeiten, den Blick schweifen zu lassen – hinüber zum Kasino, von dessen Terrasse man eine wunderbare Aussicht nach Potsdam hat.

Über die Parkgestaltung informiert ein Schaukasten am Rand des Pleasuregrounds. Der war als Erweiterung des Wohnbereichs im Freien gedacht und wurde möbliert mit einem kleinen Tempel, der als Teesalon diente, den Aussichtstempeln der Kleinen und Großen Neugierde, von denen aus die Prinzessinnen den Verkehr auf der Landstraße nach Potsdam beobachten konnten, einem Stibadium (Rundbank) und der Löwenfontäne. Die Grundidee zur Anlage des Parks war es, eine Wanderung von Deutschland nach Italien darzustellen. So symbolisierten die Bauten an der Königstraße das antike Italien, dann schließt sich der Höhenzug der Alpen an, in dem romantische wilde Schluchten angelegt wurden, und der nördliche Teil stellt das ernste, dunklere Deutschland dar.

Ein wenig bekannter und einsamer Parkteil findet sich gegenüber der Königstraße rund um den Böttcherberg, auf dem einst Wein angebaut wurde. An der höchsten Stelle wurde ein Gedächtnistempel für die Zarin Alexandra errichtet: ein Aussichtspunkt hinüber nach Babelsberg.

Zurück in die Stadt kann der Wanderer die Königstraße hinauf durch die Villenkolonie Alsen gelangen, es fahren aber auch von der Glienicker Brücke Dampfer bis nach Wannsee und in die Innenstadt. Das Dampferfahren ist ein altes Vergnügen der Berliner; schließlich ist Berlin eine Stadt am Wasser mit dem zweitgrößten Binnenhafen Deutschlands! Eine der großen zentralen Dampferanlegestellen liegt gegenüber dem S-Bahnhof Wannsee und ist daher leicht zu erreichen. Von hier aus kann man Kaffeefahrten, Tanzfahrten, tags und nachts, bei Mondschein und Regen unternehmen. Eines der Schiffe wurde als Wal gebaut, es heißt bezeichnend »Moby Dick«.

Ein Spaziergang empfiehlt sich durch die Bismarckstraße (mit dem Kleist-Grab) am Kleinen Wannsee entlang zum Pohlsee, dann zum Stölpchensee und zum Griebnitzsee, dessen östliches Ufer schon zur DDR gehört.

Einige Stunden braucht der Dampfer, um von Wannsee in die Oberhavel zu gelangen, eine Fahrt, die alle Schönheit dieses breiten Flusses sichtbar macht. Von der Spandauer Schleuse (die unter DDR-Hoheit steht) bis zum Heiligensee reicht das Gebiet der Oberhavel, deren größter See der Tegeler See ist. Der ist mehr als 400 Hektar groß. Im südlichen Teil hat er mehrere Inseln; auf Scharfenberg befindet sich eine alte Reformschule, die Inselschule Scharfenberg.

Sauerstoff-Infusion für den Tegeler See

In Tegel hat man eine weitflächige Uferpromenade angelegt, die Greenwichpromenade, die auch Dampferanlegestelle ist. Bis nach Spandau säumen lichte Wälder das Ufer. Die Wasserqualität des Tegeler Sees ist durch hohe Phosphatüberschüsse stark gefährdet; in einem Sanierungsprogramm wird dem Wasser an 15 Stellen Sauerstoff zugeführt. Im Freizeitpark Tegel An der Malche werden Boote verliehen. Auf der Halbinsel Reiherwerder baute sich einst Ernst von Borsig eine schloßartige Villa, die heute Sitz der Stiftung für Entwicklungsländer ist. Ganz in der Nähe haben die französischen Offiziere ihr Feinschmeckerlokal, den »Pavillon du Lac«.

Das Schloß Tegel wurde von Wilhelm von Humboldt bewohnt, der das kleine Gut, in dem zur Zeit Friedrichs des Großen Seidenraupen gezüchtet wurden, von seinem Vater geerbt hatte. Noch heute ist es in Familienbesitz. Einige Räume des von Schinkel gemäß dem knappen Geldbeutel des Wissenschaftlers Humboldt sparsam gebauten Hauses können besichtigt werden. Die Lindenallee im Park wurde bereits 1792 angelegt. Die große Eiche am Wiesenrand ist 400 Jahre alt. Die Grabstätte der Familie Humboldt befindet sich im hinteren Teil des Parks, der leider nicht immer zugänglich ist.

Zum Gutsbezirk gehören auch die Häuser an der Heiligensee- und Karolinenstraße, einst Schuppen für Seidenraupen und Poststation. Heute sind dort Restaurants untergebracht. Goethe hat hier, als er einmal in Berlin war, zu Mittag gegessen, weil Humboldt nicht zu Hause war. Goethe war ja kein besonderer Freund Berlins, und sein berühmter Satz: ». . . und dennoch spukt's in Tegel« war ein milder Spott über die Berliner Aufklärer um den Buchhändler Nicolai, in deren Welt die Gespenster von Tegel nicht paßten.

Wer die Geduld nicht hat, durch den märkischen Sand zu laufen, der kann auf kleinem Raum die ganze botanische Welt durchstreifen, und zwar im Botanischen Garten, der in Deutschland der größte ist. Dort kann man an einem Vormittag von Europa über Asien nach Nordamerika schlendern, und in die Tropen gelangt man auch schnell. Das Gewächshaus soll das größte der Welt sein! Die Glaskonstruktion wurde von dem Dichter Scheerbart entworfen, sie hat die spätere Glasarchitektur Mies van der Rohes beeinflußt. Neben den Schaubeeten wird im Botanischen Garten auch das ganze System der Pflanzenwelt dargestellt, so daß auch der Wissenschaftler hier genügend Beschäftigung findet.

An Parks ist Berlin nicht arm. Im Norden sind es die großen Anlagen des Jungfernheideparks, Schillerparks und des Volksparks Rehberge, die einen Spaziergang lohnen. An Sonntagen ist hier die ganze

Familie »mit Kind und Kegel« unterwegs. Direkt an den Flughafen Tempelhof (auf dem heute die Amerikaner sitzen) grenzt der Volkspark Hasenheide. Das 52 Hektar große Areal ist eines der bekanntesten Erholungsgebiete mitten in der Stadt. Hier war es auch, wo »Turnvater« Jahn 1811 den ersten deutschen Turnplatz eröffnete – woran das Jahn-Denkmal erinnert. Zum Park gehört die Rixdorfer Höhe, ein 69 Meter hoher – jetzt längst bewachsener – Hügel aus 700 000 Kubikmeter Trümmerschutt.

Wer aber das ganz volkstümliche Grünvergnügen der Berliner kennenlernen will, der muß zu den Laubenpiepern gehen. 1981 waren es noch 48 000 Kleingärten – leider nimmt die Zahl ab. Die Schrebergärten wurden Mitte des 19. Jahrhunderts angelegt, um armen Leuten eine Möglichkeit zu geben, Kraut und Rüben anzubauen. Heute sind die Laubenkolonien öffentliches Grünland, das heißt, die Wege sind für den Spaziergänger zugänglich. Höhepunkt des Kolonielebens sind die alljährlichen Sommerfeste unter Lampions. Hier sind Gäste immer willkommen, und wer mal so richtig »schwoofen« will bei Faßbier und Grillwurst, der sollte sich dorthin begeben.

Berlin – eine graue und eine grüne Stadt: Wer will, kann hier sogar ganz ruhige Ferien im Wald verbringen. Oder, wenn ihm dies zu langweilig ist, vom Bahnhof Zoo bis zum Charlottenburger Schloß laufen, am Landwehrkanal und an der Spree entlang, und er wird so mitten durch die City kommen, ohne eine Straße zu überqueren und immer im Grünen.

Oben: Ein schönes Ziel für Spaziergänger im rund 2000 Hektar großen Tegeler Forst ist das zurückhaltend schlichte Tegeler oder Humboldt-Schloß, das sich Wilhelm von Humboldt 1824 von Karl Friedrich Schinkel erbauen ließ.

Unten: Eine unüberschaubare Armada von Wasserfahrzeugen belebt die Havel mit ihren seenartigen Ausbuchtungen (hier bei Schildhorn). Am Wochenende ist so mancher Berliner Kapitän auf dem eigenen Boot.

Zur international inspirierten Küche Berlins gehört eine ebenso
bunte Kneipen-Szene. Hier er-
klingt südamerikanische Musik in
der Folk-Kneipe »Go in«.

Berlin ißt und trinkt international. Das war schon immer so, und dies erklärt vielleicht auch, warum es nicht viele Berliner Spezialitäten gibt. Die Stadt war immer ein Ort für Zuwanderer, Asylanten, für Flüchtlinge, kamen sie nun aus Böhmen, aus Frankreich oder aus Sri Lanka. So hat denn die Berliner Küche viele Zutaten aus vielen Ecken miteinander vermengt; die Reiselust der Berliner tat ihr übriges.

Auch die Aufteilung der Stadt unter die vier Siegermächte brachte einige Anregungen, wobei die Einflüsse der Franzosen und der Russen am stärksten waren, wenn man einmal von den Imbißketten der Amerikaner absieht. Die Briten brachten einige Pubs nach Berlin und bereicherten damit die Bierszene.

Bier ist und war das Hauptgetränk der Berliner. Es heißt, daß die alten Weiblein vom »Hospital zum Heiligen Geist« schon 1288 ein gutes Bier brauten. Es wurde kalt oder heiß als Medizin getrunken, und – wie in der slawischen Küche – zahlreiche Gerichte aus Fisch und Fleisch wurden in Bier gekocht. Auf den Gerstensaft wurden immer wieder Steuern zur Finanzierung von Krieg und Frieden erhoben, und so ist denn die mittelalterliche Geschichte des Bieres erfüllt von Streitigkeiten um die Bierziese, den Bierpfennig, wobei es mehrmals zu regelrechten Volksaufständen kam, wenn der Preis gar zu hoch geklettert war. In den Notzeiten des Dreißigjährigen Krieges, als die Felder abgeräumt waren, machten die Berliner aus allem Bier, was sie kriegen konnten; aus Brotresten zum Beispiel wurde ein Getränk gebraut, dem russischen Kwas ähnlich, nur alkoholisch vergoren.

Das Weißbier gilt heute als originale Berliner Spezialität, tatsächlich kam es jedoch aus Hamburg. Es handelt sich um ein schwach alkoholisches obergäriges Getränk aus

KÜCHE UND KELLER –
BOULETTEN UND BIER

136 Gerste und Weizenmehl, das stark schäumt, sauer schmeckt und den Durst hervorragend löscht. Wallenstein soll, als er in Berlin ausruhte, gesagt haben, Weißbier sei das einzige Getränk, das nach einer heftigen Schlacht den Durst löschen könne.

Meistens wird die Weiße mit »Schuß« getrunken: Ein Löffel Himbeersirup oder Waldmeister versüßt das saure Getränk. (In der DDR ist allerdings aus Gesundheitsgründen der Zusatz von Waldmeister verboten.)

Heißes Weißbier mit Zitrone dient vielen Berlinern im Frühling als Hausmittel gegen Erkältung. Theodor Fontane ließ seinen Herrn Dörr in dem Roman »Irrungen und Wirrungen« sagen, daß der richtige Berliner nur drei Dinge im Leben brauche – eine Weiße, einen Kümmel und Porree. Früher wurde die Weiße in hohen Gläsern, den Stangen, serviert, die heute im Trödel- und Antiquitätenhandel sehr gesucht sind. In den Gartenlokalen des 19. Jahrhunderts war es üblich, das Weißbier zu mehreren aus einem einzigen Riesenglas zu trinken. Heute wird es, allerdings nur im Sommer, in großen, offenen Schalen serviert.

In der Biedermeierzeit kam durch den pfälzischen Braumeister Hopf die Mode der Bockbierfeste auf. Und weil auch der dunkle und helle Bock hungrig macht, hatte der Metzgermeister Löwenthal aus der Friedrichstraße die Idee, eine dicke Wurst zu stopfen, die als Bockwurst einen ungeahnten Erfolg hatte. 1896 wurde auf der Internationalen Gewerbeausstellung in Treptow bereits die millionste »Riesenbockwurst« verkauft.

Zum Bier trinkt der richtige Berliner seinen »Korn«. Früher waren noch zahlreiche andere Schnäpse als Beigabe zur »Molle« (wie das gut gezapfte Bier berlinisch genannt wird) beliebt: etwa der Kümmel oder der Anis.

Berlin war auch eine Stadt des Weins: 1565 wurden 70 Weinberge

Oben: Kaffeehäuser sind wieder »in«, natürlich auch in Berlin, wofür das schick-altmodische »Café Einstein« ein gutes Beispiel ist – wenngleich ein Bier auf dem Tisch eigentlich Stilbruch ist.

Unten: Griechische, italienische oder türkische Lokale gibt es überall und in großer Zahl. Aber ein Restaurant mit kurdischer Küche, das ist schon eine Rarität.

und 26 Weingärten gezählt, etwa auf dem Prenzlauer Berg und auf dem Kreuzberg. Wer mutwillig einen Rebstock zerstörte, der wurde hart bestraft: Man hackte ihm die Hand ab. Und als die Spatzen in der Stadt überhandnahmen und zu zahlreich in die Weinberge einfielen, wurden die Weinbauern per Verordnung verpflichtet, 15 Sperlingsköpfe abzuliefern. Wer dies nicht konnte, der mußte eine Geldstrafe zahlen.

Die Meinung über den Wein der Berliner war jedoch sehr geteilt. Friedrich Engels spottete in einem Brief an seine Schwester Marie im Jahre 1842: »... wenn er gut ist, so muß man ein Dutzend Stecknadeln aufessen und dann ein Glas trinken, und wenn die Stecknadeln nicht binnen fünf Minuten aufgelöst und vertilgt sind, so taugt der Wein nichts. Es ist ein sehr nachhaltiger Wein, denn wenn man einen Schluck trinkt, so ist einem der Hals vier Wochen lang wund.«

Die Trauben, die man anbaute, waren Riesling, Schönedel, Traminer und Rot-Welsch. Gegen Ende des 18. Jahrhunderts verlor sich, verursacht durch mehrere kalte Winter und Rebkrankheiten, der Weinbau in der Mark. Die noch im 19. Jahrhundert angebotene Auslese beschreibt der Humorist Adolf Glaßbrenner 1851 so: »Drei-Männer-Wein: Wenn diesen, in der herrlichen Jegend bei Brandenburg jewonnenen Traubensaft een Mann jenießen soll, so müssen ihn zwee andere halten ...«

In nostalgischer Erinnerung an diese edlen Tropfen wird seit einigen Jahren wieder Wein auf dem Kreuzberg angebaut, der sich »Neroberger Spätlese« nennt. Die wenigen Flaschen werden jährlich auf einem großen Volksfest verkauft.

Lange Zeit bevorzugten die Berliner nach diesen schlechten Erfahrungen mit den stadteigenen Gewächsen vor allem süße Weine. Eine besondere Spezialität der Kleingärtner waren die zahlreichen Obst-

weine, aus Stachelbeeren, Johannisbeeren oder Kirschen gebraut. Zwischen Brandenburg und Potsdam ist, gefördert vom Alten Fritzen, das Werdersche Obstbaugebiet entstanden, in dem noch heute alljährlich das Blütenfest gefeiert wird.

Heute hat sich der Geschmack mehr auf trockene Weine verlagert; natürlich wird alles angeboten, was der europäische Weinmarkt bietet. Die Moden schwanken vom griechischen Retzina zum französischen Blanc de Blancs, vom Edelzwicker bis zu den gerade »entdeckten« spanischen Weinen. In der DDR sind die ungarischen Weine besonders beliebt, die Weine von Unstrut und Saale sind leider selten zu bekommen.

Der Alltag wäre leer ohne Eckkneipe

Das kleine Helle mit 'nem Korn, das ist das Getränk der Wahl in der Eckkneipe. Sie ist der traditionelle Ort für Gespräch und Suff, der Unglückliche wird beraten, der Streitsüchtige findet Streit, der Eilige muß warten, und wer glücklich ist, vergißt hier die Zeit. Wirt oder Wirtin regieren absolut. Die Eckkneipen gehören zum Kiez, zur Straße. In die Kneipe geht der Berliner immer »um die Ecke«, und jede Kneipe hat ihr spezielles Publikum, Sportler oder Rathausangestellte, Rentner, Schüler, Rechte oder Linke, und zum Stamm gehört man nur, wenn man treu ist. Mindestens zweimal muß der Gast kommen, um Anerkennung zu gewinnen, und am besten ist, er sagt beide Male das gleiche.

Beständigkeit in den Trinkgewohnheiten und Meinungen wird geschätzt, was nicht heißt, daß extreme Weltanschauungen nicht zugelassen werden, im Gegenteil. In der Eckkneipe ist die Begrüßung: »Da kommt er wieder, der Spinner!« geradezu der Auftakt für eine bewegte Diskussion, die quer über die

138 Tische geführt wird und die alle
Weltprobleme berührt, von den
chinesischen Eisenbahntarifen bis
zur Frage, ob die Fußmatten vor
der Wohnungstür hochgestellt werden müssen, bevor die Treppenrei-
nigung kommt.

Etablissements dieser Art sind
überall zu finden, sie heißen Bier-
schwemme, Bierquelle oder Pohl-
manns, und man findet sie an den
Enden der Wilmersdorfer Straße,
im Wedding überall, gegenüber von
Fabriken und Sportplätzen. Wer
früh um fünf eine lärmende Kneipe
braucht, geht zum Blumengroß-
markt, dunkle Geschäfte werden an
den Theken im Bahnhof Zoo getä-
tigt, traurig ist es gegenüber vom
Krematorium, laut über die Straße
in Moabit, wo das Gericht steht.
Raufereien sieht man auch einmal
beim Schlachthof in Spandau, und
mittags ist es still auf dem Kiez des
alten Charlottenburg.

Wer hungrig ist, bekommt ein Solei
(mit Senf), oder er kann sich ein
Paar Knacker warm machen lassen,
zu welchem Zweck die Wirtin im
Hinterzimmer verschwindet, in
dem sie auch wohnt.

Seit es das Fernsehen gibt, hat die
Zahl dieser Art öffentlicher Wohn-
zimmer immer mehr abgenommen,
jüngere Kneipiers haben die alten
Stampen in nicht weniger plüschige
Bistros umgewandelt. Dort wird
nun Nizza-Salat angeboten oder
brasilianische Empanadas.

Genau betrachtet, sind Gesprächs-
stoff und Umgangsformen in diesen
Bistros und Bistroquets denen in
Papas Kneipe ähnlich. Nur gibt es
hier eine Hi-Fi-Anlage, und das Publikum ist jünger. Die Einrichtung
kommt oft vom Trödelmarkt, an
den Wänden hängen alte Uhren
und Bilder aus der Jugendstil- oder
Gründerzeit.

Gegenwärtig werden diese oft etwas verräucherten Gaststätten in
New-Wave-Salons umgebaut (zu
finden in der Pariser Straße): weiß
gekachelt, hellblaues Neonlicht,
auf den kleinen Tischen glänzende
Plastikdecken, sehr cool, sehr hell,

Oben: Ziemlich verqualmt ist es
hier im »Ku'dorf«, einem unterirdischen Kneipen-Labyrinth unter
dem Kurfürstendamm. Doch wen
stört's, wenn die Live-Music vorn
auf der Bühne gut ist?

Unten: Während der alljährlichen
»Grünen Woche« Ende Januar in
den Messehallen haben die Berliner reichlich Gelegenheit, viele
neue Gaumenfreuden kennenzulernen.

Spandau ist älter als Berlin, und die ältesten Straßen hier heißen Behnitz und Kolk. Spandaus »Alte Kolkschenke« ist schon seit 1743 geöffnet . . .

sehr laut. Das Publikum sieht hier echt gestylt aus, die Mode der Fünfziger wird angereichert durch phantasievolle Haarkreationen. Getrunken werden farbige Cocktails, die sich gegen das allgemeine Weiß abheben, über Politik wird nicht gesprochen. Lagen in den Diskutierkneipen der 68er Jahre noch »Frankfurter Rundschau« und »taz« aus, sind es hier Micky-Maus-Hefte.

Die Berliner Küche ist bürgerlich-deftig

Die Berliner Küche hat eine besondere Vorliebe für zerkleinertes und gepökeltes Fleisch aus der Arme-Leute-Küche. Die Reichen ließen französisch kochen: Die bürgerlichen Kochbücher der Jahrhundertwende unterscheiden sich wenig von ihren Pariser Vorbildern. Auf den Tisch von Beamten, gutsituierten Rentiers, Offizieren und Fabrikanten kamen mehrgängige Menüs, währenddessen die zugewanderten Arbeiter und Dienstmädchen die Gerichte ihrer pommerschen und schlesischen Heimat abwandelten. Die arbeitende Klasse aß Hackepeter, Bouletten, falschen Hasen (der eine große Boulette ist), Bockwurst, Gulasch, Sülze und Eisbein, Kasseler (erfunden vom Fleischermeister Cassel) und Pökelkamm. Erbsen mit Spitzbein, das war das typische Winteressen, das in der Friedrichstraße schon um sechs Uhr früh serviert wurde.

Restaurants, in denen berlinisch-bürgerlich gekocht wird, sind nicht mehr allzu häufig. Meist wird das bieder-berlinoise Angebot durch die ländlichen Küchen West- und Süddeutschlands angereichert. Bei »Wendel« in Charlottenburg, bei »Hardtke« oder in der »Wannsee-Klause«, in der »Kegelsporthalle Spandau«, aber auch bei »Kempinski« kann man Eisbein-Spezialitäten essen. Bei Bott im Ratskeller Schmargendorf, in dem es das schönste Standesamt der Stadt gibt,

schaut der Alte Fritz auf die Gäste, die Blutwurst mit Salzkartoffeln bestellen, danach eine rote Grütze und eine Zigarre aus dem Klimaschrank. Das »Märkische Wappen« in Wedding ist typisch für die Berliner Vermischung von Bodenständigem und Internationalem: Die Küche ist altdeutsch, der Wirt kommt aus Jamaica.

Vom Berlin-Museum aus hat sich eine Mode quer durch die Stadt verbreitet: das Berliner Buffet. Da werden Schusterjungen (dunkle Roggenbrötchen) mit Schmalz angeboten, Knacker, Heringssalat, dazu Bier und Persiko, was ein Kirschlikör aus der Region ist. Der Gast nimmt sich so viel er mag.

Eine gute regionale Küche bedient sich der Zutaten des Umlandes, und genau das ist eine Schwierigkeit der feinen Küchen der Stadt. Die eigentlichen Spezialitäten des märkischen Bodens – etwa die Teltower Rübchen, Morcheln und rote Rüben – werden kaum angeboten. Die Spitzenköche beziehen ihre Rohstoffe von weit her. Täglich kommt ein Transport vom Pariser Großmarkt Rungis nach Berlin mit frischen Seetieren, Butter aus der Normandie, Gemüse aus der Provence und Hühnern aus Bresse. Die Entdeckung der »Nouvelle Cuisine«, das Selbstverständlichste zu tun, nämlich mit dem zu kochen, was der Markt frisch und jung bietet, stößt in der Insel-Stadt auf besondere Schwierigkeiten. Jedes Ei von Güte, jeder knackige Salat und jede scharfe Käsekrume muß von außerhalb über die Transitwege geholt werden.

Ein Vorteil dieser Situation ist, daß Berlin häufig dazu dient, neue kulinarische Märkte zu erproben. Die »Grüne Woche« und ihre Aussteller aus allen Erdteilen benutzen Berlin als Testmarkt – die Berliner als Vorkoster für künftige Freßwellen. Eine der größten Viktualienabteilungen Europas kann der Hungrige und Durstige im Kaufhaus KaDeWe besuchen mit dem Risiko, nach dem Rundgang nicht mehr zu wissen, welche von den dort ausgebreiteten Köstlichkeiten die köstlichste ist.

Genaugenommen sind Süßwasserfische eine Berliner Spezialität. Kein Wunder bei all den vielen Seen. Die Qualität hat jedoch, verursacht durch die stark schmutzbelasteten Gewässer, sehr nachgelassen. Aal grün und Havelzander werden vor allem in den Ausflugslokalen angeboten, auf der Insel Lindwerder, an der Moorlake, der Pfaueninsel, in Tegelort und im Strandbad Lübars. Oft werden diese Fische aber auch – wie der Karpfen – aus Polen geliefert, das ja nur 70 Kilometer entfernt ist. Schlei in Dillsoße, Hecht mit Klößchen und im Wurzelsud gekochte Krebse stehen zwar auf der Karte, selten werden diese Wassertiere jedoch von den Fischern Berlins aus der Havel geholt. Unter der Frey-Brücke an der Heerstraße wird von einem dieser Berufsfischer noch täglich frisch geräuchert. Der ursprüngliche Havelkrebs, der früher auf keiner Festtafel fehlen durfte, ist ausgerottet; kleinere amerikanische Flußkrebse wurden vor Jahren ausgesetzt, und sie haben sich schnell vermehrt.

Hie simpler Hering – dort feines »Maître«

Zur Arme-Leute-Küche gehörte früher der Hering. Er kam von der Ostsee und wurde als Brathering, Rollmops, eingelegt oder als Stipp zu jeder Gelegenheit gegessen. Die Mutter Fontanes berichtet sogar von einem »Huhn mit Hering« gespickt. Und wenn es etwas Besonderes sein sollte, dann wurde der Hering zum Lachs geräuchert: »Man nimmt fette Heringe, läßt sie 24 Stunden wässern und legt sie hernach 24 Stunden in Milch; räuchert sie gehörig und ißet sie mit Weinessig. So schmecken sie wie geräucherter Lachs.«

So wie im 19. Jahrhundert hat auch heute noch die französische Koch-

Für viele Bundesdeutsche ist Berlin immer noch ein bißchen Sündenbabel, und das Amüsierangebot läßt auch keine Wünsche offen. Eher zahm ist diese Szene aus dem »La vie en rose«.

kunst den angenehmsten Einfluß auf die Küchen der Feinschmeckerlokale. Hier gibt es alle Variationen, vom Michelin-Lokal bis zur Baguette-Stube. Traditionell geht es zu im »Coq d'Or«, die Nouvelle Cuisine wird gepflegt von »Maître«, seit Ur-Zeiten gibt es die »Paris-Bar« mit den Minutensteaks, und es bedarf einigen Geschicks, um herauszubekommen, welches von den vielen gerade »in« ist. Es ist oft nicht erklärlich, warum sich der Ruf eines Feinschmeckerlokals in Windeseile herumspricht, so daß es ein Gedrängel um die Tische gibt, und wieso manchmal von einem Tag zum anderen der Ruf dahin ist.

Es gibt in Berlin keine sehr beständige feine Gesellschaft, nicht einmal traditionelle Orte, an denen die Schickeria sich immer wieder trifft. Der Geldadel präsentiert sich in Berlin nicht gern auffällig. Ein Lokal, in dem man allzu viele Bekannte trifft, läuft Gefahr, für vulgär gehalten zu werden. Natürlich öffnen nachts unzählige Nacht- und Piano-Bars. Die alle sind aber zuerst für den Bedarf der durchreisenden Touristen.

Die Jugend trifft sich ohnehin in ihren Riesendiscos. Es gibt sicherlich kein menschliches Bedürfnis, das der »Stranger in the night« nicht befriedigen kann. Früh um vier in einer Sommernacht über den Kurfürstendamm: Da wandern alle Nachtschwärmer auf der Suche nach irgendwas durch die Gegend. In Berlin gibt es nämlich keine Polizeistunde. Gegessen und getrunken wird rund um die Uhr.

»Da sind die Männer mit den
Schläuchen, hurra, die Feuerwehr
ist da«, heißt's in einem alten
Schlager. Der Feuerwehr-Brun-
nen steht in Kreuzberg – wo der
Berliner Witz zu Hause ist.

Frech und grob ist der Berliner Witz – oder ist er ganz anders? Die große Klappe des Berliners ist berühmt und gefürchtet, er gilt als Angeber und Aufschneider. Dabei ist er sentimental, süchtig nach Lob und will natürlich geliebt werden wie jedes andere menschliche Wesen. »Außen Stacheldraht, innen Sahnebonbon«, wie Tucholsky sagte. Der Berliner Witz hat eine realistische Weltsicht, eine durchaus nüchterne Betrachtungsweise der Lebensumstände. Ihm fehlt jegliche bürgerliche Ironie. Er ist schnell, zupakkend, »er nennt die Dinge wieder einmal beim Namen . . ., hier wird das Gemüt nicht aufs Brot gestrichen« (Max Frisch).

Der Berliner Witz ist der des kleinen Mannes, er kommt, wie die Sprache, von unten. Berlin war in seinen größten Zeiten eine proletarische Stadt mit großbürgerlichen, kaiserlichen Ansprüchen. Der zugewanderte kleine Mann wußte da sehr bald zu unterscheiden zwischen aufgedonnerter Kulisse und dem Dienstbotenaufgang.

Auf Zilles Zeichnung »Beim Hauswirt« beschwert sich ein junges Ehepaar beim dicken Hausbesitzer im Salon, das Dienstmädchen steht wartend daneben. Das Kind der jungen Frau blickt rachitisch aus der Wäsche. Und der Hauswirt sagt: »Wo wohn' Se denn? Keller, zweetes Quergebäude? Da könn' doch keene Wanzen sein, wo's so feucht is'!« Zille, Pinselheinrich genannt, hat in der knappen Skizze den ganzen sozialen Horizont aufgerissen. Das Kind fragt: »Mutta, wat kochste?« »Wäsche, du Dämlack!« »Schmeckt 'n det jut?« Und die verzweifelte Mutter, die »ins Wasser« gehen will, antwortet auf die Frage ihrer Tochter, die sich auf ihrem Arm festhält: »Mutta, is' ooch nich' kalt?« – »Laß man, de Fische leben immer drin . . .«

Wolfgang Neuss beschreibt den Berliner Witz als »Herz mit Schnau-

SCHLAGFERTIGKEIT ALS ÜBERLEBENSTECHNIK

ze, Chuzpe mit Nächstenliebe, Geist, Gags und Grips und eine riesige Sentimentalsperre für alle Pseudogefühle; dazu ein unüberbietbares Mißtrauen gegen Tradition und Überlieferung und den untrüglichsten Instinkt für das Zusammenwirken von Gehirn und Herz (mit Schnauze)«.

»Waas??? Petermann is' tot? – Konnt 'n ja nie leiden, aber nu' is' der Mann für mich gestorben!«

Der Berliner hat gelernt, mit Realitäten zu leben, so komisch die auch sind. Das große Wort, der schöne Schein sind das eine, die Butter aufs Brot das andere. Was nicht heißt, daß der Berliner nicht gern über die Verhältnisse lebt, auf Pump und Kredit, wer täte es nicht gern. Sonntags fühlt man sich wie »Jraf Koks aus de Gasanstalt«.

Gegen die Regeln des guten Geschmacks

»Ick komm' hier am Bahnhof an, geh' auffe Trabrennbahn, mach' mir 'n Schuh zu – wat soll ick Ihn'n sagen: Kommt eener und sattelt mir. – Na und? – Zweeter geworden.«

Der Berliner ist schnell mit seinem Witz bei der Sache. Schlagfertigkeit gehört geradezu zur Überlebenstechnik des Berliners. »Haste mal

Früher amüsierte man sich »wie Bolle auf'm Milchwagen«, obwohl der Junge – wie die Zeichnung von der Jahrhundertwende zeigt – ganz schön zu schleppen hatte an den Milchkannen.

Berliner Witz kann ironisch und frech sein, das schützt vor Sentimentalität – auch an der die Stadt teilenden Mauer.

'ne Plastiktüte?« – »Wieso, mußte brechen?«

Vieles am Berliner Humor läßt sich nur unmittelbar weitergeben, nicht archivieren: »Und zwar ungekürzt, unverändert und oft gegen alle Regeln des guten Geschmacks, der Logik und ohne Rücksicht auf sogenannte Tabus und die dummen Gewohnheiten der menschlichen Hemmungen. Bezüglich Humor ist Berlin eine Goldgräberstadt – das Gold aber eignet sich nicht zur Weiterverarbeitung. Tut man's dennoch, verliert es seinen Wert, seine Echtheit und den Glanz der Herzlichkeit, aber auch das Gift der hinterhältigen Bösartigkeit und die Unschuld des Profanen«, schreibt Wolfgang Neuss, der wie kaum ein anderer den so gerne großen, klei-

nen Berliner darstellen konnte, der mit pfiffiger Unschuldsmiene auf die Pauke haut.

Dabei ist der Berliner, ohne es zuzugeben, zutiefst sentimental. Hinter der schnoddrigen Klappe, hinter der so bewußt zur Schau getragenen Großstädter-Attitüde verbirgt sich eine Sehnsucht nach kleinbürgerlicher Gemeinsamkeit, die Furcht, nicht das letzte Wort zu haben. Der Berliner fühlt sich außerhalb seiner Stadt immer im Ausland. Und er kompensiert dies durch großspurige Weltbetrachtung.

»Also, ich hab' bloß 'n paar Worte jesprochen am Tisch, hat der schon mitjekriegt, da' ick 'n Berliner bin.« Jeder Berliner ist überzeugt davon, bestes Hochdeutsch zu sprechen. Und ist die Stadt auch ruhiger, pro-

Das reinste Berlinisch wird in den traditionellen Arbeiterbezirken gesprochen, auf dem Wedding, dem Prenzlauer Berg oder in Pankow. In Ost-Berlin geniert sich niemand seiner Schnauze, berlinern darf man, und es ist auch ein wenig Opposition gegen das zugewanderte Sächsisch. Im feinen Zehlendorf gerät, wer berlinert, in Gefahr, für weniger intelligent gehalten zu werden. Eines allerdings ist eine eiserne Regel: Der Zugereiste versuche nicht, sein Hochdeutsch durch ein paar Lautverschiebungen in ein Berlinisch zu verwandeln. Das wird als Anbiederung empfunden, und so einfach ist es nun auch wieder nicht, ein Berliner zu werden.

Berlinisch lernt man nicht so schnell

Zuletzt mußte dies der aus Hamburg zugereiste Politiker Hans Apel erfahren, der, als er sich um den Posten des Regierenden Bürgermeisters bewarb, wacker mühte, berlinisch zu reden – mit schwachem Erfolg. Der Zugereiste wird sich als »Balina« bezeichnen wollen, der echte ist und bleibt ein »Berlina«, mit klarem R.
Die ganze Problematik des Berlinischen zusammengefaßt, findet sich im Kindervers: »Icke, dette, kieke

vinzieller geworden, der Mythos der Metropole und des eiligen Berliners ist geblieben. Der Berliner sieht sich am liebsten quick und im vollen Leben. Selbst die Verkehrsampeln schalten in Berlin schneller als anderswo, und wer einem Berliner Busfahrer in voller Aktion begegnet, wird glauben, er nähme an einer Rallye teil.
Und doch hat der Berliner immer wieder selbstkritische Momente, die Frage Tucholskys »Warum wird im Film beim happy end jewöhnlich abjeblendt'?« ist eine sehr grundsätzliche. Der große Anspruch und das flotte Wort sind eine Seite Berlins, und das, was übrigbleibt, muß man nüchtern sehen. Nach dem Film kommt die Erkenntnis: »Die Ehe war zum jrößten Teile / va-

brühte Milch un' Langeweile. Und darum wird beim happy end / im Film jewöhnlich abjeblendt.«
Der Berliner Philosoph mißtraut dem Schein: »Ick sitz an' Tisch und esse Klops. / Uff eenmal klop's. / Ick kieke, staune, wundre mir, / Uff eenmal jeht se uff, die Tür! / Nanu, denk ick, ick denk nanu, / Jetzt isse uff, erst war se zu. / Ick jehe raus und kieke / Und wer steht draußen? – Icke.«
Ob der Berliner einen Dialekt hat oder nur einen Jargon spricht, darüber ist lange gestritten worden. Das Berlinische ist nie, wie andere Dialekte, gesellschaftsfähig gewesen, es war die Mundart von Unterprivilegierten, sie wurde gesprochen von Leuten, die nicht so fein waren, wie sie sein wollten.

Der bekannteste Berliner Eckensteher (die Zeichnung datiert von 1840) war Nante. Er taucht in vielen Geschichten des Humoristen Adolf Glaßbrenner auf, der im vorigen Jahrhundert lebte.

mal, / Oogen, Fleesch und Beene. / Nein, mein Kind, so heißt das nicht,/ Augen, Fleisch und Beine.« Wann im Berlinischen das G zum J wird, das ist eine Wissenschaft für sich. Am Wortanfang vor dem Vokal wird Geld zu Jeld, o jottojott, klagt die Jöhre. Die Vorsilbe »ge-« wird manchmal abjelabert, manchmal aber auch nicht. Das Berliner Sprachgemüt schwankt immer zwischen korrektem Dialekt und feinem Anspruch. Das »Au« wird mal zu einem langen O oder zu einem kurzen U. Oogen uff!

Spezialität: der Akkudativ

Der Sprachforscher Peter Schlobinski, der sich an die Wiederentdeckung der berlinischen Stadtsprache gemacht hat, gibt zu: »Es gibt keine lautliche Regel dafür, wann der Berliner O spricht und wann nicht. Statt dessen spricht der Berliner das O in folgenden Wörtern: auch, Auge, rauchen, kaufen, laufen... So sagt der Berliner zwar: Ick loof nach Hause, aber nicht: Der Loof ist zu Ende.«

»Ick bin Berlina«, sagt der Mann. »Du?« »Na klar, icke!« Es mag eine alte französische Tradition sein, daß der Berliner wie der Franzose zwischen je und moi unterscheidet. »Icke« ist die betonte Form des »ick«. Besondere Schwierigkeiten hat der Berliner, die Fälle auseinanderzuhalten: »Ick liebe dir, ick liebe dich, wie 't richtig heißt, dit weeß ick nich'.«

Spezialität ist der sogenannte Akkudativ, also ein Zusammenfall von Akkusativ und Dativ: »Der Berliner sagt immer mir, ooch wenn 't richtig is'. Mir und dir gehen munter durcheinander: Ick freu' mir schon auf dir!«

Der Wortschatz der Berliner wurde vor allem durch die französischen Einwanderer bereichert. Das Bürgertum – und der Hof sowieso – sprach ja französisch. Bekanntlich war der Große Friedrich, der Alte

Fritz, des Deutschen nur sehr mäßig mächtig. Und so sind zahlreiche Wörter in die Alltagssprache übergegangen, andere wurden verballhornt und kehren in überraschender Form wieder.

Der populärste Humorist Berlins im 19. Jahrhundert, der sehr kritische Beobachter Berliner Typen und Figuren, Adolf Glaßbrenner, hat in vielen Witzen und Geschichten jene Symbiose aufs Korn genommen, in der das Berlinische und das Französische zusammenleben.

Eckensteher Nante wird gefragt: »Tach, Nante, comment, wie jeht et dir? Du befindest dir doch noch?« »Toujour, wie imma passablement!«

Zuallererst drang die französische Zunge natürlich in die Küchensprache ein. Die »Bulette« ist eine berlinische Spezialität, die »Boulette« ist die Fleischkugel. »Ragufeng« sagt der Gast zum Kellner und meint natürlich »Ragoût fin«. »Jriebenschmalz« gehört aufs Brot, »griblettes« sind die ausgebratenen

Im Zeitalter des Walkmans eigentlich passé, dennoch immer wieder gern gehört: die Drehorgel. Ein Leierkastenmann aus Berlin hat obendrein so manchen raschen Witz parat.

und jeder brachte seine Sprache mit. Aus dem Obersächsischen kam das »Mengenke«, da heißt es Gemisch. Mach doch nicht so ville Mengenke! »Schwofen« nennen die Obersachsen das Tanzen – ursprünglich ein obszönes Wort, von Schweif und Schwanz abgeleitet. Die lateinischsprechenden Herren tranken aus der Ampulla – der Berliner aus der Pulle. Die Schlesier galten als »mohndoof«, weil sie nämlich ihren Säuglingen, damit sie ruhig blieben, wenn Mutter uff Arbeet war, Nuckel mit Mohn darin zu lutschen gaben.

Heute gehen amerikanische und russische Wörter in die Stadtsprache der betreffenden Regionen ein. Drüben wird »rabotert«, und man erholt sich auf der »Datscha«. Wer im Westen einen »Sitter« für die »kids« findet, geht in die »City«. Da kann man dann ein »Kebab« essen oder eine »Curry«.

Vieles, was in den Zeitungen und in Kabaretts berlinert wird, sieht sprachgeschichtlich uralt aus. Die Berufsberliner reißen ihre Witze zumeist in einer Sprache, die aus dem 19. Jahrhundert stammt. Das lebendige Berlinisch, eine pralle, freche und farbige Sprache voller sozialer Erfahrungen und so munter, zupackend und respektlos, kann der Hellhörige nur im Alltag, auf der Straße, in der Kneipe sammeln – also in der Erfahrung und Begegnung mit jenem seltsamen Wesen, das ein waschechter Berliner nun einmal ist. Wobei hinzugefügt werden muß, daß die meisten originellen Berliner gar nicht aus dieser Stadt stammen. Wer das Herz auf den richtjen Fleck hat und wem seine Schnauze groß jenug is', der wird rinjelassen.

Fleischstücke. Und »Püree« zum »Haschee« oder zur »Roulade« und hinterher ein »Kompott«.

Andere Wörter werden abgewandelt, aus der »Boutique« (jetzt wieder gebräuchlich) wurde im 19. Jahrhundert die »Budike«, aus »tout chic« wird »todschick«, und wenn etwas klammheimlich ist, dann wird hier das lateinische »clam« (= heimlich) gleich mit übersetzt, wie überhaupt der Berliner Doppelungen liebt. Ein vornehmer Garten ist ein »Jardin-Garten«, darin gönnt man sich ein Plaisir-Vergnügen. Und wenn etwas besonders gut ist, dann immer mit avec. Und wenn es kein »Spaß-Vergnügen« macht, dann »nich' uffregen, det runieniert den Täng«. Und wer nicht französisch »parliert«, der tut so, als ob, der imitiert den Klang des feinen Idioms: Schauderös is' det, verstande-vu? Sachtemang und knappemang, sagt der Polier, der eigentlich ein Parlier ist, ein Vorsprecher.

Eine Zuwandererstadt war Berlin,

Heinrich Zille (1858–1929) zeichnete vor allem die kleinen Leute, wobei er Humor mit ernster Satire verband. Wie auf dieser Zeichnung, wo die verzweifelte Mutter in ihrer Not mit ihrem Kind ins Wasser gehen will.

In Ost-Berlin: rechts der 1979 fei-
erlich eröffnete Palast der Republik, links der wiederhergestellte
Dom (1893–1905), davor die ehemalige Schloßbrücke mit den
Schinkel-Figuren und im Hintergrund der Fernsehturm.

Treffpunkt Alexanderplatz – auch wenn die Sonne nicht scheint, ist es hier heller als anderswo. Die Weite dieser Steinsteppe reflektiert wie ein riesiger Hohlspiegel, der Wind und Licht bündelt. Alles Umstehende gerät in leichte Vibration, etwa die Stahlbeton-Skelettbauten des »Haus des Reisens« oder des Warenhauses »Centrum«.

Über allem aber ragt das neue Wahrzeichen der DDR-Hauptstadt empor, der gigantische Fernseh- und UKW-Turm, der mit 365 Meter sein Westberliner Pendant auf dem Messegelände zum Liliputaner abstempelt. In ganz Europa überragt nur ein Bauwerk den Turmbau zu Ost-Berlin, das – wie könnte es anders sein – im »Bruderland« Sowjetunion steht und 532 Meter zählt: der Moskauer Fernsehturm. Drei Mark kostet die Auffahrt zur Aussichtsplattform, von der man sich »bei einem Blick vom Fernsehturm vom weiteren Werden und Wachsen der Hauptstadt« (Berliner Zeitung) überzeugen kann. Der Fahrstuhl schafft die Auffahrt in nur 40 Sekunden. Mit fünf Mark schlägt der rund einstündige Besuch im »Telecafé« in 207 Meter Höhe zu Buche, welches ganzjährig geöffnet ist und sich in 60 Minuten einmal um seine Achse dreht. Wer von da oben das ungeteilte Berlin fotografieren möchte, muß eine weitere Mark zahlen.

Bei schönem Wetter reicht der Blick vom Fernsehturm, der am 3. Oktober 1969 vom damaligen SED-Chef Walter Ulbricht eingeweiht wurde und seitdem 20 Millionen Besucher zählte, bis zu 40 Kilometer weit. Man kann den genauen Verlauf des »antifaschistischen Schutzwalls« (sprich: der Mauer) verfolgen und sieht jeden auf dem Westberliner Flugplatz Tegel startenden Jet im Luftkorridor gen Westen entschwinden. Blickt man bei der rotierenden »Stadtrundfahrt« von einem der 200 Telecaféstühle

GEMISCHTE EINDRÜCKE IN OST-BERLIN

aus auf das unmittelbare Umfeld rund um den Turm, so scheint es kaum möglich, daß diese Stadt rund 750 Jahre alt sein soll.

Im Widerspruch zur offiziellen DDR-Presse, die in schöner Regelmäßigkeit über das »Wunderwerk des Sozialismus« berichtet, ist der Fernsehturm keineswegs eine vollkommen eigenständige Bauleistung Ostberliner Ingenieure und Architekten: Das Statik-Gutachten fertigten Schwaben an, der Aufzug stammt aus Großbritannien, die Klimaanlagen aus Schweden und die Edelstahlverkleidung der Kugel aus Westfalen.

In die Höhe geht am Alexanderplatz noch ein zweites Bauwerk, das Interhotel »Stadt Berlin«, eröffnet am 8. Oktober 1970 als erste Adresse der DDR-Metropole. Mit 39 Etagen ist die Bettenburg das zweithöchste Bauwerk Ost-Berlins. In seinen 1000 Zimmern für 2000 Gäste nächtigen vorwiegend Touristengruppen aus dem sozialistischen Lager, während die in Valuta zahlenden Westgäste in den Nobelherbergen »Metropol« und »Palast-Hotel« abzusteigen pflegen.

Direkt gegenüber dem »Stadt Berlin« steht das Alexanderhaus, erbaut 1928/31 nach Plänen des Architekten und vielseitigen Künstlers Peter Behrens, einem der Bahnbrecher funktionalistischen Bauens. Hier residieren die Buchhandlung »Das gute Buch«, das »Centrum«-Einrichtungshaus sowie das »Berliner Kaffeehaus«, ein beliebter Treffpunkt für Hauptstadt-Touristen.

Bis 1981 gab hier ein finsteres Automatenrestaurant den Ton an, berichtet Uwe Pech, Direktor des Cafés und gelernter Kellner, »dann nahmen wir auf Anregung der SED-Bezirksleitung den Umbau vor. In einjähriger Rekordzeit.« Ergebnis: Täglich kommt heute frische Ware aus der eigenen Backstube – darunter die Hausspezialität »Berliner Apfelkuchen«. »Der steht bei uns wie das Amen in der Kirche«, versichert der Chef, der-

Oben: Vor dem Kaufhaus »Centrum« am Alexanderplatz läßt es sich friedlich pausieren am »Brunnen der Völkerfreundschaft« mit seinen 17 wasserspeienden Säulen.

Unten: Recycling steht auch in der DDR auf dem Programm – wie diese jugendlichen 1.-Mai-Demonstranten 1985 auf dem Alexanderplatz beweisen.

weil sich die Gäste zwischen Zimmerpalmen um die runden Marmortische ausbreiten, Pilsener Urquell (der halbe Liter zu 3,20 Mark) schlürfen und zur Auslandspresse greifen: der »Wahrheit« aus Moabit oder der »UZ« aus D-4040 Neuß. 130 Mitarbeiter umfaßt Pechs gastronomische Mannschaft. Ein Teil arbeitet nebenan in der »Suppenterrine«, wo es Eintopf gibt und vier verschiedene Gerichte täglich auf dem Speiseplan stehen.

Egal, ob man im Imbiß oder im Café Platz findet, stets fällt der Blick auf die Weltzeituhr. Auf einer zehn Meter hohen Stahlkonstruktion erhebt sich ein Modell des Sonnensystems, und in den Schaft ist eine Weltkarte eingeätzt. Die darüberliegende mittlere Skala zeigt die Uhrzeiten in den wichtigen Metropolen rund um den Globus an. Die 1969 fertiggestellte Uhr ist, da kaum zu verfehlen, ein beliebter Treffpunkt für Verabredungen.

Auch ohne Autos ein Knotenpunkt: Alex

Auf der westlichen Seite des Alexanderplatzes befindet sich das »Centrum-Warenhaus«, ein sechsgeschossiger Kompaktbau mit Aluminiumstruktur-Fassade und einer Verkaufsfläche von 15000 Quadratmeter – das »Centrum«-Warenangebot ist ein getreues Spiegelbild der Leistungskraft der DDR-Wirtschaft. In seinen Regalen offenbaren sich die zahlreichen Mängel der staatlichen Versorgung. Lichtblick vor dem »Centrum« ist der »Brunnen der Völkerfreundschaft« mit 17 wassertragenden Säulen und farbigen Emailarbeiten.

Obwohl heute kein Kraftverkehr mehr über den Alexanderplatz fließt (er erhielt übrigens seinen Namen 1805 anläßlich eines Besuches des russischen Zaren Alexander I.), sondern eine weiträumige Fußgängerzone bildet, hat der »Alex« eine Bedeutung als Kernstück des wichtigsten innerstädti-

schen Verkehrsträgers in fünf Ebenen nicht eingebüßt: Fern- und S-Bahn als Hochbahn, ebenerdig Fußgängerverkehr, darunter zwei niveauverschiedene U-Bahnhöfe und in Zwischengeschossen ein Passagensystem für Fußgänger. Die Unterführung des 660 Meter langen Autotunnels erfolgte 1966/69.

Hinter dem »Haus des Lehrers« mit einem monumentalen Wandmosaik im Stil des sozialistischen Realismus (der Bildfries ist 175 Meter lang und sieben Meter hoch), nimmt die Karl-Marx-Allee ihren Verlauf. Der Bummel Richtung Strausberger Platz und weiter zur Frankfurter Allee hinterläßt einen eher ernüchternden Eindruck. Neben öden Neubauten aus den sechziger Jahren fallen allenfalls das Interhotel »Berolin« und das Uraufführungskino »International« mit 600 Plätzen auf.

Gastronomischer Lichtblick ist allerdings das Restaurant »Moskau«, das gleich mit einem ganzen Konglomerat von Bars, Cafés und Speiselokalen zum Verzehr des Pflichtumtausches einlädt. »Wir pflegen ständigen Erfahrungsaustausch mit sowjetischen Kollegen!« betont Direktor (nicht Objektleiter) Volker Zschoge. Ihm unterstehen in der Karl-Marx-Allee 34 die »Natascha-Bar«, »Foyerbar«, Tanzcafé, das Ukrainische und das Russische Restaurant. Der Einsatz Moskauer Kellnerbrigaden an der Spree steht jedoch noch in weiter Ferne, womit die UdSSR den ungarischen Zigeunerkapellen im »Mathias-Keller« (ebenfalls Karl-Marx-Allee) und den tschechischen Zapfern in den »Altstädter Bierstuben« (Leipziger Straße) in puncto internationaler Arbeitsteilung noch weit hinterherhinken.

Hier geben sich gewöhnlich Touristen wie Ostberliner ein Stell-dich-ein, auch zu Hochzeiten, Jugendweihen und Brigade-Feiern. Die Jeunesse dorée zwischen Rügen und dem Thüringer Wald pflegt dagegen gern die Nachtbar im Kellergeschoß aufzusuchen. Zschoge:

»Mehr als eine Schnur haben die Tänzerinnen nicht an. Es gibt auch bei uns großzügige Nummern!« Weniger locker, sondern militärisch straff geht es alljährlich mehrmals direkt vor der Tür des Hauses zu, wenn ausgewählte Volksgenossen das Spalier zum Aufmarsch der Volksarmee bilden oder »1.-Mai-Kampfdemonstrationen« an der Staatsprominenz auf der Ehrentribüne vorbeidefilieren.

Die frühere Stalinallee, in der 1953 der Aufstand des 17. Juni seinen Anfang nahm, dient heute als Aufmarschstrecke für Paraden. Mit 80 Meter Breite übertrifft die Karl-Marx-Allee den Kurfürstendamm. Unmittelbar am Strausberger Platz erheben sich im Baustil der Stalinzeit das »Haus des Kindes« und das »Haus Berlin« (1951/53), über deren einst weiße Fassaden sich längst eine Patina der Verwitterung und der allgegenwärtigen Umweltverschmutzung gelegt hat. Sieben- bis neungeschossig sind die Zuckerbäcker-Giganten (aus Ziegeln gemauert, die zu 70 Prozent aus Ruinen stammten), die nach dem Willen ihrer Erbauer mit den großzügig angelegten Promenadenbauten des Berliner Westens konkurrieren sollten. Später kam das Uraufführungstheater »Kosmos« – mit eiförmigem Zuschauerraum für 1001 Besucher – hinzu, das die Ostberliner Bürger vor dem Mauerbau vom Besuch der Lichtspielhäuser in den Westsektoren abhalten sollte.

Wenig abwechslungsreiche Küche, sondern DDR-typische Schweinesteak-Letscho-Gerichte bieten die Nationalitäten-Gaststätten »Warschau« und »Budapest« an der Straße der Pariser Kommune. An Sommertagen spielt eine Blaskapelle den Softeisschleckern mit Potpourriklängen auf der Terrasse auf. Im folkloristisch ausgestalteten »Mathiaskeller« im Csárdás-Stil ertönen dagegen allabendlich Geigen- und Cimbalklänge.

Hat die Karl-Marx-Allee architektonische Anleihen bei der Moskauer Gorki-Straße und dem Kalinin-

Prospekt genommen, so konnte sich die historische Prachtstraße Unter den Linden ihre preußische Eigenart bewahren und ist in den letzten Jahren, im Hinblick auf die 750-Jahr-Feier der Stadt, wieder in alten Glanz versetzt worden.

Wieder ein Boulevard: Unter den Linden

Erwähnt sei nur die Aufstellung der acht Figurengruppen auf der früheren Schloßbrücke (heute Marx-Engels-Brücke). Die Gestalten aus der griechischen Mythologie wurden Mitte des vorigen Jahrhunderts von Schülern Christian Daniel Rauchs nach Entwürfen von Karl Friedrich Schinkel geschaffen und während des Zweiten Weltkriegs im heutigen West-Berlin in Sicherheit gebracht. 1981 gab sie der damalige Regierende Bürgermeister Richard von Weizsäcker zur Aufstellung auf dem angestammten Platz zurück.

Längst ist es wieder eine Lust geworden, Unter den Linden mit seiner historischen Pracht zu schlendern: Der Berliner Dom, ein monumentales Zeugnis des Historismus, ist kein trauernder Torso mehr, im Alten Museum laden ständig Werke bildender Kunst zur Besichtigung ein, vor Schinkels Neuer Wache mit dorischem Portikus knallen die Hacken der im Stechschritt paradierenden Soldaten, und auf der Freifläche zwischen Opernhaus und historischen Denkmälern verweilt buntes Publikum auf einer der stimmungsvollsten Caféterrassen Ost-Berlins.

Es gibt kaum eine Gaststätte Unter den Linden, die nicht bei schönem Wetter Tische und Stühle einladend auf die Straße stellt. Und diese Einladung wird gern angenommen. Unter den Linden – das erinnert an die Pariser Avenue des Champs-Elysées mit vornehmen Hotel- und Bankbauten, attraktiven Ladengeschäften und bedeutungsschweren diplomatischen Residenzen. Doch

seine größte Zeit hat der einst kurfürstliche Reitweg zum Tiergarten aufgrund der Zerstörungen im Zweiten Weltkrieg hinter sich gelassen. Auch die Neugestaltung zwischen Friedrichstraße und dem Brandenburger Tor mit den Botschaften Polens, Ungarns, dem Ministerium für Volksbildung Ecke Otto-Grotewohl-Straße und der Botschaft der UdSSR (1950/53) hat nicht an die genialen Pläne von einst anknüpfen können.

Drei Komma zwei Kilometer ist er lang, Berlins schnurgerader Scheitel durch Ost und West – die Friedrichstraße. Einst weltberühmt wegen ihrer Vergnügungsstätten, Luxusläden und leichten Mädchen, dem »echten« Café Kranzler, Aschinger und Wintergarten, bietet die Friedrichstraße (Ost) heute allenfalls drei Attraktionen: den Checkpoint Charlie, den Grenzübergang Friedrichstraße und den (neuen) Friedrichstadtpalast.

Weltkriege, Revolutionen und Inflation hat sie überlebt; die Rolle als Amüsier-, Bummel- und Kaufstraße jedoch längst eingebüßt. Die Friedrichstraße ist kein Mittelpunkt der City mehr, sie liegt heute am Rande beider Berlins.

Vor einem halben Jahrhundert war die Friedrichstraße noch eine der anziehendsten Straßen der Spreemetropole, vor allem die unzähligen Vergnügungsbetriebe lockten die Deutschen aus der Provinz. Zweifelhafte Etablissements gibt es heute, im Arbeiter- und Bauernstaat, nicht mehr. Keine Absteigequartiere mehr für die Mädchen mit den tiefen Dekolletés; kein Leierkastenmann orgelt mehr in den Hinterhöfen, keine Spielclubs, Straßengefechte und kein Kokainrausch.

Seichte Muse und den Hauch von Dekadenz finden Besucher im neuerbauten Friedrichstadtpalast, einem der hochrangigsten Prestigeobjekte der DDR-Stadtplaner. Mit Hilfe des beigefarbenen Betonbaus, den die Ostberliner längst »Bahnhof von Aserbaidschan« ge-

Oben: Der Treffpunkt auf dem autofreien Alexanderplatz ist die Weltzeituhr von 1960. Moderne Hochhäuser umstehen den Platz, bei dem die Karl-Marx-Allee ihren Anfang nimmt.

Unten: Aus 207 Meter Höhe schaut man vom »Telecafé« des Fernsehturms auf die vielen Neubauten im stark zerstört gewesenen Ost-Berlin.

154 tauf haben, weil die leicht orientalisch anmutende Fassade durch bunte Glasornamente aufgelockert ist, soll das monotone Nachtleben bereichert werden.

Wasserbassin und Laserlicht, Eislaufscheibe und Hintergrundfilmprojektion sowie weitere technische Finessen erlauben eine Fülle raffinierter Showeffekte und eröffnen den Besuchern eine Traumwelt, in der sie allabendlich für zweieinhalb Stunden aus dem »realen Sozialismus« aussteigen und abschweifen können. Anders als bislang in der DDR-TV-Sendung »Ein Kessel Buntes«, kommt das 66köpfige Friedrichstadt-Palast-Ballett nicht mehr brav und hochgeschlossen auf die Bühne, sondern tritt auch mal barbusig auf. Die langbeinige Girls-Reihe ist das Aushängeschild des Hauses.

Mit 1900 Plätzen sucht das Revuetheater seinesgleichen in Europa. »Es macht Spaß, in unserem sozialistischen Vaterland zu leben!« tönt denn auch der Conférencier der Mammutshow allabendlich zufrieden ins Mikrofon und erhält dafür lauten Beifall von den Brigadebesuchern. Das Gros der männlichen Gäste kommt »oben mit«: Man trägt artig das Parteiabzeichen am Revers. Eintrittskarten werden vornehmlich im Rahmen eines Anrechtssystems insbesondere für »Schwerpunktbetriebe« vergeben, weniger im öffentlichen Verkauf.

Längst abgerissen ist die alte Spielstätte des »Friedrichstadtpalast-Theaters«, ein düsteres Bühnengebäude in Nachbarschaft zum Brecht-Theater. 1980 schloß die Ostberliner Bauaufsicht die Tore dieses über hundert Jahre alten, traditionsreichen Vergnügungstempels am Ufer der Spree, weil wegen des morastigen Untergrundes Einsturzgefahr bestand. Geblieben sind älteren Berlinern die Erinnerungen an Operetten mit populären Künstlern und an die Aufführungen von Max Reinhardt, der hier vor der Nazizeit wirkte. Nach dem Ende des Zweiten Weltkriegs

Hoch zu Roß: König Friedrich II. Das Denkmal von Christian Daniel Rauch (1851) steht in der Straße Unter den Linden und erinnert damit auch an die städtebaulichen Planungen des Königs.

gastierte im alten Friedrichstadtpalast alles aus der Showbranche, was Rang und Namen hatte: von Gilbert Bécaud bis Ella Fitzgerald.

Nur ein paar hundert Meter von der Revue-Bühne entfernt, lebte bis zu seinem Tod im Jahre 1956 der Dramatiker und Schriftsteller Bert Brecht. Seine Arbeits- und Wohnräume in der Chausseestraße 125 können besichtigt werden (Dienstag bis Freitag von 10 bis 12 Uhr, 17 bis 19 Uhr, Samstag von 9.30 bis 14 Uhr). Im selben Haus befinden sich eine gutsortierte Buchhandlung sowie ein kleiner gastronomischer Betrieb.

Das HO-Weinrestaurant »Ganymed« am Schiffbauerdamm 5 liegt direkt neben dem »Berliner Ensemble«. Benannt nach dem Mundschenk des Zeus, gehört das »Ganymed« zum Kreis der exklusiven Gaststätten der Ostberliner Innenstadt. Seine Geschichte ist bewegt. Während es in den zwanziger Jahren als Verbandslokal diente, beherbergte es nach 1945 zunächst Zugpferde, später eine einfache Eckkneipe und schließlich ein Tanzlokal.

Erst im Dezember 1956 wurde der heutige Speisentempel eröffnet. Das Konzept hat sich in nahezu drei Jahrzehnten bewährt: Nicht Hausmannskost und Standardgerichte, sondern Wachteleier-Cocktail mit Toast (8,05 Mark), Ente »Singapur« (11,60 Mark) oder Crèpes »Rothschild« (à 7,15 Mark) kommen auf den Tisch. Renate Schütt, Leiterin des »Ganymed«: »Zu unseren Stammgästen zählen wir Künstler, Charité-Ärzte und Botschaftsangehörige.«

Während mittags das Weinrestaurant um die Sollerfüllung ringt, geht abends nichts ohne Tischbestellung. Dann sorgt freilich auch ein Stehgeiger oder ein Pianist für stimmungsvolle musikalische Unterhaltung. Chef de cuisine seit über zwanzig Jahren ist Dieter Bongé, der in einer eigenen Kolumne der (Ost-)»Berliner Zeitung« beispielsweise gegen die Verunglimpfung

Oben: 1680 und 1690 wurden zum erstenmal die Linden gepflanzt, die der Straße Unter den Linden den Namen gaben. Die einstige Hauptachse der Stadt endet heute beim Brandenburger Tor, das noch auf Ostberliner Seite steht.

Unten: Viel Publikum ist den Soldaten sicher, wenn im Stechschritt der Wachwechsel an der Neuen Wache Unter den Linden stattfindet. Der Schinkel-Bau dient heute als Mahnmal für die Opfer des Faschismus und Militarismus.

156 der Artischocke als unnützes Distelgewächs kämpft.

Unweit des Schiffbauerdamms und der Spree liegt das geographische Zentrum Gesamt-Berlins, zwei im rechten Winkel sich kreuzende Hauptverkehrsadern: Unter den Linden/Friedrichstraße. Während die Friedrichstraße noch immer ihrer umfassenden Darstellung harrt, haben sich die Geschichtsschreiber des Boulevards am Brandenburger Tor schon zu Dutzenden angenommen. Die Friedrichstraße war halt nie so elegant und repräsentativ wie die kurfürstlichen »Linden«.

Der spröde Charme ist bis heute geblieben, wobei der Zweite Weltkrieg seinen Teil beisteuerte: Ein massiver Bombenangriff am 3. Februar 1945 riß riesige Lücken in die Verkehrsachse zwischen Spree und Belle-Alliance-Platz (dem heutigen Mehringplatz in West-Berlin). Öde Grasflächen zeugen davon.

Spröder Charme der Friedrichstraße

Erst Mitte der sechziger Jahre erfolgte in Ost-Berlin die Neugestaltung in Stahlbetonskelettbauweise. Etwas trist wirken die fünf- bis sechsgeschossigen Bauten, wie das Restaurant »Lindencorso«, das Hotel »Unter den Linden« oder das Apartmenthaus und Funktionsgebäude der »Komischen Oper« mit zum Teil vorgehängten Außenwandkonstruktionen. Hier hat auch das neue französische Kulturzentrum Unterschlupf gefunden.

Mit seiner soliden Natursteinfassade und Wilhelm-Tell-Figur auf dem Mauervorsprung hebt sich dagegen das »Haus der Schweiz«, ebenfalls Friedrichstraße/Ecke Unter den Linden, wohltuend von den Nachkriegs-Bauten der VEB-Betonwerke ab. Mit Wehmut denken ältere Berlin-Besucher an Kaffeehäuser, wie »Kranzler« oder »Victoria«, zurück, die hier früher domizilierten. Ständige Ausstellungen bietet das 1984 eröffnete monumentale »Haus

Die Marienkirche ist ein gutes Beispiel norddeutscher Backsteingotik. Als das bedeutendste Ausstattungsstück gilt die barocke Marmorkanzel, die 1703 von Andreas Schlüter geschaffen wurde.

und Kultur« in der Friedrichstraße 176–179; unter anderem sind in einer Musterschau Beispiele des sowjetischen Automobilbaus zu bewundern, darunter der in der DDR heißbegehrte »Lada«, und elektrische Samoware aus Tula. Einladend wirkt das Restaurant »Wolga« im Erdgeschoß.

Eine Welt für sich stellt die 100-Millionen-Bettenburg »Metropol« dar, ein Hotelkomplex, der in der Friedrichstraße von vornherein mit Blick auf Westgäste errichtet wurde. »All credit cards accepted« verheißen Schilder an der Rezeption, und auch die Westpresse ist am Counter zu haben. Sind in West-Berlin zu Messezeiten alle Zimmer ausgebucht, vermittelt selbst das bundeseigene DER-Reisebüro am Kurfürstendamm die Übernachtung »drüben«.

Zur 750-Jahr-Feier Berlins 1987 haben DDR-Architekten schon einen weiteren Hotel-Giganten in Aussicht gestellt: Das »Grand-Hotel« in der Friedrichstraße erstrahlt zum denkwürdigen Jubiläumsjahr der Stadt wieder in neuem Glanz. Auch im historischen Stadtkern rings um die Nikolai-Kirche entstehen viele Bürgerhäuser, wie das »Ephraim-Palais«, die »Gerichtslaube« und der »Nußbaum«, in alter historischer Schönheit. Und der Turm der Nikolai-Kirche erhält ein Glockenspiel.

Ein wenig länger als der preußische Architekt Karl Friedrich Schinkel benötigen die DDR-Bauleute, um das auf dem »Platz der Akademie« (dem früheren Gendarmenmarkt) gelegene Schauspielhaus wiederaufzubauen. Dabei standen Schinkel 1818 von dem ein Jahr zuvor abgebrannten Vorgängerbau nur die Grundmauern und die ionischen Säulen des Haupteingangs zur Verfügung. Aber er schaffte es binnen dreier Jahre, darauf das klassizistische Gebäude zu errichten, das im Zweiten Weltkrieg zwar stark beschädigt, aber nicht vollkommen zerstört worden war.

Oben: Östlich der Stadtmitte liegt das ehemalige Dorf Marzahn, im Vordergrund ist die Dorfkirche mit ihrem Treppengiebel zu erkennen. Doch bestimmend ist heute die riesige Neubausiedlung.

Unten: Mit seiner leichtgeschürzten, langbeinigen Girls-Reihe und anderen Attraktionen bietet der neue Friedrichstadtpalast jeden Abend rund 1900 Zuschauern buntes Revue-Theater.

158 Nunmehr dient das mit modernster Technik ausgestattete Haus den Sinfonikern als Heimstatt, die nun nicht mehr in das »Metropol-Theater« (Bahnhof Friedrichstraße gegenüber) oder den »Palast der Republik« ausweichen müssen. Zum Angebot des Schauspielhauses gehören neben sinfonischen und kammermusikalischen Orgel- und A-capella-Konzerten auch Lieder- und Soloabende und konzertante Opernaufführungen.

Bemerkenswert sind die Sprüche, die dem Schauspielhaus seit seiner Rekonstruktion zu Füßen liegen. Sie sind links und rechts der Freitreppe in die Bodenplatten des »Platzes der Akademie« eingemeißelt. Da urteilte etwa Ludwig van Beethoven im Jahre 1780: »Das ganze Berliner Publikum ist fein gebildet.« Und Friedrich von Schiller erklärt vier Jahre später: »Daß ein längerer Aufenthalt in Berlin mich fähig machen würde, in meiner Kunst vorzuschreiten ... zweifle ich keinen Augenblick.« Eine ungemein kleidsame Reverenz für eine Stadt und ihre Bewohner.

In eindrucksvoller Schlichtheit präsentiert sich neben dem Schauspielhaus die französische Friedrichstadtkirche. Die 1705 vollendete und im Mai 1944 zerstörte Kirche wurde meisterhaft wiederhergestellt und durch das Einziehen einer Zwischendecke nun zweigeschossig gestaltet. Typisch für das reformierte Bekenntnis ist der Verzicht auf allen sakralen Schmuck. Das Untergeschoß beherbergt Räume für kirchliche Arbeit und Verwaltung. Auch die 12 000 Titel umfassende kostbare, 1770 gegründete Bibliothek sowie die Ausstellung »Hugenotten in Berlin und Frankreich« sind hier untergebracht.

Nicht nur den vergangenen Jahrhunderten, sondern auch der jüngsten Zeitgeschichte nimmt sich eine Dauerausstellung Unter den Linden an, die im Herbst 1984 eröffnet wurde. Was dem Westen der Reichstag mit seiner großflächigen Geschichtsshow ist, das ist dem

Oben: Spezialität ist der »Berliner Apfelkuchen«, doch der Kuchenwagen bietet noch viel mehr im bei Touristen wie Einwohnern beliebten »Berliner Kaffeehaus« am Alexanderplatz.

Unten: Zwischen Spree und Mauer liegt der alte Park mit dem Sowjetischen Ehrenmal in Treptow. Auf dem Mausoleum steht ein 13 Meter hoher bronzener Sowjetsoldat mit einem Kind auf dem Arm.

Osten dieses »Museum für Deutsche Geschichte« mit dem neugestalteten Abschnitt zum Thema »40 Jahre sozialistisches Vaterland DDR«. Täglich (außer freitags) lädt das eintrittspflichtige älteste Gebäude des Prachtboulevards, direkt gegenüber dem Außenministerium, zu einem Besuch, um Einblick in den Werdegang »unserer Deutschen Demokratischen Republik« zu vermitteln.

Auffallend ist das allgegenwärtige militaristische Brimborium in dem langgestreckten Musentempel, der in den Jahren von 1695 bis 1706 nach Plänen von Nehring, Grünberg und Schlüter als Waffenarsenal und Schatzhaus für Kriegstrophäen errichtet wurde.

Nach Karlshorst, zur Trabrennbahn

Regenbogen oder Lampion? Blaubart oder Lotosblüte? Phantasievoll wie die Namen der Favoriten muß man sein, um hinter die Geheimnisse des Pferdewettens zu kommen. Großer oder kleiner Einlauf? Platz oder Sieg?

Während in Berlin-Mariendorf (West) die Toto-Kassen vollelektronisch Wettscheine ausspucken, spielt sich derselbe Vorgang im unweit östlich gelegenen Karlshorst mechanisch-gemütlich ab. Überhaupt: Diese DDR-Trabrennbahn bietet das absolute Kontrastprogramm. Während sich Mariendorf als sterile Bahn mit Betontribünen präsentiert, bei der die Rennsportprominenz gelegentlich gar das Geschehen auf dem ovalen Grund über Fernsehmonitore von einer Rundum-Bartheke zu verfolgen pflegt, herrscht an der Wuhlheide Volksfeststimmung im Grünen.

Überall wuchern wildes Gestrüpp und Unkraut. Der Weg vom nostalgisch anmutenden Haupteingang bis zur Haupttribüne ist ungepflastert und staubig, von knorrigen Bäumen gesäumt. Kaum zu erkennen ein linksseits gelegenes Reiter-

denkmal, das wackelig auf einem morschen Steinsockel thront, zu dem sämtliche Fußwege überwachsen sind. Abgeblätterter Putz prägt das Gesicht des riesigen Tribünenhauses; zwei weitere Tribünen mit eindrucksvollen Maßen dürfen aus Gründen der Baufälligkeit nicht mehr betreten werden.

Großes Geschrei entbrennt im »proletarischen« Karlshorst – entgegen dem feinen Understatement »Ah« und »Ooh« im sich vornehmer dünkenden Mariendorf, wenn schnaufende Traber Kopf an Kopf der Ziellinie näherkommen. Oft bringt nur das Zielfoto endgültige Klarheit – oder auch nicht, wenn auf dem Bild für keines der Pferde ein Vorteil zu erkennen ist. »Totes Rennen«, winken die Experten ab und lauschen mit einem Ohr den Musikkorps der Nationalen Volksarmee oder der Interflug, die mit »flotten Weisen« die Stimmung weiter anzuheizen suchen.

480 PS stehen in Karlshorst in den Ställen, 900 Rennen an 90 Tagen im Jahr. In Karlshorst ist immer Saison. Hufschlag und Wiehern der Pferde, die Spannung in den Boxen und an den Auszahlungskassen, die Vegetation rundherum und die frische Luft sorgen für Freizeitfreuden. Als Marschgepäck empfehlen sich Feldstecher und die Fachzei-

Am Schiffbauerdamm liegt, direkt neben dem »Berliner Ensemble«, das Restaurant »Ganymed«, das sich zu einer unbestrittenen Spitzenstellung »hochgearbeitet« hat.

tung »Rennkurier«. Freilich: An den Kiosken ist das Insider-Blatt mit Fachsimpeleien über die Trabrennbahn ewig ausverkauft.

Das Gros der Karlshorster Besucher stellen Senioren, die die Tribünensitzplätze (Loge 4 Mark, Zielseite 2 Mark), Wettschalter und die Rennbahngaststätte frequentieren. In dem HO-Betrieb wird für Biergläser ein Pfand verlangt; Schweißgeruch, Tabakqualm und Bierdunst gibt es umsonst dazu.

Seit August 1985 verfügt das Karlshorster Trabergelände durch Verkürzung des bisherigen 1600-Meter-Ovals auf die internationale Standardstrecke von 1200 Meter mit überhöhten Kurven über einen Kurs, der wesentlich schnellere Kilometerzeiten als bisher zuläßt. Umsäumt ist die neue Anlage von Tiefstrahlmasten, so daß auch an Wochentagen zu späterer Tageszeit Rennen abgehalten werden können – zur großen Freude der Ostberliner Turffreunde und Pferdezocker. Sie treffen sich jeden Mittwoch und abwechselnd samstags und sonntags um 15 Uhr.

Karlshorst besteht aber nicht nur aus den Wettschaltern der Wulheider Rennbahn und schnaufenden Trabern – es gibt auch das Idyll: von Kastanienbäumen gesäumte Nebenstraßen mit zweistöckigen Klinkervillen, vor denen am frühen Nachmittag Familienväter bedächtig die Blechkleider ihrer Skoda-Limousinen polieren. Sowjetsoldaten mit goldgelben Brotlaiben schlendern am VoPo-Wachtposten vor der mongolischen Botschaft vorbei, und russische Kinder verzieren den Gehweg mit kyrillischen Kreidebuchstaben.

So können es Besucher erleben, die die Fritz-Schmenkel-Straße entlanggehen – eine Sackgasse, an deren Ende ein Ausstellungsgebäude liegt, die in DDR-Reiseführern schlicht als Gedenkstätte aufgelistet ist, von den Sowjets aber stolz »Museum der Kapitulation« tituliert wird. Vor gut vierzig Jahren – am 8. Mai 1945 – kapitulierten hier

Oben: Mit der U-Bahn gelangt man zum Zoo in Friedrichsfelde, in dem auch das wiederhergerichtete Schloß liegt. Im einstigen Notquartier für Tiere finden heute Konzerte statt.

Unten: Einen guten Ruf hat das Restaurant »Müggelseeperle«. Mit öffentlichen Verkehrsmitteln ist der zwischen Köpenick und Erkner liegende Müggelsee recht leicht zu erreichen.

Hitlers Generäle, und Karlshorst war seitdem immer »russisch«.

Wie Potsdam und Bernau, die beiden anderen großen Basen der Roten Armee, ist Karlshorst eine Kolonie, deren Bewohner isoliert von den Deutschen um sie herum leben. Offiziere in grün-braunen Uniformen mit Tellermützen bestimmen das Bild auf den Straßen, rauchen »Papirossy«. Unverdächtige Tante-Emma-Lebensmittelläden mit verhangenen Fenstern bieten kräftiges »Xleb«-Brot und Tschechow an im Austausch gegen Rubel. Ein handgemaltes Schild vor der russischen Grundschule kündigt einen Zeichentrickfilm (»Nu pogodi!«) an, das sowjetische Gegenstück zu Hollywoods Mickey Mouse.

»Dies ist das Museum der Kapitulation!« sagt der russische Wachsoldat stolz und verweist auf den Eingang eines Gebäudes, das in seinem Innern vollgepackt ist mit Armeeuniformen, WK-2-Panzerfäusten, Kalaschnikows und Orden. Vor der Tür stehen Panzer auf Betonsokkeln, wachen Haubitzen über den Frieden dieser sowjetischen Enklave, in der nur sowjetische Fremdenführerinnen Erklärungen abgeben und das Selbstbewußtsein der Sieger demonstrieren.

Die Opfer der Roten Armee werden mit aufgepflanztem Bajonett geehrt. Nicht anders verhält es sich bei den weiteren sowjetischen Siegerdenkmälern in Ost-Berlin. Markige Stalinsprüche prangen einem bei der Visite des Ehrenmals Berlin-Schönholz entgegen, das vom Mai bis November 1949 errichtet wurde. Im Mittelpunkt – aus finnischem Granit – ein 30 Meter hoher Obelisk.

Weniger pompös wirken der sowjetische Ehrenfriedhof in Berlin-Weißensee (Berliner Straße) und die Ehrenmäler in Berlin-Kaulsdorf (Brodauer Straße) und im Schloßpark von Berlin-Buch.

Kein Weg geht für offizielle Besuchergruppen in Ost-Berlin am Sowjetischen Ehrenmal in Berlin-Treptow vorbei. Wuchtig ragt die Figur des Sowjetsoldaten, der ein Kind auf dem Arm trägt, in den Himmel. In seiner Rechten hält er ein überdimensional geformtes Schwert. Von der Decke der Ehrenhalle strahlt ein Kristall nachgebildeter Siegesorden.

Friedrichsfelde: Schloß und Zoo

Als 1981 das Schloß Friedrichsfelde im Ostberliner Tierpark, frisch restauriert und in alter Pracht, der Öffentlichkeit wieder übergeben wurde, nahmen die Berliner ein Kleinod barocker und klassizistischer Baukunst in Besitz, von dem einmal Theodor Fontane schrieb: »Friedrichsfelde darf als das Charlottenburg des Ostens gelten.«

Jahrzehntelang hatte sich das Schloß in einem erbarmungswürdigen Zustand befunden. »Jedoch vergessen hat unser Staat das kulturelle Erbe nie!« versichert beflissen eine offizielle Fremdenführerin beim Besuch der 16 wiederhergestellten Räume. Das entspricht nicht so ganz den Tatsachen: 1955, bei Eröffnung des Tierparks, wurde in dem historischen Gemäuer zeitweise gar eine Reihe von Zooinsassen untergebracht.

Das Schloß kam herunter bis zur Baufälligkeit. Als ein Tierpfleger seine munteren Affen füttern wollte, brach er durch die morschen Dielen. Die Landung im muffigen Keller hatte Signalwirkung. Das Schloß mußte vom Zoo wieder geräumt werden. Allerdings: Die Stadtplaner erwogen nunmehr einen Abriß, denn an einem blaublütigen Baudenkmal bestand in der Ära Ulbricht kein großes Interesse. Erst 1968 begannen Handwerker mit der Wiederinstandsetzung. Die Arbeit hat sich gelohnt und bringt heute wieder die faszinierende Vergangenheit des Bauwerks zur Geltung. Ein besonderer Genuß sind die Konzerte und literarisch-musikalischen Programme in historischer Atmosphäre.

162 Lohnend ist aber auch der Bummel durch den Zoo. Auf riesigen Grünflächen, inmitten uralter Bäume, grasen im Sommer Kamele und dümpeln Flamingos in kunstvoll angelegten Teichen. Eisbären sind ebenso zu bewundern wie Raubkatzen und Fischotter. Auch einen speziellen Kinderzoo gibt es. Übrigens: In Friedrichsfelde gelten seit 30 Jahren dieselben Eintrittspreise – eine Mark für Erwachsene, die Hälfte für Kinder. Zu erreichen ist das 160 Hektar große Areal am besten mit der U-Bahn bis zur Endstation Tierpark.

Wie der Zoo ist auch der Kulturpark Plänterwald besonders an Wochenenden ein Publikumsmagnet. Achter- und Raupenbahn, Kettenflieger und »Kosmodrom«, Kinderautobahn und lustige Tonnen, Riesenrad und Geisterbahn laden zum Amüsement. Wählen kann man zwischen mehr als 50 verschiedenen Vergnügungseinrichtungen.

Wer es nicht so turbulent mag, sucht sich irgendwo im weitläufigen Kulturpark-Gelände ein ruhiges Plätzchen oder mietet sich stundenweise ein Ruderboot oder einen Wassertreter. Der Plänterwald ist täglich zwischen 9 und 18 Uhr geöffnet, die beste Fahrverbindung ist die S-Bahn bis Plänterwald.

Köpenicks schmucke Schloßinsel

Obwohl Köpenick fast ein Drittel des Territoriums der DDR-Hauptstadt einnimmt und schon 1920 in Groß-Berlin eingemeindet wurde, betonen die Bewohner – ähnlich wie die Spandauer im Westteil – gern die Eigenständigkeit ihres Stadtbezirks. Der Schlüssel im alten Stadtwappen symbolisiert in ihren Augen, daß sich die »C«öpenikker von alters her immer als Eingangstor zum rivalisierenden Berlin betrachtet haben.

Allerdings steht es heute gar nicht mehr so gut um die Bausubstanz dieses Stücks Berlin. Der histori-

Oben: Frisch in Farbe erstrahlt das Köpenicker Schloß von 1677. Man kann hinein, denn innen befindet sich das Kunstgewerbemuseum mit vielen großen und bemerkenswerten Sammlungen.

Unten: Schiffsausflüge sind in Ost-Berlin nicht weniger beliebt als im Westen der Stadt. Hier schwimmt einer der großen Dampfer auf der Spree vor Köpenick.

sche Kern, der ehemalige Fischerkiez, befindet sich in einem maroden, wenngleich malerisch-nostalgischen Zustand. Noch stehen Gaslaternen in den engen Straßen und Gassen und keine modernen Peitschenmasten; noch wurden nicht die alten Ornamente und Zierat von den bröckelnden Häuserfassaden abgeschlagen. Allerdings: Eine Restaurierung ist bislang auch nicht geplant.

Schmuck steht nur die Schloßinsel da, Standort der Festwoche »Köpenicker Sommer«. Bei der traditionellen Eröffnungsfeier marschiert Jahr für Jahr ein Schauspieler im Tschako des preußischen Hauptmanns durch die Straßen, den der Schriftsteller Zuckmayer zum Helden der Weltliteratur machte: des »Hauptmanns von Köpenick«.

Noch heute schmunzelt die Welt über den Streich des Hauptmanns alias Schusters Wilhelm Voigt, über dessen Tat am 16. Oktober 1906 ein Extrablatt berichtete: »Mit dem Vorortzuge 2.46 Uhr traf von Berlin eine 20 Mann starke Abteilung Soldaten unter Führung eines Hauptmanns auf dem Cöpenicker Bahnhof ein, marschierte nach der Stadt und besetzte das Rathaus. Vor dem Hauptportal nahm ein Doppelposten mit aufgepflanztem Bajonett Aufstellung, während die beiden anderen Eingänge – in der Böttcherstraße und am Rathauskeller – mit einfachen Posten besetzt wurden . . .

Soweit wir uns über den Verlauf der Sache informieren konnten, hat der Hauptmann erklärt, daß er in höherem Auftrage (auf Befehl Seiner Majestät) das Rathaus und die Kasse besetzt habe. Er ließ sich dann die Kasse auszahlen – rund 4000 Mark – und verließ . . . mit dem Geld das Rathaus.«

Heute lachen wir über diesen Streich des Hochstaplers, der fast 30 Jahre seines Lebens hinter Gittern verbracht hatte, als er 57jährig starb, und feiern ihn sozusagen als eine Parodie auf den deutschen Untertanengeist.

Köpenick bietet aber mehr als den »Hauptmann«. In dem Barockschloß an Dahme und Spree wartet das Kunstgewerbemuseum mit einer kostbaren Sammlung von handbemaltem Geschirr, Bildern, Gobelins und Möbeln auf sowie einer Liste der »sieben Weltwunder Köpenicks«: ein Lehrer namens Dummer, ein Bürgermeister namens Borgmann, ein Arzt mit dem Namen Todt, ein Fräulein, das – schon 80 Jahre alt – den Köpenicker Jungmännerverein gründete, das Krankenhaus am Friedhof, das Gefängnis an der »Freiheit« (ein Straßenname), der Ratskeller im ersten Obergeschoß.

Heute allerdings ist der Ratskeller Köpenick, ein Restaurant mit schönem Gewölbe, das nach einjähriger Rekonstruktionszeit im Dezember 1984 wieder seine Pforten öffnete, im Keller. Geboten wird deutsche »Einheitsküche«, also Eisbein oder Schnitzel.

Treffpunkt der Aussteiger und harten Trinker ist in Köpenick das »Mecklenburger Dorf«, eine der größten Imbißbuden der Republik. Hier gibt es von Wildschweinbraten bis zu Kartoffelpuffern, Nordhäuser Korn und »Berliner Vollbier« alles zur Stärkung des leiblichen Wohls. Allerdings macht die Anlage mit den reetgedeckten Häuschen einen etwas heruntergekommenen Eindruck.

Wer dem Kleinstadtmilieu Köpenicks schnell wieder entrinnen will, um Kurs auf die »Grüne Lunge« Ost-Berlins zu nehmen, geht an Bord der »Weißen Flotte« und schippert gemächlich auf dem Müggelsee, einem der beliebtesten Ausflugsziele »drüben«. Zur Auswahl stehen die Luxusliner mit warmer und kalter Küche und sogenannte »Salonschiffe« mit Imbiß. Und abgelegt wird von Mai bis September.

Sechs »Etagen« hat der Weinberg,
auf dem Sanssouci erbaut wurde.
Das Rokoko-Schlößchen gab dem
berühmten Garten-, Park- und
Schloßensemble in Potsdam seinen Namen.

Die Königstraße, die frühere Reichsstraße Nr. 1, führt geradewegs nach Potsdam, vorbei am Glienicker Park und an dem kleinen Tempel, der den Namen Große Neugierde trägt. Dort, wo die Havel mit dem Griebnitzsee zusammenfließt, steht eine Brücke; sie heißt »Brücke der Einheit« und ist für den öffentlichen Verkehr gesperrt. Nur Alliierte in Uniform dürfen sie passieren, oder es gibt einen west-östlichen Agentenaustausch unter scharfer Bewachung. Auf der einen Seite der Brücke ist die DDR, auf der anderen West-Berlin.

Wer heute nach Potsdam will, kann diesen schnellen und direkten Weg – den einst die Könige in ihren Kutschen fuhren – nicht benutzen. Wer das preußische Versailles, die Residenzen so vieler brandenburgischer und schließlich deutscher Herrscher kennenlernen will, der muß einige Umwege fahren.

Der Westberliner hat es noch verhältnismäßig einfach. Er besorgt sich in einer der Passierscheinstellen ein Tagesvisum für die DDR und kann über den Kontrollpunkt Dreilinden in wenigen Minuten nach Potsdam fahren. Eine normale Buslinie fährt sogar vom Bahnhof Wannsee bis in die DDR hinein zum Anschlußbus »drüben«.

Für den Bundesdeutschen ist die Prozedur zwar nicht schwieriger, nur zeitraubender. Leider müssen Fahrten in die DDR lange vor Reiseantritt angemeldet werden – es kann bis zu sechs Wochen dauern, bis das Visum eintrifft. Für spontane Entschlüsse bleibt also wenig Möglichkeit – es sei denn, man ist bereit zu zahlen: Der Kenner mietet sich in einem der Nobelhotels in Ost-Berlin ein Zimmer, was ohne Komplikationen möglich ist. Das freundliche Personal stellt die notwendigen Visen sofort aus, auch für Besuche in der DDR.

Die schönste Jahreszeit, um Potsdam kennenzulernen, ist Frühling

POTSDAM: SANSSOUCI UND ANDERE PERLEN

oder Herbst. Da jährlich Millionen Besucher aus allen Ländern der Erde Schlösser und Gärten besichtigen, empfiehlt sich ein Wochentag zum Besuch. Die Gärten sind im Sommer bis zum Einbruch der Dunkelheit geöffnet.

Potsdam ist ein Wunderwerk: Um es zu verstehen, muß man sich vorstellen, daß hier Sumpf und dunkler Wald, Sandwüste und Heide inmitten vieler Seen waren, weitab von allen Straßen. Und gerade hier bauten sich die preußischen Herrscher ihr Arkadien, ihre Traumlandschaft, die ein Gegenbild zum nüchternen Berlin darstellte.

Was entstand, war ein ganz anderes Preußen, als die Welt es draußen kannte, ein verspieltes und heiteres. Daß man, indem man hier eine griechisch-italienische Landschaft aus dem Sandboden stampfte, gegen den Rest der Welt, sogar gegen die Natur, anging – das war freilich sehr preußisch. Eigentlich war es unmöglich.

Auf einem Weinberg thront Sanssouci

Als Friedrich der Große seinen Weinberg anlegte, auf dem Sanssouci thront, hatte man einen Rekordwinter mit minus 42 Grad. Der absolutistische Geist aber verlangte nach Orangen und verband die Sehnsucht nach dem Süden – kein Wunder in den vielen grauen Tagen Berlins – mit dem Praktischen: Maulbeerbäume für die Seidenraupenzucht waren exotisch und ökonomisch.

Später kam etwas hinzu, was in glücklicher Fügung Kunstsinn und den Willen zu einer weitgreifenden Planung vereinte: Der Gartenkünstler Peter Lenné verstand es, aus dem Areal ein Gesamtkunstwerk zu schaffen, einen Landschaftsraum, in dem das Alte und das Neue sich zu einem sinnreichen Ensemble zusammenfügten. Ihm zur Seite stand der überragende Stilwille eines Schinkel, der ja nicht

Oben: Die Bildergalerie ist ein eingeschossiger Bau mit einer Mittelkuppel (1760). Hier wurden nach alten Hängeplänen die monumentalen Ölgemälde wieder, wie in alter Zeit, in zwei Reihen übereinander aufgehängt.

Unten: Im heiteren Rokoko lockt das Konzertzimmer in Schloß Sanssouci zum Verweilen. Für den musikalischen König Friedrich II. ein Raum, um auszuspannen von Regierungsgeschäften.

nur Architekt war, sondern Handwerker und Gestalter auch kleinster Details, Designer würden wir heute sagen. 290 Hektar groß sind die Parkanlagen, unmöglich also, sie an einem Tag zu erwandern.

Die Besichtigungen offizieller Art beginnen am Parkplatz vor dem Schloß Sanssouci – wir schlagen hier jedoch einen anderen Weg vor. Von Potsdams Brandenburger Tor auf dem Platz der Nationen gehen wir durch die Schopenhauer Straße bis zur Kreuzung Hegelallee. Dort steht der Touristenpavillon, in dem Postkarten und Literatur verkauft werden. Der Parkeingang wird durch den Obelisken markiert. Rechts davon liegt der Winzerberg, der bereits 1763 angelegt wurde. Friedrich Wilhelm IV. wollte hier eine Triumphstraße, ein antikes Theater und ein Hippodrom bauen; verwirklicht wurde nur das große Tor. Reliefs an den Innenwänden erinnern an die Kämpfe der preußischen Truppen gegen die badische Volksarmee. Der Obelisk wurde 1748 von Knobelsdorff entworfen. Die Hieroglyphen sind nur schmükkendes Beiwerk, sie haben keine Bedeutung. Der Hauptweg durchläuft von hier in 2300 Meter Länge den Park von Ost nach West.

Das Obeliskportal zeigt Vasen, um die Kinder spielen, fruchttragende Göttinnen und Nymphen. Alle Figuren sind nur noch Kopien, die Originale ruhen sicher vor schädlicher Luft und saurem Regen in den Magazinen. Das Tor gibt es übrigens noch ein zweites Mal: Der Bildhauer Friedrich Christian Glume fertigte eine Replik auch für den Schloßpark in Rheinsberg. Im Hauptweg stehen zwölf Marmorbüsten, die römische Kaiser und Götter darstellen.

Zu den Gartenanlagen des 18. Jahrhunderts gehören die Grotten. Neptun mit seinem Dreizack gab der Grotte, in der es im Sommer angenehm kühl ist, ihren Namen. Der Gartenbezirk vor der Bildergalerie ist im Geist der niederländisch-barocken Gartenkunst angelegt: Typisch sind die bogenförmigen Hecken und die kugelförmig geschnittenen Buchen. Um das Fontänebecken stehen acht Marmorbüsten des flämischen Bildhauers Franz Dusart, die 1650 entstanden und die von den Oraniern an die Preußen vererbt wurden.

Einige Stufen geht es hinauf zur Bildergalerie, die ursprünglich ein Treibhaus war. Der Gartenarchitekt Heydert stammte aus Holland; im Stil des 18. Jahrhunderts wurden im Garten Glaskorallen, Vasen und vergoldete Blumenkübel aufgestellt. Die fürstlichen Bildergalerien sind die Vorläufer unserer Museen. Es gehörte für den Herrscher zum guten Ton, Bilder malen zu lassen und zu sammeln. Da die Schlösser bald zu klein waren, wurden eigens Gebäude errichtet, die die Kunstschätze beherbergen sollten.

Die Bilder hängen so wie früher

Friedrich II., der die Bildergalerie bauen ließ, sammelte Bilder von Tizian und Veronese, Correggio und die Meister des flämischen und italienischen Barock. Die Schloßverwaltung hat mit großem Spürsinn die alten Hängepläne gefunden und versucht, die »Kabinette für kleine und große Schilderyen« wieder so herzustellen, wie sie einmal waren. Brauch der Zeit war es, die Bilder in dichter Reihe übereinanderzuhängen. Zwei Drittel der Bilder sind im Zweiten Weltkrieg abhanden gekommen oder zerstört wor-

Erst Mitte vorigen Jahrhunderts wurde die Orangerie gebaut, und zwar im Stil der Neo-Renaissance. Der Raffael-Saal erhält sein Licht von oben.

168 den. Im Sommer finden in dem weiten, festlichen Innenraum unter der Kuppel Konzerte statt. Durch ein kleines Treppenhaus mit einem der kunstvollsten schmiedeeisernen Geländer aus dem 18. Jahrhundert, gefertigt von dem Potsdamer Kunstschmied Bohnstedt, gelangt man auf die oberste Terrasse. Sie ist heute wieder so hergestellt, wie sie um 1770 ausgesehen hat.

Der Weinberg wurde 1745 angelegt, Soldaten der Armee wurden angetrieben, das Bauwerk in wenigen Wochen zu errichten. In den verglasten Nischen wuchsen Orangen-, Pfirsich- und Aprikosenbäume sowie natürlich Weinstöcke. Auch Feigen wurden angepflanzt.

Der König selbst machte die Entwürfe

Für das Schloß Sanssouci hat Friedrich II. selbst die ersten Entwürfe gezeichnet. Er wollte eine möglichst enge Verbindung zwischen Bauwerk und Landschaft, was durch die großen Fenster, die sich zumeist gleichzeitig als Türen benutzen lassen, erreicht wurde. Die Heiterkeit des Gebäudes drückt sich aus in den Bacchantinnen und Bacchanten, die zwischen den Fenstern stehen und lächelnd das Gebälk zu tragen scheinen. Das langgestreckte Gebäude ist eingeschossig, in der Mitte wird ein Akzent durch die hohe Kuppel gesetzt. An beiden Seiten schließen Rundpavillons den flachen Bogen ab.

Friedrich war kein sehr angenehmer Bauherr für seine Handwerker und Architekten. Knobelsdorff geriet bald in Streit mit dem König, der sich weigerte, das Schloß, ursprünglich als Sommerhaus gedacht, unterkellern zu lassen. Knobelsdorff meinte auch, das Gebäude solle näher an die Terrassenkante gestellt werden, um den Hügel imposanter zu krönen. Friedrich wollte es verstecken.

Das Schloß wurde schnell gebaut, und es mußte billig sein. So ist vieles

Die Neuen Kammern in Sanssouci wurden 1747 von Knobelsdorff als Orangerie gebaut, doch schon 25 Jahre später gestaltete man sie zu Wohnzwecken um.

nur gemalte Kulisse. Freilich stellen die Holzarbeiten, die Bildhauereien und die Ornamentmalereien einen Höhepunkt brandenburgischer Handwerkskunst dar. Gewöhnlich wurden im Barock die Stuck- und Rankenwerke an Wänden und Türen vergoldet. Da dies zu teuer war, wurde Silber verwendet: So entstand das, was man heute stolz das »Preußische Rokoko« nennt.

Zu den schönsten Gemächern im Schloß gehören die kleine Bibliothek, das Sterbezimmer – das allerdings in der heutigen Form erst nach dem Tod des Alten Fritz entstand – und die Gästezimmer, darunter das Zimmer Voltaires, der hier 1750 erstmals Gast war.

Durch das Schloß werden die Besucher von Studenten und Kunsthistorikerinnen geführt, die sehr sachkundig über die vielen Kunstschätze Auskunft geben. Zu erwähnen ist wohl, daß dieses Schloß immer sehr unbequem war: Die Kamine funktionierten nicht, Brennholz war knapp, wie die Bittbriefe frierender Adliger zeigen, und Voltaire beschwerte sich über die Gänse, die vom nahen Gutshof an der Mühle quakend über die Terrasse zogen.

Vom Ehrenhof des Schlosses blickt man auf die künstlichen Ruinen, die Friedrich II. bauen ließ. Dort oben befindet sich das Wasserbekken, von dem aus die Fontänen im Park gespeist werden sollten. Allerdings funktionierte die aufwendige Anlage nur in einem einzigen Sommer im Jahr 1754 für eine halbe Stunde. Erst nach Erfindung der Dampfmaschine – die Firma Borsig baute 1841 ein neues Pumpenhaus an der Havel – gelang es, die Wasserspiele in Gang zu setzen.

So gepflegt wie zu unserer Zeit haben die preußischen Könige ihre Gärten und Wasserspiele nie zu Gesicht bekommen. Selbst zu Zeiten Kaiser Wilhelms II. wurden die Rasenflächen nur zweimal im Jahr gemäht.

Von der oberen Schloßterrasse gelangt man zu den Neuen Kammern, deren Fassade mit zahlreichen mythologischen Figuren geschmückt ist, einem ganzen Arsenal griechischer und römischer Gottheiten und Damen. Die Innenräume – hier wohnten die Kavaliere des Hofes – werden gegenwärtig restauriert.

Wer das Schloß Sanssouci besichtigt hat, steht nun vor der Qual der Wahl: Auf dem Hauptweg geht es direkt zum Neuen Palais, das ursprünglich als Gästehaus geplant war, dann aber größer und prunkvoller wurde als das kleine Schloß. Hier war alles auf Repräsentation ausgerichtet. In den Galerien und Sälen, den Kabinetten und Kammern entfaltet sich die ganze Pracht eines absolutistischen Herrschertums. Vom letzten Hohenzollernkaiser sind hier noch Bett und Badewanne zu besichtigen.

Im Schloßtheater spielt das Potsdamer Hans-Otto-Theater regelmäßig kleine Opern, zum Beispiel die von Friedrich dem Großen verfaßte Oper »Montezuma«. Im Sommer finden während der Parkfestspiele im Hof – nach dem holländischen Pflaster »Mopke« genannt – große Sinfoniekonzerte statt. Gegenüber, in dem mächtigen Communs (1766), wohnten die Dienstboten und Angestellten. Aus der Küche wurden die Speisen hinüber in das Schloß getragen.

Schloß Charlottenhof samt Landschaftspark

Ist das Neue Palais ganz auf eine protzige Selbstdarstellung des Königtums abgestellt, bietet der Park Charlottenhof, der sich vom Neuen Palais bis zum Obelisken erstreckt, das Bild eines ganz anderen Preußen. Peter Josef Lenné entwickelte hier seine Vorstellungen von einem Landschaftspark, in dem in weiten Gartenräumen Baumgruppen, künstlich angelegte Gewässer und Hügel harmonisch zusammengefügt sind. Lenné überließ nichts der Natur, alles ist hier geplant, ohne daß dies dem Betrachter aufgedrängt wird.

170 Immer wieder öffnen sich dem Spaziergänger neue Perspektiven. Jeder Weg ist in seiner Führung und Höhe so ausgeklügelt, daß sich ständig neue Ausblicke ergeben, daß aber andere Wege nie sichtbar sind. Man fühlt sich immer in der freien Landschaft. Das verschiedenfarbige Laub – Rotbuchen, dunkle Eichen und helle Buchen – soll dem Park die verschiedenen Valeurs schaffen, die dem Raum Tiefe geben. Das war nun eine ganz andere, romantischere Vorstellung vom Garten, als sie die Barockzeit hatte.

Das Schloß Charlottenhof, das Karl Friedrich Schinkel 1826 plante, verbindet ein neues romantisch-bürgerliches Weltgefühl mit der Formensprache der Antike. Es ist ein kleines Schloß. Schinkel hatte hier die Gelegenheit, ein Gesamtkunstwerk zu schaffen, das sich in einmaliger Weise in die Landschaft einpaßt. Er entwarf nicht nur die Gebäude, auch das Interieur ist vom Meister bestimmt, von den Türen bis zur Tapetenleiste.

Der Besucher wird vom Reiz dieses Kunstwerkes etwas ahnen, wenn er durch die kleinen Kabinette geführt wird und aus den Fenstern in den Park blickt. Im Schlafzimmer wurde die halbrunde Fensternische so gebaut, daß die königlichen Benutzer des vergoldeten Bettes aus Birnbaumholz einen traumhaft schönen Ausblick ins Grüne hatten.

In unmittelbarer Nähe liegen die Römischen Bäder und die im italienischen Villenstil erbaute Fasanerie (in der nach dem Krieg eine Zeitlang Wilhelm Furtwängler wohnte). Römische Wohnhäuser mit ihren Badeanlagen dienten als Vorbild; wer nach dem langen Weg durch den Park ermattet ist, findet hier einen stillen Platz. Im Hofgärtnerhaus finden regelmäßig kleine Ausstellungen zur Potsdamer Geschichte statt. Auf dem rechten, schattigen Weg gelangt man zur Meierei, die 1832 von Persius gebaut wurde.

Auf dem Ökonomieweg erreicht

Oben: Ursprünglich sollte es nur ein Gästehaus werden, doch dann wurde das Neue Palais größer und prunkvoller als das zierliche Sanssouci; es entstand zwischen 1763 und 1769.

Unten: Im Inneren des Neuen Palais stammen die Repräsentations- und Gesellschaftsräume von dem Baumeister Karl von Gontard, der häufig in Potsdam beschäftigt wurde; hier die Marmorgalerie.

der Besucher das Chinesische Teehaus, das nun noch einmal in die Welt des Rokoko zurückführt, in der eine große China-Mode die Dekorateure und Architekten begeisterte. Grundriß und das zeltartige Dach erinnern an eine Gartenlaube, pflanzliche Motive, wie die als Palmenbäume ausgebildeten Stützen, sollen eine enge Naturverbundenheit ausdrücken. Am eigenartigsten sind sicherlich die lebensgroßen vergoldeten Chinesenfiguren, die die Gäste im Innern unterhalten sollen. Der Pavillon enthält heute eine kleine Porzellansammlung. Da in all dieser feinen Pracht kein Tee gekocht werden konnte, wurde ein wenig entfernt am Bach das Küchengebäude aufgebaut.

Bei Lenné war nichts dem Zufall überlassen

Am Wasser entlang, vorbei an den Gärtnerhäusern, kommt man in den Marlygarten, der ursprünglich Küchengarten war. Lenné baute ihn um, und wieder müssen wir bedenken, daß hier nichts dem Zufall überlassen ist. Jegliche Erdform und Bepflanzung entspricht dem gärtnerischen Wollen. Der Blick geht über die bewegte Rasenfläche auf die Friedenskirche, einem unter Friedrich Wilhelm IV. von Persius erbauten romantischen Ensemble, das der römischen Kirche S. Maria in Cosmedin nachgebaut wurde. Es macht einen etwas düsteren Eindruck, was den romantisch-reaktionären Ideen dieses Herrschers entsprach. Das Mausoleum wurde für den Kaiser Friedrich II. gebaut.

Auf dem Weg zum Grünen Gitter sieht man mehrere schöne Villen und das kleine Ananashaus, in dem im 18. Jahrhundert versucht wurde, die Frucht für die Tafel des Königs zu züchten.

Durch die Allee geht es zurück in die Stadt: In der Klement-Gottwald-Straße findet der Fußgänger Cafés und Restaurants. Empfehlenswert sind der »Klosterkeller« an der Ecke Friedrich-Ebert-Straße (Heinrich v. Kleist ging gegenüber zur Schule) oder das Weinlokal »Melodie« am Bassinplatz.

Die Häuser in der Gottwaldstraße sind rekonstruiert, innen wurden moderne Wohnungen eingerichtet. Der ursprüngliche Zustand der Häuser kann in den Seitenstraßen besichtigt werden. Potsdam wurde in den letzten Kriegstagen durch einen Bombenangriff in Schutt und Asche gelegt. Noch immer bemüht sich die Stadtverwaltung um den Wiederaufbau. Als nächstes großes Sanierungsprojekt steht das Holländische Viertel auf dem Programm. Hier siedelten die holländischen Fachleute, die ins Land geholt worden waren, weil sie mit ihren Kenntnissen vom Wasserbau die Sümpfe rund um Potsdam trockenlegen sollten.

Rekonstruiert wurden der Marstall, heute Filmmuseum der DDR, und das Alte Rathaus, in dem sich das Kulturzentrum befindet. Auch der Dom ist in großen Teilen wiederhergestellt.

Im Stadtbild Potsdams sind viele sowjetische Soldaten und ihre Familien zu sehen; hier befindet sich eine der größten sowjetischen Garnisonen in der DDR. Rund um die Schlösser wurden schon immer Soldaten einquartiert, sei es nun in Kasernen oder, wie zu Zeiten des Soldatenkönigs, in den Privathäusern. Damals mußten die Soldaten in den Dachwohnungen eines jeden Bürgerhauses untergebracht werden: Die Dachgauben gehören noch heute zum typischen Bild dieser Häuser.

Der zweite große Park erstreckt sich zwischen Nauener Vorstadt und dem Heiligen See. Er ist 73,9 Hektar groß. Friedrich Wilhelm II. erwarb das Gelände 1783, um sich hier ein Lusthaus zu errichten. Er war jener König, der seiner Geliebten Wilhelmine Enke, der »schönen Wilhelmine«, die man die preußische Pompadour nannte, mehrere Kinder schenkte – und das Schloß auf der Pfaueninsel.

172 Der Hofgärtner Eyserbeck legte diesen »Neuen Garten« nach dem Vorbild des Wörlitzer Parkes an: Er ließ um das Jahr 1791 mehr als 13 000 Bäume pflanzen, lombardische Pappeln, Weymouthkiefern, Zedern, Platanen und Weiden. Der König hatte hier noch als Kronprinz viele sentimentale Nächte verbracht, und so ließ er Gontard den Bau des Marmorpalastes planen, um sich an die schöne Zeit zu erinnern. Lenné schuf 1817 die endgültige Form des Gartens, die erst im 20. Jahrhundert verändert wurde, als der letzte Kronprinz sich das Schloß Cecilienhof bauen ließ.

An der Hauptallee sieht man das Holländische Etablissement, bestehend aus mehreren Kavaliershäusern, dem Damenhaus und den Pferdeställen (1790). Die Orangerie, die 1791 von Langhans entworfen wurde, zeigt, der Mode der Zeit entsprechend, eine ägyptische Fassade. Heute finden in der Orangerie manchmal Konzerte statt.

Im Marmorpalais befindet sich heute das Armeemuseum der DDR, das für den interessant ist, der sich für Militärgeschichte interessiert. Von der ursprünglichen Einrichtung ist kaum noch etwas vorhanden. Durch einen unterirdischen Gang ist das Marmorpalais mit der südlich am See gelegenen Küche verbunden, deren profaner Zweck romantisch versteckt wird: Gontard baute sie in Form eines halbversunkenen Marstempels. In dem kleinen Tempel, den man von der Terrasse aus am südlichen Ende des Sees sieht, hatte Friedrich Wilhelm II. seine Bibliothek untergebracht. Die weiße Villa gegenüber ist Sitz der amerikanischen Militärdelegation bei den sowjetischen Streitkräften.

Nördlich am Marmorpalais steht im weiten Rasen eine Pyramide: Sie diente sehr praktischen Zwecken, sie war nämlich der Eiskeller, in dem die aus dem See geschnittenen Eisblöcke für die Kühlkisten des Schlosses den Sommer über aufbewahrt wurden. Am nördlichen Aus-

Oben: Schloß Babelsberg ist ein weiteres Ziel für Potsdam-Besucher. Es wurde 1834 von Schinkel begonnen und in den folgenden Jahren langsam zum romantischen Prachtbau umgewandelt.

Unten: Ein reiner Schinkel-Bau ist dagegen Schloß Charlottenhof, das zu Sanssouci gehört. Es gilt als ein Meisterwerk des Klassizismus und ist – mit dem Lenné-Park drumherum – drinnen wie draußen ein Gesamtkunstwerk.

gang befindet sich eine Meierei, in der es ein Kabinett gibt, in dem der König seine Milch trank.

Kronprinz Wilhelm ließ sich am Ende des Parks von dem (deutsch-nationalen) Architekten Schultze-Naumburg Schloß Cecilienhof im Tudor-Stil bauen. Hier fand im Juli und August 1945 die Potsdamer Konferenz zwischen den Siegermächten statt, in der die endgültigen Festlegungen für die Teilung und die Neugestaltung des politischen Lebens in Deutschland getroffen wurden.

Der Besucher wird durch eine Ausstellung und Führung durch die Konferenzräume ausführlich über die (sozialistische) Sicht der Dinge unterrichtet. Stalin, Churchill und Truman wohnten damals auf der anderen Seite des Sees in Babelsberg.

Im englischen Stil: Schloß Babelsberg

In Babelsberg entstand der dritte große Park dieser einzigartigen Landschaft. Hier wirkte der große Rivale Lennés, der nicht weniger geniale Fürst Pückler-Muskau, der den Park im Stil der späten Romantik mit zahlreichen kuriosen Baudenkmälern bestückte: einer Feldherrenbank, einer Siegessäule und der Gerichtslaube, die vom alten Berliner Rathaus stammt.

Vom Schloß bis ans Ufer (das heute durch die Mauer abgetrennt ist) erstreckt sich das »Boulingreen«. Die Mode der Zeit war englisch, und so wurde Schinkel beauftragt, das Schloß im Geschmack der englischen Neugotik zu bauen. Hier war der Lieblingsaufenthalt von Kaiser Wilhelm I., der, noch König, im Park um die Rabatten laufend den Entschluß faßte, einen ihm gar nicht allzu sympathischen Junker zum Ministerpräsidenten zu machen: Otto von Bismarck, der schließlich die entscheidende politische Vorarbeit zur (kurzen) Einigung des Reiches machen sollte.

Der Park wurde in den letzten Jahren nach den alten Plänen wiederhergestellt; er ist weniger besucht als die anderen großen Anlagen und daher zum beschaulichen Flanieren empfohlen. In den weiten Anlagen gibt es noch immer überraschende Entdeckungen zu machen. Vom Schloß aus geht der Blick über den Griebnitzsee nach West-Berlin. Um die Gesamtheit des großen Gartenensembles zu wahren, das in Europa seinesgleichen sucht, wird von den Gärtnern die Perspektive herüber und hinüber stillschweigend freigeschnitten.

Potsdam läßt sich kaum an einem Tag besehen, die organisierten Rundfahrten vermitteln nur einen allerersten Eindruck. Wer einen ganz besonderen Urlaub machen will, der sollte sich im Schloß Cecilienhof einmieten (dort gibt es ein Interhotel) und mehrere Tage jenes großartige Gesamtkunstwerk kennenlernen, das Potsdam heißt und mit dem sich so viele und widersprüchliche Daten der deutschen Geschichte verbinden.

Schloß Cecilienhof entstand von 1913 bis 1917. Im englischen Landhausstil errichtet, zeigt es sich als ein um mehrere Höfe geordneter Fachwerkbau. Im Bild die Gedenkstätte des Potsdamer Abkommens von 1945.

Links oben: Die Gedächtniskirche am Kurfürstendamm.
Links Mitte: Vor Böcklins »Toteninsel« in der Nationalgalerie.
Links unten: Eine »heiße Ecke« ist die von Kurfürstendamm und Joachimstaler Straße.

Mitte oben: Bis zur Glienicker Brücke fahren die Ausflugsdampfer in West-Berlin.
Rechts oben: Das 1925/26 entstandene »Ullsteinhaus« (Druckhaus Tempelhof) war das erste in Stahlbeton gegossene Hochhaus.

Rechts unten: Überschaubar in der Größe, in der Atmosphäre vertraut – und immer ein frisches Bier: So sehen viele Berliner Kneipen von innen aus.

Durchaus subjektiv ist die Auswahl der Stichworte auf den nachfolgenden zwölf Seiten. Wie unschwer zu erkennen ist, liegt der Schwerpunkt dabei auf so profanen Dingen, wie beispielsweise Sehenswürdigkeiten oder Einkaufstips. Bei letzteren werden nun keineswegs Jeansläden oder ähnliches, sondern einige jener Geschäfte genannt, die etwas Besonderes bieten, sei es Bio-Fleisch etwa oder ein Spezial-Telefon.

Sehr viel vollständiger ist die Aufzählung der Museen in West und Ost mit ihren Öffnungs- oder der Theater mit ihren Vorverkaufszeiten. Nicht fehlen durften einige Hinweise für Touristen und die unvermeidliche Liste von »Sehenswertem und Interessantem« (es sind doch eher die Touristen, die das Reichstagsgebäude besuchen, oder?). Nur eine Auswahl konnte bei der Nennung der Galerien erfolgen, der Kinos, Parks und Grünanlagen.

Auch der Fest- und Messekalender ist gewiß nicht komplett, ebenso die Aufzählung der Sportstätten (ggf. samt Öffnungszeiten). Was Ausgehen und Unterhaltung betrifft, so gibt es dafür dickleibige Broschüren, denen hier keine Konkurrenz gemacht werden kann. Unsere Auswahl ist, wie gesagt, subjektiv. Und wer mehr Informationen braucht, dem werden die notwendigen Adressen genannt, dazu eine Literaturliste sozusagen für Anfänger, denn das Angebot ist bemerkenswert.

Es folgt dann auf den Seiten 188/189 das Register. Der Kartenteil beginnt auf Seite 190 mit einer Übersicht des Blattschnitts, zeigt auf den Seiten 192/193 Gesamtberlin, und schließlich folgen 22 Seiten Stadtplankarten. Orientierung ist wichtig – ganz besonders in Berlin.

DATEN, HINWEISE, TIPS UND INFORMATIONEN

Berlin in Zahlen

Fläche: Gesamt-Berlin 883 km², West-Berlin 485 km², Ost-Berlin 398 km²; größte Ausdehnung in Ost-West-Richtung 45 km, Nord-Süd-Richtung 38 km.

Grenzen der Stadt: Gesamt-Berlin 233 km, West-Berlin 162 km, davon 45 km gegen Ost-Berlin.

Bodenerhebungen: Müggelberg (Ost-Berlin) 115 m, Teufelsberg 120 m, Schäferberg (Wannsee) 103 m und Havelberg (Grunewald) 97 m, die letzten drei in West-Berlin.

Seen: Großer Müggelsee (Ost-Berlin) 746 ha; in West-Berlin: Tegeler See 408 ha, Großer Wannsee 260 ha, Kleiner Wannsee und Pohlsee 35 ha.

Einwohner: insgesamt 3,027 Mill. West-Berlin 1,854 Mill., davon 1,007 Mill. weiblich und 847 480 männlich; Ost-Berlin 1,173 Mill., davon 628 271 weiblich und 544 757 männlich.

In West-Berlin gibt es:

857 000 Erwerbstätige (Ost-Berlin: 672 500)

82 769 Arbeitsstätten

1,1 Mill. Wohnungen, 600 Kirchen, Tempel, Synagogen usw., rund 1000 Brücken

12 162 Eheschließungen (Ost-Berlin: 16 518)

5962 Scheidungen (Ost-Berlin: 4920)

17 819 Geburten (Ost-Berlin: 17 199)

264 landwirtschaftliche Betriebe

78 427 Hunde (gemeldet)

78 807 Einwohner zwischen 5 und 10 Jahren

Biersteuern in Höhe von 29,8 Mill. DM jährlich

44 Messen mit 1,2 Mill. Besuchern jährlich

398 Kongresse mit 170 000 Teilnehmern

600 Kleingartenkolonien mit 48 077 Schrebergärten

85 398 Straßenverkehrsunfälle im Jahr

61 939 Zugezogene und 60 795 Weggezogene jährlich

1 522 700 Gäste jährlich

545 658 Personenwagen

90 077 Studenten

70 Wochenmärkte mit exakt 3521 Ständen

4740 Aufführungen (Opern, Operetten, Theater etc.) mit 2 382 984 Besuchern (Ost-Berlin: 3085 Aufführungen mit 1 533 100 Besuchern)

82 Filmtheater mit 5,2 Mill. Besuchern (Ost-Berlin: 21 Filmtheater mit 3,5 Mill. Besuchern)

388 Kunstausstellungen mit 1,3 Mill. Besuchern

4957 Gaststätten

8 U-Bahn-Linien mit 100,8 km Gleisnetz und 111 Bahnhöfen, 3 S-Bahn-Linien und 83 Buslinien

248 100 Ausländer

244 Sportplätze und Stadien

562 Gymnastik-, Turn- und Sporthallen

46 Hallen- und Freibäder

131 Öffentliche Büchereien

(die Zahlen stammen überwiegend aus dem Jahr 1983 oder 1982)

Wichtige Hinweise für Berlin-Besucher

Einreise nach Ost-Berlin

Erforderlich sind der Reisepaß mit Tagesvisum, das man am Grenzübergang erhält. Für einen Tagesaufenthalt werden 5 DM Visagebühren verlangt, und 25 DM pro Tag (Mindestumtausch) müssen am Grenzübergang in DDR-Währung getauscht werden. Für Rentner beträgt der Umtausch 15 DM, Jugendliche zwischen 14 und 15 Jahren müssen 7,50 DM umtauschen, Jüngere sind ganz befreit.

Die Grenzübergänge für Bundesbürger sind bei Autofahrern und Fußgängern Prinzen-/Heinrich-Heine-Straße oder Bornholmer Straße, bei U-Bahn- und S-Bahn-Fahrern Bahnhof Friedrichstraße. Letzterer gilt auch für Ausländer, wie auch der Checkpoint Charlie (Friedrichstr.), der aber nur für Fußgänger oder Autofahrer zu überqueren ist. Eingereist werden kann ab 0 bis 20 Uhr, Ausreise bis 24 Uhr. Für die Ein- und Ausreise muß derselbe Übergang benutzt werden.

Außer an den Grenzübergängen gibt es folgende Wechselstellen, in denen zusätzlich Geld getauscht oder nicht ausgegebenes Geld deponiert werden kann: Ostbahnhof, Reisebüro der DDR (Alexanderplatz 5) und in den Hotels: Interhotel Stadt Berlin, Hotel Metropol, Hotel Unter den Linden, Hotel Berolina, Palast-Hotel.

Stadtrundfahrten

Mit kommerziellen Rundfahrtunternehmen kann man in drei bis sechs Stunden das Wichtigste in West-Berlin sehen. Folgende Unternehmen bieten Stadtrundfahrten, auch kombiniert mit Ost-Berlin, an: Severin & Kühn – Berliner Stadtrundfahrt, Tel. 8831015, Abfahrt: Ku'damm 216 (zwischen Uhland- und Fasanenstr.); Berolina Sightseeing Tours, Tel. 8833131, Abfahrt: Meinekestr./Ecke Ku'-

An einem trüben Wintertag: Grenzübergang Checkpoint Charlie/Friedrichstraße

damm; Berliner Bären-Stadtrundfahrt, Tel. 8836002, Abfahrt: Ku'damm/Ecke Rankestr. (an der Gedächtniskirche); BVB Stadtrundfahrten, Tel. 8822063, Abfahrt: Ku'damm-Eck (Joachimstaler Str./Ecke Kurfürstendamm).

In Ost-Berlin bietet das Reisebüro der DDR, 1020 Berlin, Alexanderplatz 5, Tel. 2123375 (Mo. 13–15 Uhr, Di–Fr 9–12 Uhr und 13–16 Uhr), neun verschiedene Rundfahrten. Fünf Routen können auch per Taxi befahren werden.

Veranstaltungshinweise

Die 14tägig erscheinenden Stadtillustrierten »Zitty« und »Tip« sowie das monatlich erscheinende »Berlin-Programm« geben einen guten Überblick der Veranstaltungen in West-Berlin.
Für Ost-Berlin ist das dort monatlich erscheinende Heft »Wohin in Berlin« empfehlenswert. Aber auch in »Zitty« und »Tip« ist einiges über Ostberliner Veranstaltungen zu erfahren.

Verkehrsmittel

Der Einzelfahrschein der Berliner Verkehrs-Betriebe in West-Berlin kostet 2,10 DM (Kinder bis 14 Jahre 1,30 DM), eine Sammelkarte für fünf Fahrten 9,50 DM (5,50 DM). Das gilt für alle Linien der Busse, U-Bahn, S-Bahn und den Fährbetrieb Kladow–Wannsee. Ein Fahrschein schließt Umsteigen, auch mehrmaliges, mit ein. Mit Ausnahme der Sonder- und Ausflugslinien bietet die BVG Vergünstigungen für Touristen. Das sind die zweitägigen (18 DM) und die viertägigen

(36 DM) Touristenkarten (für Kinder 11 bzw. 22 DM), mit denen beliebig viele Fahrten unternommen werden können.
Das Netz der öffentlichen Verkehrsmittel ist, verglichen mit dem Bundesgebiet, sehr gut ausgebaut. Nachts, wenn auch die U-Bahnen nicht mehr fahren (wochentags nach Mitternacht, in der Nacht von Sonnabend auf Sonntag zwischen 1–2 Uhr früh), verkehren Nachtbusse, allerdings stark eingeschränkt.
Der Einheitspreis für eine Fahrt (ohne Umsteigeberechtigung) in Ost-Berlin beträgt 0,20 Mark auf allen öffentlichen Verkehrsmitteln. Für zwei Mark gibt es eine eintägige Touristenkarte.

Theater und Kabaretts

In West-Berlin:

Schiller-Theater, B 12, Bismarckstr. 110, Tel. 3195236, Vorverkauf 10–19.30 Uhr, U-Bhf. Ernst-Reuter-Platz; klassisches und modernes Schauspiel.
Schiller-Theater-Werkstatt, B 12, Bismarckstr. 110, Tel. 3195236, Vorverkauf 10–19.30 Uhr, U-Bhf. Ernst-Reuter-Platz; Experimentaltheater.
Schloßpark-Theater, B 41, Schloßstr. 48, Tel. 7911213, Vorverkauf 10–19 Uhr U-Bhf. Rathaus Steglitz; klassisches und modernes Schauspiel.
Theater des Westens, B 12, Kantstr. 12, Tel. 3121022, Vorver-

kauf Mo–Sa 10–19 Uhr, So 15–19 Uhr, U-Bhf, Zoologischer Garten; Operette und Musical.
Freie Volksbühne, B 15, Schaperstr. 24, Tel. 8813742, Vorverkauf 10–14 Uhr und ab 18.30 Uhr, U-Bhf. Spichernstr.; klassisches und modernes Schauspiel.
Hansa-Theater, B 21, Alt-Moabit 48, Tel. 3914460, Vorverkauf Mo bis Sa 10–19 Uhr, So und an Feiertagen 15–18 Uhr, U-Bhf. Turmstr.; Volksstücke.
Kleines Theater, B 41, Südwestkorso 64, Tel. 8213030, Vorverkauf telefonisch ab 11 Uhr, Abendkasse ab 18 Uhr, U-Bhf. Friedrich-Wilhelm-Platz; Schauspiel und Gastspiel.
Komödie, B 15, Kurfürstendamm 206, Tel. 8827893, Vorverkauf 10–19 Uhr außer So, U-Bhf. Uhlandstr.; Komödien.
Renaissance-Theater, B 12, Hardenbergstr. 6, Tel. 3124202, Vorverkauf 10.30–18.30, So 15.30–18.30, U-Bhf. Ernst-Reuter-Platz; Schauspiel und Komödie.
Schaubühne am Lehniner Platz, B 31, Kurfürstendamm 153, Tel. 890023, Vorverkauf Mo–Sa 10–19 Uhr, So 10–14 und 17–19 Uhr, U-Bhf. Adenauerplatz; Berlins bekannteste Bühne.
Theater am Kurfürstendamm, B 15, Kurfürstendamm 206, Tel. 8812489, Vorverkauf 10–19 Uhr außer So, U-Bhf. Uhlandstr.; Schauspiel und Komödie.
Deutsche Oper Berlin, B 10, Bismarckstr. 34–37, Tel. 3414449, Vorverkauf Mo–Fr 14–20 Uhr, Sa, So 10–14 Uhr und jeweils 1 Stunde vor Vorstellungsbeginn, U-Bhf. Deutsche Oper; Oper und Ballett.
Tribüne, B 10, Otto-Suhr-Allee 18–20, Tel. 3412600, Vorverkauf Mo 14–18 Uhr, Di–So 14–20 Uhr, U-Bhf. Ernst-Reuter-Platz; Schauspiel und Komödie.
Vaganten-Bühne, B 12, Kantstr. 12a, Tel. 3124529, Vorverkauf Mo–Fr ab 10 Uhr, Sa, So ab 17 Uhr, U-Bhf. Zoologischer Garten; Schauspiel.

Ein U-Bahnhof sozusagen aus der Gründerzeit ist der Görlitzer Bahnhof

178 »die bühne«, literarisches Figuren-theater, B 30, Kleiststr. 13/14, Tel. 8912069, U-Bhf. Wittenbergplatz; Puppentheater für alle Altersgruppen; Aufführungen nur samstags.

Junges Theater, B 61, Friesenstr. 14 (Eingang Schwiebusser Str.), Tel. 6928735; überwiegend Stücke bekannter, moderner Autoren.

Freie Theateranstalt Berlin, B 19, Klausener Platz 19, Tel. 3215889; politisches Theater und Musical.

Ratibor Theater, B 36, Cuvrystr. 20 (Kiezpalast), Tel. 6186198; Verwendung verschiedener Stilelemente.

Theatermanufaktur, B 61, Hallesches Ufer 32, Tel. 2510941; gesellschaftskritische Stücke.

Grips, B 21, Altonaer Str. 22, Tel. 3914004, U-Bhf. Hansaplatz; aufklärerisches Theater für Jugendliche und Kinder.

In Ost-Berlin:

Deutsche Staatsoper, 1080 B, Unter den Linden 7, Tel. 2054456 von 12–18 Uhr, So und Feiertage 16–18 Uhr, Abendkasse 1 Stunde vor Beginn; Oper, Ballett und Konzert.

Komische Oper, 1080 B, Behrenstr. 55–57, Tel. 2202661, Kassenruf 2292555, Di–Sa 12–18 Uhr, So nur Abendkasse; Oper, Musical, Ballett.

Berliner Ensemble, 1040 B, Am Bertolt-Brecht-Platz, Tel. 2825871, Kasse Mo. 14–17 Uhr, Di–Fr 14–19 Uhr, Sa 17–19 Uhr, So 18–19 Uhr; Stücke von Brecht und modernes Schauspiel.

Deutsches Theater/Kammerspiele/ Kleine Komödie, 1040 B, Schumannstr. 13a, Tel. 28710, 12–18 Uhr, Sa, So und Feiertage ab 17 Uhr; klassisches und modernes Schauspiel.

Maxim-Gorki-Theater, 1080 B, Am Festungsgraben 2, Tel. 2000126, Kasse 2071790, 12–14 Uhr und 14.30–18 Uhr, Abendkasse 1 Stunde vor Beginn; Schauspiel, Studiobühne.

Metropol-Theater, 1080 B, Friedrichstr. 101/102, Tel. 2000651, Kasse 2071739, 12–13.30 und 14–18 Uhr, So und Feiertage 16–18 Uhr; Operette und Musical.

Volksbühne, 1026 B, Rosa-Luxemburg-Platz, Tel. 2825071, Kasse 2829607, 12–18 Uhr, So 1 Stunde vor Beginn, Mo geschlossen.

Theater der Freundschaft, 1156 B, Hans-Rodenberg-Platz 1, Tel. 5588711 und 55700, Mo–Fr 8–12 und 13–17 Uhr. Kasse: 113 B, Parkaue, Mo–Fr 12.30–18 Uhr; Jugendtheater.

Friedrichstadtpalast, 1040 B, Friedrichstr. 107, Tel. 2836474, Di–Fr 12–14 und 15–19 Uhr, So 1 Stunde vor Beginn; Musical und Revue.

bat (Berliner Arbeiter- und Studententheater), 1055 B, Belforter Str. 15, Tel. 4482857; Studio-Theater des Instituts für Schauspielregie.

Kabaretts in West-Berlin:

Bügelbrett, B 12, Hardenbergstr. 12 (im Steinplatz-Kino), Tel. 3129012; politisches Kabarett.

Institut füt Lebensmut, B 21, S-Bahn-Bogen Hansaplatz, Tel. 3936161; politisches Kabarett.

Klimperkasten, B 12, Otto-Suhr-Allee 100 (im Bürgersaal des Rathauses Charlottenburg), Tel. 3137008; politisches Kabarett, Alt-Berlinisches und Chanson.

Stachelschweine, B 30, Europa-Center, Tel. 2614795.

Wühlmäuse, B 30, Nürnberger Str. 33, Tel. 2137047.

Die Litfaßsäule – in Berlin »erfunden«

In Ost-Berlin:

Die Distel, 1080 B, Friedrichstr. 101, Tel. 2071291, Vorverkauf bis 19 Uhr, Sa, So, Mo (bei Vorstellungen) nur Abendkasse ab 17.30 Uhr.

Sehenswertes und Interessantes

In West-Berlin:

Berliner Flohmarkt, B 30, Nollendorfplatz, in stillgelegten Hochbahnwagen auf dem U-Bahnhof, außer Di täglich 11–19.30 Uhr; von Antiquitäten bis Trödel.

Dorfkern von Marienfelde, B 48, Dorfanger mit der ältesten Dorfkirche Berlins (1220).

Funkturm, B 19, Messegelände, täglich 10–23 Uhr; 150 m hoch; mit 125 Meter die höchste Aussichtsplattform in West-Berlin.

Gedenkstätte Plötzensee, B 13, Hüttigpfad, März bis Oktober 8–18 Uhr, November bis Februar 8 Uhr bis Eintritt der Dunkelheit; Gedenkstätte für den Widerstand gegen den Nationalsozialismus.

Glienicker Brücke, B 39, am Ende der Königstraße, von der DDR Brücke der Einheit genannt; Grenze zwischen West-Berlin und der DDR.

Grunewaldturm (Kaiser-Wilhelm-Turm), B 33, Havelchaussee. 55 m hoch; Aussichtsplattform 105 Meter über der Havel.

Hansaviertel, B 21, Umgebung des U-Bahnhofs Hansaplatz; Hochhäuser internationaler Architekten, zur Interbau 1957 errichtet.

Hufeisensiedlung, B 47, Fritz-Reuter-Allee; von Bruno Taut und Martin Wagner 1925/31 angelegte vorbildliche Wohnsiedlung.

Humboldtschlößchen (Tegeler Schloß), B 27, Adelheidallee, nur Juni–September Mi, So und an Feiertagen 14–18 Ihr; ursprünglich aus dem 16. Jahrhundert, 1820/24 von Schinkel zu klassizistischer Villa umgestaltet; beherbergt das Humboldtmuseum.

Kaiser - Wilhelm - Gedächtnis - Kirche, B 30, Breitscheidplatz; Symbol West-Berlins.

Luftbrückendenkmal, B 42, Platz der Luftbrücke; zum Gedenken an die Blockade West-Berlins 1948/49.

Mauer, an einigen Stellen kann man von Westen her von Aussichtspunkten über die Mauer blicken: Potsdamer Platz, Brandenburger Tor, Bernauer Straße und Checkpoint Charlie.

Rathaus Schöneberg, B 62, John-F.-Kennedy-Platz, Mi–So 10–16 Uhr, letzter Turmaufstieg 15.30 Uhr; Sitz des Abgeordnetenhauses; Glockenturm (70,5 m) mit Aussichtsplattform und Freiheitsglocke.

Reichstagsgebäude, B 21, Platz der Republik, außer Mo täglich 10–17 Uhr; ehemals Sitz des deutschen Reichstags; beherbergt heute eine Ausstellung zur deutschen Geschichte.

St. Nikolai-Kirche, B 20, Reformationsplatz; Kirche aus dem 15. Jahrhundert.

Siegessäule, B 21, Großer Stern, täglich 9–18 Uhr, Mo erst ab 13 Uhr.

Spandauer Zitadelle, B 20, Straße am Juliusturm, Di–Fr 9–17 Uhr, Sa, So 10–17 Uhr; Führungen nur Sa 14–17 Uhr und So 10–17 Uhr stündlich; Festung des 16. Jahrhunderts.

Pergamon-Museum, Ost-Berlin: Tor von Milet

In Ost-Berlin:

Alexanderplatz (Alex), 102 B; populärster Platz Ost-Berlins, mit Weltzeituhr und Brunnen der Völkerfreundschaft.

Alter Marstall und Neuer Marstall, 102 B, Breite Str. 36/37; heute Akademie der Künste und Stadtbibliothek.

Bebelplatz, 108 B, Unter den Linden; ehemaliges Friedrichsforum; Ende des 18. Jahrhunderts angelegt, umgeben von der Alten Bibliothek, der Oper, der St. Hedwigs-Kathedrale, der Staatsbank und dem Alten Palais (ehemaliges Palais Wilhelm I.), heute Universität mit Alexander-und-Wilhelm-von-Humboldt-Denkmal davor.

Berliner Dom, 102 B, Karl-Liebknecht-Platz; um die Jahrhundertwende als »Hauptkirche des preußischen Protestantismus« gebaut; Grabstätte preußischer Könige.

Berolina-Apotheke, 102 B, Rosenthalerstr. 46/47; alte Apotheke mit Ausstattung von 1732.

Dorotheenstädtischer Friedhof, 104 B, Eingang Chausseestr. oder Oranienburger Tor, täglich 8–18 Uhr; schöner Friedhof mit Gräbern berühmter Personen.

Fernsehturm, 102 B, Alexanderplatz, täglich 8–23 Uhr (letzter Einlaß 22.30 Uhr), im Winter ab 9 Uhr, jeden 2. und 4. Di im Monat erst ab 13 Uhr; 365 m hohes Wahrzeichen Ost-Berlins mit sich drehendem Aussichtsgeschoß und Tele-Café (207 m).

Jungfernbrücke, 108 B, zwischen Friedrichsgracht und Oberwasserstraße; älteste erhaltene (Zug-) Brücke.

Karl-Marx-Allee, 102 B; ehemals Stalinallee mit Bauten nach sowjetischem Vorbild dieser Epoche; großangelegte Einkaufsstraße.

Kronprinzenpalais (Gästehaus des Magistrats), 108 B, Unter den Linden; im 17. Jahrhundert gebaut und im letzten Jahrhundert umgestaltet; ehemalige Wohnstätte von Prinzen und Königen.

Leipziger Straße, 108 B; in den siebziger Jahren aufgebaute moderne Straße mit Geschäften und Restaurants.

Märkisches Ufer, 102 B; Straße mit alten Gebäuden, u. a. dem hierher »versetzten« Ermeler-Haus, einem Renommier-Restaurant.

Mahnmal für die Opfer des Faschismus und Militarismus, 102 B, Unter den Linden; ehemals Neue Wache; Wachablösung im Stechschritt zu jeder vollen Stunde.

Marienkirche, 102 B, Karl-Liebknecht-Str. 8, Mo. 13–17 Uhr, Di bis Do 10–12, 13–17 Uhr, Fr 10–12 Uhr, Sa 12–16 Uhr, Di und Do 16.30 Uhr Orgelmusik; über 700 Jahre alt; wertvolle Ausstattung: Am bekanntesten ist die Marmorkanzel von Andreas Schlüter.

Marx-Engels-Brücke (ehemalige Schloßbrücke), 108 B, zwischen Marx-Engels-Platz und Beginn der Straße Unter den Linden; von Schinkel geplant, mit Statuen.

Nicolai-Haus, 102 B, Brüderstr. 13; Haus aus dem 18. Jahrhundert mit schönem Treppengeländer und Galerie im Hof.

Nicolaikirche, 102 B, Molkenmarkt; älteste Altberliner Kirche (13. Jahrhundert); derzeit im Wiederaufbau.

Palast der Republik, 102 B, Marx-Engels-Platz; Tagungsort der Volkskammer, politische und kulturelle Veranstaltungen.

Platz der Akademie (Gendarmenmarkt), 108 B; mit Schauspielhaus (1821, von Schinkel), Deutschem Dom (Beginn des 18. Jahrhunderts), Französischem Dom (für die Hugenotten erbaut, heute mit Hugenottenmuseum).

Rotes Rathaus, 102 B, Am Rathausplatz, Sa 11–13 Uhr, Auskunft und Anmeldung für Besichtigungen Tel. 2124512; Sitz der Stadtverwaltung, wegen der roten Ziegel so genannt; davor: Denkmal Trümmerfrau und Aufbauhelfer und der Neptunbrunnen.

Sophienkirche, 102 B, Große Hamburger Str.; einzige erhaltene Barockkirche, mit Friedhof.

Unter den Linden, 108 B; nach wie vor historische Prachtstraße.

Museen in West- und Ost-Berlin

In West-Berlin:

Schloß Charlottenburg, B 19; Spandauer Damm, Di–So 9–17 Uhr: Historische Schloßräume, Museum für Vor- und Frühgeschichte (archäologische Funde von der Alt-Steinzeit bis ins Mittelalter), Kunstgewerbemuseum (europäisches Kunsthandwerk, u. a. der »Welfenschatz«).

Ägyptisches Museum, Schloßstr. 1 (gegenüber dem Schloß), Sa–Do 9–17 Uhr; Funde der Vorgeschichte bis in die römische Herrschaftszeit Ägyptens, u. a. die Nofretete.

Antikenmuseum, Schloßstr. 70 (gegenüber dem Schloß), Sa–Do 9–17 Uhr; antike Meisterwerke griechischer und römischer Kleinkunst.

Gipsformerei, B 19, Sophie-Charlotten-Str. 17/18, Mo–Fr 9–16 Uhr; Musterschau und Verkauf von Nachbildungen der Antike bis zum 19. Jahrhundert; Plastiken, Reliefs und Gefäße.

Dahlemer Museen, zwischen Arnimallee und Lansstr. In Berlin 33 befinden sich in einem riesigem Gebäudekomplex folgende Einzelmuseen, die – außer Mo – von 9–17 Uhr geöffnet sind: Gemäldegalerie, Arnimallee 23, Studiensaal Di–Fr 9–16 Uhr; wechselnde Ausstellungen. Im Studiensaal werden auf Wunsch Grafikblätter (Zeichnungen, Druckgrafik, illustrierte Bücher des 15.–20. Jahrhunderts) gezeigt. Skulpturengalerie, Lansstr. 8; bedeutendste Skulpturensammlung Deutschlands von der Spätantike bis ins 18. Jahrhundert. Museum für Völkerkunde, Lansstr. 8; in vorbildlicher Präsentation eine der größten Sammlungen völkerkundlicher Gegenstände. Museum für Ostasiatische Kunst, Museum für Islamische Kunst, Museum für Indische Kunst, Lansstr. 8, Museum für Deutsche Volkskunde, Im Winkel 6; Gebrauchsgegenstände und Volkskunst vom 17. Jahrhundert bis heute.

Nationalgalerie, B 30, Potsdamer Str. 50, Di–So 9–17 Uhr; wechselnde Ausstellungen im oberen Teil, unten Werke aus dem 19. und 20. Jahrhundert.

Bauhaus-Archiv (Museum für Gestaltung), B 30, Klingelhöferstr. 13/14, außer Di 11–17 Uhr; Zeichnungen, Gemälde, Radierungen und Möbel des Bauhauses.

Berlin-Museum, B 61, Lindenstr. 14, Di–So 11–18 Uhr; Stadtgeschichte Berlins mit Porträts, Kunstgewerblichem, Gebrauchsgegenständen und der originellen »Alt-Berliner Weißbierstube« (Di–Fr 11–18 Uhr, Sa, So 11–16 Uhr).

Berlinische Galerie, B 12, Jebensstr. 2, Do 12–20 Uhr, Mi, Fr–So 10–18 Uhr; wechselnde Ausstellungen über Berliner Kunst des 20. Jahrhunderts.

Brücke-Museum, B 33, Bussardstieg 9, Mi–Mo 11–17 Uhr; Sammlung der expressionistischen Künstlergruppe »Brücke«.

Georg-Kolbe-Museum, B 19, Sensburger Allee 25, Di–So 10–17 Uhr; Nachlaß von Georg Kolbe und Werke befreundeter Künstler.

Bröhan-Museum, B 19, Schloßstr. 1a, Di–So 10–18 Uhr, Kunstsammlung von Jugendstil bis Art Déco.

Haus am Checkpoint Charlie, B 61, Friedrichstr. 44, täglich 9–20 Uhr; Ausstellung zur Mauer und politisch-geographischen Lage.

Museum für Verkehr und Technik, B 61, Trebbiner Str. 9, Di–Fr 9–18 Uhr, Sa, So 10–18 Uhr.

Museumsdorf Düppel, B 37, Clauertstr., Mai–Okt. So 10–13 Uhr; originelles Freilichtmuseum an einer Ausgrabungsstelle aus der Vorzeit mit Web-, Töpfer und Schnitzvorführungen.

Deutsches Rundfunkmuseum, B 19, Hammarskjöldplatz 1, täglich außer Di 10–17 Uhr.

In Ost-Berlin:

Museumsinsel, 1020 B, auf einer Spreeinsel an den Straßen Am Kupfergraben und Bodestr., Mi–So 9–18 Uhr, Fr ab 10 Uhr.

Pergamon-Museum; herausragende Sammlung von Kunstschätzen der Antike und des asiatisch-islamischen Raums. Dazu gehören Antikensammlung (Architekturteil auch Mo, Di 9–18 Uhr) mit Pergamon-Altar und anderen antiken Schätzen. Vorderasiatisches Museum (auch Mo, Di 9–18 Uhr). Islamisches Museum. Ostasiatische Sammlung. Museum für Volkskunde; Werkzeuge, Möbel, Textilien, Keramik, Spielzeug verschiedener Völker.

Bode-Museum, Eingang Monbijoubrücke. Dazu gehören: Ägyptisches Museum (Sarkophage, Skulpturen, Reliefs aus allen Epochen des alten Ägypten). Frühchristlich-Byzantinische Sammlung (bedeutende Werke aus oströmisch-byzantinischer, spätrömischer und koptischer Zeit). Skulpturensammlung (deutsche, niederländische und französische Plastiken des 12. – 18. Jahrhunderts). Gemäldegalerie

Fast unter dem Radarturm von Tegel: beim Deutsch-Französischen Volksfest

(europäische Kunst mit holländischen Meistern des 17. Jahrhunderts und italienischen Renaissancewerken). Münzkabinett. Museum für Ur- und Frühgeschichte. Altes Museum, Eingang Lustgarten; eines der schönsten Schinkelbauwerke mit Kupferstichkabinett, Zeichnungen, Druckgrafik, antiken Statuen und Werken der bildenden Kunst der DDR.

Nationalgalerie, Eingang Bodestr.; Gemälde aus dem 19. und 20. Jahrhundert, Skulpturen, Statuen, Büsten, Ausstellung »John Heartfield« und wechselnde Einzelausstellungen bekannter Künstler der DDR und des europäischen Auslands.

Weitere Museen:

Märkisches Museum, 1020 B, Am Köllnischen Park, Mi, So 9–18 Uhr, Do, Sa 9–17 Uhr, Fr 9–16 Uhr; Heimatmuseum mit einmaliger Sammlung von Berliner Porzellan und Fayencen.

Museum für Naturkunde, 1040 B, Invalidenstr. 43, Di–So 9.30–17 Uhr; eines der führenden Naturkundemuseen der Welt mit Saurierskeletten, Fossilien (u. a. Achaeopteryx) und Großmodellen von Tieren.

Hugenottenmuseum, im Französischen Dom, 1080 B, Platz der Akademie, Mo–Fr 10–17 Uhr; Geschichte der französischen Protestanten in Berlin.

Otto-Nagel-Haus, 1020 B, Märkisches Ufer 16–18, So–Do 10–18 Uhr Mi bis 20 Uhr; Gedenkausstellung des Künstlers Otto Nagel und anderer sowie Sammlung antifaschistischer Kunst.

Museum für Deutsche Geschichte, 1080 B, Unter den Linden 2 (im ehemaligen Zeughaus), Mo–Do 9–19 Uhr, Sa, So 10–17 Uhr; mit Lenin-Gedenkstätte und im Innenhof Andreas Schlüters Masken sterbender Krieger.

Kunstgewerbemuseum Schloß Köpenick, 117 B, Schloß-Insel, Mi–Sa 9–17 Uhr, So 10–18 Uhr; Sammlungen dokumentieren 900 Jahre europäisches Kunsthandwerk.

Postmuseum, 1080 B, Leipziger Str./Ecke Mauerstr., Di–Fr 10–18 Uhr, Sa 10–17 Uhr; Geschichte des Post- und Fernmeldewesens mit Modell eines Fernsehstudios.

Kleine Galerie-Auswahl

In West-Berlin:

Galerie André, B 15, Pfalzburger Str. 80, Di–Sa 15–18 Uhr; Gegenwartskünstler.

Galerie Bossin, B 15, Meierottostr. 1, Mo–Fr 14–18 Uhr, Sa 10–15 Uhr.

Galerie Bremer, B 15, Fasanenstr. 37, Di–Fr 10–13 und 16–18 Uhr, Sa 10–13 Uhr, ab 20 Uhr außer So; Anspruchsvolles aus Nachkriegszeit und Gegenwart; Bar.

Elefanten Press Galerie, B 61, Zossener Str. 32, Mo–Sa 11–18.30, So 12–17 Uhr; Zeitgenössisches und Zeitgeschichtliches.

Galerie Gärtner, B 12, Uhlandstr. 20–25, Mo–Fr 10–18 Uhr, Sa 10–13 Uhr; hauptsächlich Berlin-Motive.

Garage in Movement, B 62, Crellestr. 16, Sa, So 13–18 Uhr; Selbsthilfeprojekt junger Künstler.

Kleine Weltlaterne, B 31, Nestorstr. 22, außer Mi ab 20 Uhr; Kneipe und zeitgenössische Kunst.

Ladengalerie, B 15, Kurfürstendamm 64, Mo–Fr 10–18.30 Uhr, Sa

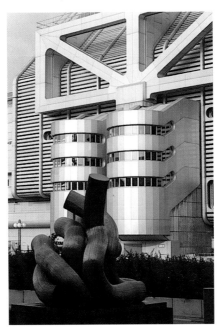

Aluminiumfassade des Congress-Centrums

10–14 Uhr; kritischer Realismus und Bildhauer der jüngeren Berliner Schule.

Galerie Nierendorf, B 12, Hardenbergstr. 19, Mo–Fr 14–18 Uhr, Sa 10–14 Uhr; zwanziger Jahre.

Galerie Nothelfer, B 12, Uhlandstr. 184, Mo–Fr 14–18 Uhr, Sa 10–14 Uhr; Aktuelles.

Galerie Pels-Leusden, B 15, Kurfürstendamm 58/59, Mo–Fr 10–18.30 Uhr, Sa 10–14 Uhr; klassische Moderne bis Gegenwart.

Galerie Poll Berlin, B 30, Lützowplatz 7, Mo 10–13 Uhr, Di–Fr 11–13 Uhr und 16–19 Uhr, Sa 11–15 Uhr; Berliner Realisten und kritische Gegenwartskunst.

Galerie Schüler, B 15, Kurfürstendamm 51, Di–Fr 15–18 Uhr, Sa 10–14 Uhr; Gegenwartsmalerei.

Galerie 70, B 12, Schillerstr. 70, Di–Fr 14–20 Uhr, Sa 11–18 Uhr; Gegenwartskunst.

Galerie Taube, B 15, Pariser Str. 54, Di–Fr 16–19 Uhr, Sa 11–14 Uhr.

Galerie Ben Wargin, B 65, Akkerstr. 71, Tel. 4634099, 9–19 Uhr; Eigenausstellung.

In Ost-Berlin:

Verkaufsgalerien:

Galerie »a«, 1017 B, Strausberger Platz 4, Mo–Fr 10–18 Uhr; Grafik, Malerei, Plastiken.

Studio Galerie, 1017 B, Strausberger Platz 3, Mo–Fr 10–18 Uhr; Kunsthandwerk, Bilder, Grafiken, Plastiken, Fotos.

Galerie Unter den Linden, 1080 B, Unter den Linden 62/63, Mo 13–19 Uhr, Di–Fr 10–19 Uhr, Sa 9–13 Uhr.

Galerie im Alten Museum, 1020 B, Bodestr. 1–3, Mi–So 9–18 Uhr, Fr ab 10 Uhr.

Sonstige Galerien:

Akademie der Künste, 1020 B, Marstall, Marx-Engels-Platz 6, Mi bis So 10–18 Uhr; repräsentative Ausstellungen.

Galerie Mitte, 1040 B, Reinhardtstr. 10, Mo–Fr 10–18 Uhr; Malerei und Grafik der DDR.

Galerie am Prater, 1058 B, Kastanienallee 100, Di–Fr 13–19 Uhr, So

11–16 Uhr; Malerei, Grafik, Fotos.
Galerie im Turm, 1034 B, Frankfurter Tor 1, Di–Sa 11–19 Uhr; Gemälde, Grafik, Plastiken aus der DDR und international.
Galerie in der Deutschen Bücherstube, 1040 B, Friedrichstr. 113, Mo–Fr 10–19 Uhr.
Zentrales Haus der Deutsch-Sowjetischen Freundschaft, 1080 B, Am Festungsgraben 1, Di–Sa 10–18 Uhr.

Kinos in West- und Ost-Berlin

In West-Berlin:
Arsenal, B 30, Welserstr. 25, Tel. 246848; Retroperspektiven und Filmreihen.
Astor, B 15, Kurfürstendamm 217, Tel. 8811108; Uraufführungen.
Broadway, B 30, Tauentzienstr. 8, Tel. 2615074.
Cinema Paris, B 15, Kurfürstendamm 211, Tel. 8813119; Uraufführungen.
Delphi, B 15, Kantstr. 12a, Tel. 3121026/27.
Filmbühne Wien, B 15, Kurfürstendamm 26, Tel. 8814888; 8 Kinos mit verschiedenen Programmen.
Filmkunst 66, B 12, Bleibtreustr. 12, Tel. 8815510.
Gloria-Palast/Gloriette, B 15, Kurfürstendamm 12, Tel. 8816041; vom Abriß bedroht.
Kant-Kino, B 12, Kantstr. 54, Tel. 3125047.

Kurbel, B 12, Giesebrechtstr. 4, Tel. 8835325.
Steinplatz, B 12, Hardenbergstr. 12, Tel. 3129012; vornehmlich junger deutscher Film.
Yorck und New Yorck, B 61, Yorckstr. 86, Tel. 7865070.

In Ost-Berlin:
Babylon, 1020 B, Rosa-Luxemburg-Str. 30, Tel. 2125076.
Colosseum, 1058 B, Schönhauser Allee 123, Tel. 4482559.
International, 1026 B, Karl-Marx-Allee/Ecke Schillingstr., Tel. 2125621 und 2125836.
Kosmos, 1034 B, Karl-Marx-Allee 131, Tel. 5800256.
Sojus, 1146 B, Helene-Weigel-Platz, Tel. 5423151.
Toni, 1126 B, am Antonplatz, Tel. 3651152.

Feste, Messen, Veranstaltungen

In West-Berlin:
Interchic – Modemesse; Februar, April, August, Oktober
Internationale Grüne Woche – riesige Landwirtschafts- und Verbraucherausstellung; Januar.
Berliner Musiktage – viel Experimentelles, ergänzt durch Ausstellungen; Januar/Februar.
Internationale Filmfestspiele – mit Filmmesse, Infoschau, Retrospektiven und Forum des jungen Films; zweite Februarhälfte.

Internationale Tourismus-Börse – Anfang März.
Freizeit-Ausstellung – Hobby, Sport, Do-it-youself; Mitte März.
Berliner Kunsttage – Atelierbesuche, Ausstellungen, Veranstaltungen; erste Aprilhälfte.
Freie Berliner Kunstausstellung – jeder darf hier ein Kunstwerk einreichen, das dann ausgestellt wird; Ende April.
Theatertreffen – von einer Jury ausgewählte Aufführungen des deutschsprachigen Raums; Mai.
Festival Traditionelle Musik – Musik einer speziellen Region. In Verbindung damit das nicht alljährlich stattfindende »Festival Horizonte« mit Film, Theater, Literatur und Folklore aus der Dritten Welt; Juni.
Deutsch-Französisches Volksfest – am Kurt-Schumacher Damm; Juni/Juli.
Deutsch-Amerikanisches Volksfest – am Hüttenweg; Juli/August.
Internationale Sommerfestspiele – Musikveranstaltungen; Juli/August.
Internationale Funkausstellung – Medienmesse, Unterhaltungsindustrie und Selbstdarstellung der deutschen Sender und des Showbusiness; alle zwei Jahre im Spätsommer.
Partner des Fortschritts – Übersee-Import-Messe; August.
Berliner Festwochen – Kultur: Musik, Theater, bildende Kunst, Literatur und Film einer Epoche; September/Oktober.
Berliner Oktoberfest – an der Jaffé-straße; September/Oktober.
Jazzfest – Ende Oktober/Anfang November.
Kulinaria – Ausstellung des Nahrungsmittel- und Gaststättengewerbes; alle zwei Jahre Anfang November.
Antiqua – Antiquitätenausstellung; Anfang Dezember.
Weihnachtsmarkt – vor Weihnachten.

In Ost-Berlin:
Köpenicker Sommer – Festumzug in historischen Kostümen, Darbie-

Mittwochs und samstags wird gewettet an der Trabrennbahn von Mariendorf

tungen auf Freilichtbühnen im Schloßpark, Veranstaltungen und Buden; Ende Juni.

Sommerfest in Treptow – Sportveranstaltungen, Konzerte von DDR-Bands, Ball der Jugendbrigaden und Feuerwerk; im Sommer.

Berliner Tierparkfest – speziell für Kinder; letzte Augustwoche.

Weißensee-Blumenfest – Anfang September.

Berliner Festtage – Theater- und Filmpremieren, Ausstellungen, Konzerte, Ballett und Literaturveranstaltungen; Oktober.

Wochen des Buches – Autorenlesungen; Oktober.

Weihnachtsmarkt – 102 B, Alexanderplatz; Ende November bis zum 20. Dezember.

Parks und Grünanlagen

In West-Berlin:
Botanischer Garten, B 33, Königin-Luise-Str. 6–8 oder Unter den Eichen 5–16, Mo–Sa 8–20 Uhr, So 10–20 Uhr, im Winter von 9 Uhr bis Dämmerung; größter botanischer Garten Deutschlands mit unzähligen Pflanzen, Landschaftsnachbildungen und vielen Gewächshäusern.

Bundesgartenschaugelände, B 47, Sangerhauser Weg 1; für die Bundesgartenschau 1985 hergerichtetes Gelände, schöne Parklandschaft.

Freizeitpark Tegel, B 67, Greenwichpromenade; moderne Freizeitanlage.

Grunewald (Krumme Lanke, Schlachtensee); beliebtes Ausflugsziel.

Humboldhain, B 65, Wiesenstr., Brunnenstr.; alter Volkspark.

Insulaner, B 41, Munsterdamm und Prellerweg; Trümmerberg, auf dem sich nun ein Park befindet; auf dem Gipfel die Wilhelm-Förster-Sternwarte (außer Mo, Mi 20 Uhr, So 15, 16, 18, 20 Uhr) und am Fuße das Planetarium (außer Mo, Mi 20 Uhr, So 17 Uhr).

Lietzenseepark, B 19, Neue Kantstr.; idyllischer See mit Parkanlage.

Lübars und Tegeler Fließ, B 28, Alt-Lübars; altes märkisches Dorf, noch von Feldern umgeben. Im Norden davon das Tegeler Fließ, das bis nach Tegel reicht und fast unberührt ist.

Pfaueninsel, B 39, Pfaueninselchaussee; Havelinsel mit frei herumlaufenden Pfauen und dem als Ruine gebauten Schloß (April bis September 10–17 Uhr, Oktober 10–16 Uhr) in schöner Havellandschaft.

Schloßpark Charlottenburg, B 19, Spandauer Damm; schöner Park hinter und um das Schloß.

Tegeler Forst, B 27, um die Ruppiner Chaussee.

Tiergarten, B 30, 21, um die Straße des 17. Juni; grüne Insel in der Mitte Berlins mit Freizeiteinrichtungen, wie Grillplätzen, Spielplätzen, Tischtennisplatten und vielen Denkmälern, außerdem die noch eingestürzte Kongreßhalle.

Viktoriapark und Kreuzberg, B 61, zwischen Mehringdamm und Katz-bachstr.; inmitten des Parks liegt der Kreuzberg mit einem Denkmal zur Erinnerung an die Freiheitskriege und einem künstlichen Wasserfall mit Felsenschlucht.

Volkspark Glienicke, B 39, nahe Königstr.; Landschaftspark mit Schloß Glienicke.

Zoo, B 30, Eingänge Bahnhof Zoo und Budapester Str., täglich von 9 bis Beginn der Dunkelheit, spätestens 19 Uhr, Aquarium 9–18 Uhr; über 10 000 Tiere in fast 2000 Arten.

In Ost-Berlin:
Buch, 1115 B, Alt-Buch, Wiltbergstr.; Schloß Buch mit schönem Schloßgarten und an der Wiltbergstr. der Bucher Forst.

Bürgerpark Pankow, 110 B, Schönholzer Str.; schattige Wege und Promenade entlang der Panke.

Grünau Stadtforst, 118 B, Regattastr., Sportpromenade; Landschaftsschutzgebiet am Dahmeufer.

Kulturpark Plänterwald, 1195 und 1193 B, Neue Krugallee; eine Art Rummelplatz, auch Wildgehege, Spielplatz, Rollschuhbahn und Rodelbahnen.

Monbijoupark, 102 B, Oranienburger Str.; Park mit originellem Spielplatz.

Müggelberge, 117 B, im Berliner Stadtforst; märkische Hügellandschaft; vom Müggelturm schöner Rundblick.

Schloßinsel Köpenick, 117 B, Alt-Köpenick; schöne Parkanlage.

Schloßpark Niederschönhausen, 111 B, am Schloßpark; Park mit seltenen Bäumen.

Tierpark Friedrichsfelde, 1136 B, Am Tierpark 125; Zoo mit 900 Tierarten und über 5000 Tieren.

Treptower Park, 1193 B; Park im Stil englischer Landschaftsgärten mit sowjetischem Ehrenmal.

Volkspark Friedrichshain, 1018 B, zwischen Am Friedrichshain und Leninallee; älteste und größte Parkanlage Ost-Berlins mit altem Baumbestand, Freizeiteinrichtungen, Mont Klamott (zwei Trüm-

Einst wurde hier um Medaillen gekämpft: Schwimmbad am Olympia-Stadion

merberge mit gutem Blick auf das Stadtzentrum), Märchenbrunnen von 1813 und der Wasserglocke, einem modernen Brunnen.

Volkspark Prenzlauer Berg, 1018 B, Hohenschönhauser Str.

Volkspark Wuhlheide und Pionierpark Ernst Thälmann, 116 B, An der Wuhlheide; große Parkanlage mit Freizeitaktivitäten für Kinder im Pionierparkteil.

Sportliche Aktivitäten

In West-Berlin:

Berliner Kindl Bowling, B 19, Kaiserdamm 80/81, täglich 10–24 Uhr.

Bowling am Kurfürstendamm 156, Mo, Mi–Sa 16–1 Uhr, Di 16–3 Uhr, So 14–24 Uhr.

Brunswick Bowling, B 30, Kleiststr. 3–6, Mo–Do 14–24 Uhr, Fr 14–2 Uhr, Sa 10–2 Uhr, So 10–24 Uhr.

Tret-, Paddel- und Ruderbootverleih gibt es im Strandbad Wannsee, am Neuen See im Tiergarten, am Plötzensee und im Volkspark Jungfernheide.

Eissporthalle Berlin, B 19, Jafféstr.; auch Austragungsort von Eishockeyspielen.

Eisstadion Wilmersdorf, B 33, Fritz-Wildung-Str.

Sommerbäder öffnen meist um 8 Uhr und schließen um 19 oder 20 Uhr. Bei den Hallenbädern sind die Öffnungszeiten sehr unterschiedlich, daher ist eine vorherige Nachfrage beim Senator für Schulwesen, Jugend und Sport, Tel. 26042469, ratsam.

Sommerbäder:

Freibad Tegeler See, B 27, Schwarzer Weg; Strandbad Wannsee, B 38, Wannseebadweg; Sommerbad am Insulaner, B 41, Munsterdamm 80; Olympia-Schwimmstadion, B 19, Olympischer Platz; Sommerbad Poststadion, B 21, Lehrter Str. 59.

Hallenbäder:

Stadtbad Lankwitz, B 46, Leonorenstr. 39; Stadtbad Charlottenburg, B 10, Krumme Str. 6a–8;

Sport und Lehrschwimmhalle Schöneberg, B 62, Sachsendamm 11 (Veranstaltungsort von Wasserballturnieren, Schwimm- und Springwettbewerben); Blub, B 44, Buschkrugallee/Ecke Franz-Körner-Str., Mo–Fr 10–23 Uhr, Fr bis 24 Uhr, Sa 9–24 Uhr, So 9–23 Uhr (neue Badefreizeitanlage mit vielen Attraktionen).

Trabrennbahn Mariendorf, B 42, Mariendorfer Damm 232.

Olympia-Stadion, B 19, Reichssportfeldstr.; Fußballspiele.

Mommsenstadion, B 19, Waldschulallee 34.

Squash-Center Alt-Lietzow, B 10, Alt-Lietzow 15–19, Mo–Fr 7.30–23 Uhr, Sa, So 8–20 Uhr.

Squash-Insel Süd, B 48, Motzener Str./Ecke Nahmitzer Damm, Mo–Fr 9–24 Uhr, Sa, So 8–20 Uhr.

Tennis und Squash City, B 31, Brandenburgische Str. 31, Mo–Fr 7–23 Uhr, Sa, So ab 7 Uhr.

Billard International, B 12, Knesebeckstr. 38, Tel. 8833912; Europas größter Salon (mit Bar), auch Schach und Kartenspiele.

Billard-Centrum, B 30, Nollendorfplatz 3, Tel. 2163361; wer kann, kann mit Weltmeister Müller spielen.

In Ost-Berlin:

Bowling-Zentrum, 102 B, Rathausstr., täglich 9–1 Uhr.

Im Gewächshaus des Botanischen Gartens

Bowling-Restaurant, 102 B, Marx-Engels-Platz im Palast der Republik.

Strandbad Müggelsee, 1062 B, Fürstenwalder Damm.

Freibad Orankesee, 1125 B, Gertrudstraße.

Freibad Pankow, 110 B, Wolfshagener Straße.

Schwimmhalle am Freibad Pankow, 110 B, Wolfshagener Str. 123, Mo, Di, Fr 6–9 Uhr und 17–20 Uhr, Sa 9–18 Uhr, So 8–13 Uhr.

Stadtbad Mitte, 104 B, Gartenstr. 5, Mo–Fr 6–8 Uhr, Mi 15.30–19 Uhr, Sa 8–17 Uhr.

Sport- und Erholungszentrum, 1034 B, Leninallee/Ecke Dimitroffstr., Mo–Fr 10–21 Uhr, Sa, So 8–18 Uhr; Freizeitzentrum mit Schwimmen, Tischtennis, Billard, Bowling, Sauna und Schlittschuhlaufen.

Friedrich-Ludwig-Jahn-Sportpark, 1058 B, Cantianstr., Fußballstadion.

Stadion der Weltjugend, 104 B, Chausseestr. 95–98, internationale Wettkämpfe.

Trabrennbahn Karlshorst, 1057 B, Hermann-Duncker-Straße.

Regattastrecke Grünau, 118 B, Regattastr.

Sportforum Berlin mit Dynamo-Sporthalle, 1125 B, Ho-Chi-Minh-Str./Ecke Berliner Str., Großsporthalle für alle Sportarten; nationale und internationale Wettkämpfe.

Einkaufstips für viele Fälle

Antiquitäten

Auch in Berlin muß man auf die Suche gehen. Die richtigen Trampelpfade hierfür sind: Motz- und Kalckreuthstraße zwischen Nollendorfplatz und Martin-Luther-Straße. Dann rund um den Savignyplatz, vor allem in der Mommsen-, Bleibtreu-, Schlüter- und Fasanenstraße; außerdem Keithstraße. In den Sonntagszeitungen werden regelmäßig die Auktionen angezeigt.

Bio-Läden

Ashoka Bazar, B 12, Grolmannstr. 22; Tee, Gewürze aus Indien.

Die alternative Fleischerei, B 61, Körtestr. 20; für Leute, die das Rüben-Steak satt haben und sich ein Stück von einer Bio-Sau wünschen.

Kraut & Rüben GmbH, B 36, Oranienstr. 15; Gemüse aus Bio-Anbau; ringsum türkische Läden; Wolle, Wein, Kosmetik, Leder.

Viva Verde, Naturwarenhaus, B 30, Welserstr. 24; Natürliches in jeder Form; auch Bastelzeug und Erbauung.

Bücher

Andenbuch, B 30, Nollendorfstr. 21a; Latino-Literatur; Lesungen.

Autorenbuchhandlung, B 12, Carmerstr. 10; alles aus der deutschen Literatur; Lesungen.

Buchladen Bayrischer Platz, B 20, Grunewaldstr. 59; Schwerpunkt: Literatur von Frauen für Frauen; DDR-Literatur.

Das Arabische Buch, B 19, Wundtstr. 13–15; nicht nur der Koran.

Das europäische Buch, B 12, Knesebeckstr. 3; Verkauf von Büchern aus der DDR. Was man drüben nicht mehr bekommt, kann man hier in DM-West erstehen.

Frauenbuchladen Miranda, B 65, Nazarethkirchstr. 42; Frauentreff mit Buchladen.

Friesenbuchhandlung, B 61, Friesenstr. 31; Szene-Laden am Chamissoplatz; Bücher für »Otto Nor-

maldemokrat« (Eigenauskunft) sowie Fruchtsäfte und Weine aus Öko-Anbau.

Garten des Wissens, B 42, Prühßstr. 47; fantastisches aus Astrologie, Magie, Zen und Science-fiction.

Grober Unfug, B 61, Gneisenaustr. 15; Comics für Mann und Frau, Poster, Aufkleber, Wackelbilder und Materialien der Spaß-Guerilla.

Kommedia, B 15, Bundesallee 138; alles über Theater, TV, Video, Kabel und die totale Kommunikation.

Lilith, B 12, Knesebeckstr. 86; Frauenbuchladen und Treff.

Marga Schoeller, B 12; Knesebeckstr. 32; zum Wühlen; reichhaltiges anglo-amerikanisches Angebot.

Struwwellotte, B 12, Carmerstr. 11; Kinderbuchladen; Spielzeug und Platten.

Wolffs Bücherei, B 15, Bundesallee 133; Literatur bis an die Decke; Freitags Lesungen.

Fahrräder

Fahrradladen im Mehringhof, B 61, Gneisenaustr. 2a; für Leute, die zweirädrig durch Berlin fahren wollen. Der »tollste, schönste, frechste« und überhaupt Fahrradladen (Eigenwerbung).

Fahrrad-Schloß Stolpe, B 36, Oranienstr. 20; Zweiräder und die Schlösser dazu, damit das Gefährt nicht geklaut wird.

Fisch

Le Poisson, B 31, Westfälische Str.

31; man kann in einem Hinterstübchen gleich aufs Feinste zubereitet essen, was man sich vorn an Meeresgetier ausgesucht hat.

Friseure

Wer umsonst frisiert werden will, meldet sich bei der Frisör-Innung. Teuer wird's bei den Prominenten-Haar-Stylisten:

Udo Walz, B 15, Fasanenstr. 42, und im Hotel Kempinski, Kurfürstendamm 27; für Leute, die auf den Presseball gehen.

Carl und Dörthe, B 12, Bleibtreustr. 6; die neuesten Haarfarben; für schicke Menschen.

Herrenfriseur-Bar, B 44, Weisestr. 15; ein Haarschneider, der auch eine Bar offenhält.

Knöpfe

Knopf-Paul, B 62, Leberstr. 15; er hat mehr Knöpfe als Dagobert Duck Moneten. Für Fetischisten und Leute, die nach den Boutons dorées suchen.

Kutschen

kann man mieten, es muß ja nicht gleich eine Hochzeitskutsche sein, bei G. Schöne, B 44, Richardplatz 18; W. Lesske, B 21, Quitzowstr. 68; E. Tiedtke, B 27, Stockumer Str. 13a.

Landkarten

Schropp'sche Landkartenanstalt, B 30, Potsdamer Str. 100; seit 225 Jahren finden hier Leute, die sich verlaufen haben, einen Stadtplan.

Milch

Melkerei Ella Brüning, B 20, Metzer Str. 13; Milch und Quark, frisch von der Kuh – tatsächlich in Berlin (-Spandau).

Puppen

Wachholz-Marionetten, B 45, Undinestr. 28.

Wagner, B 61, Böckhstr. 40; Puppen, die laufen und sprechen können.

Puppenklinik Konrad Weiß, B 41, Schildhornstr. 11; Augen, Busen

Beschaulichkeit mitten in der City; das bietet der Neue See im Tiergarten

und Beine für die Puppen-Chirurgie.

Tee
Teehaus, B 12, Krumme Str. 35; Tee aus aller Welt für Leute, die Kaffee nicht mögen.

Telefone
Modern Telefone, B 30, Minicity, Tauentzienstr. 8; um Anschluß zu bekommen, kaufen sich manche Leute die verrücktesten Sprechapparate.

Wolle
Peter Brundke, B 22, Gutshof Gatow; Schafwolle direkt vom Erzeuger aus einem Berliner »Dorf«.
Wolle und Mancherlei, B 42, Großbeerenstr. 28 B; alles zum Stricken sowie Straß, Pailletten, Federn und Schnickschnack.

Zinnsoldaten
Scholtz, B 12, Knesebeckstr. 86; seit mehr als siebzig Jahren der Fachmann für Zinnsoldaten. Man kann die preußische Armee komplett kaufen.

Ausgehen und Entertainment

Jazz
Höhepunkt der Saison sind die alljährlichen Jazztage im Spätsommer. Aber auch in den vielen Jazz-Kneipen kann man Musik aller Stilrichtungen hören. Die bekanntesten Jazz-Treffpunkte sind:
Café Einstein, B 30, Kurfürstenstr. 58, Tel. 2615096.
Eierschale im Landhaus Dahlem, B 33, Podbielskiallee 50, Tel. 8327097.
Flöz, B 31, Nassauische Str. 37, Tel. 8611000.
Folk Pub, B 12, Leibnizstr. 56, Tel. 8836111.
Go in, B 12, Bleibtreustr. 17, Tel. 8817218.
Jazzkeller, B 33, Breitenbachplatz 8, Tel. 8244144.

Loft, B 30, Nollendorfplatz 5, Tel. 2612787.
New Orleans Jazz Club, B 15, Kurfürstendamm 142, Tel. 8916833.
New York, B 15, Olivaer Platz 15, Tel. 8836258.
Pankehalle, B 65, Osloer Str. 102, Tel. 4936061.
Quartier Latin, B 30, Potsdamer Str. 96, Tel. 2613707.
Quartier von Quasimodo, B 41, Kantstr. 12a, Tel. 3128086.
Reggae-Keller, B 36, Reichenbachstr. 9, Tel. 6144373.
SO 36, B 36, Oranienstr. 190, Tel. 6142227.
Stadtcafé, B 19, Suarezstr. 31, Tel. 3212074.

Discos und Tanzlokale
Big Eden, B 15, Kurfürstendamm 202, Tel. 3235849; Großtanzplatz mit langer Tradition; viele Schülergruppen.
Buccaneer, B 30, Rankestr. 32, Tel. 245057; Nobel-Disco für die Leute aus den umliegenden Nobel-Hotels.
Far out, B 15, Kurfürstendamm 156, Tel. 8926834; ein Bhagwan-Unternehmen mit positiv eingestelltem Publikum; gelegentlich Show und Live-Musik.
F 71, B 15, Fasanenstr. 71; Champagner-Bar im New-Wave-Look.
Inter-Conti, B 30, Budapester Str. 2, Tel. 26021258; Dachgarten: Tanztee und Dinner-Dance der oberen Preisklasse.
Joliba Africa Center, B 15, Kurfürstendamm 143, Tel. 8912920; Reggae, Salsa und kleine afrikanische Küche.

Ku'dorf, B 15, Joachimstaler Str., Metropolhaus, Tel. 8836666; mehr als zwanzig Räume fürs Allround-Vergnügen.
Metropol, B 30, Nollendorfplatz, Tel. 2164122; Disco der Superlative; viel Technik, viel Programm.

Shows
Berliner Gasthaus, B 15, Schlüterstr. 52, Tel. 8817607; nostalgisches Show-Lokal mit Pianos, Tunten und Couplets; mittelalterliches Publikum.
Chez Nous, B 30, Marburger Str. 14, Tel. 2131810; Transvestiten-Show für das gutbürgerliche Publikum. Immer voll, daher Tischbestellung erforderlich.
Chez Romy Haag, B 30, Welserstr. 24, Tel. 248950; Boys als Girls verkleidet; Romy Haag genießt den Ruhm.
Crazy Horse, B 30, Marburger Str. 2, Tel. 2115350; Striptease: Die Kleider, die hier ausgezogen werden, sind durchaus sehenswert.
La vie en rose, B 30, Europa-Center, Tel. 3236006; Follie-Show, gepflegt, mit klassischen Entertainment-Einlagen. Hier werden auch offizielle Gäste hingeführt.

Treffs
Hier versammelt sich die Szene, um kommunikativ miteinander umzugehen. Manchmal ist was los, manchmal nicht. Auf jeden Fall lohnt es sich, diese großstädtische Landschaft kennenzulernen.
Fabrik Osloer Str. 12, B 65, Tel. 4932036; Alternativ-Projekte; Samstagnachmittag Flohmarkt.

Weit bekannt für ein umfangreiches Angebot: Kaufhaus des Westens, kurz KaDeWe

Pankehallen, B 65, Osloer Str. 102, Tel. 4617249; im Berliner Norden: Lesungen, Theater, Musik, Diskussionen.

Spektrum/Mehringhof, B 61, Mehringdamm 2, Tel. 6918021; fünftausend Quadratmeter Kommunikationsfläche mit Theater, Video, Kabarett. Das Wirtschaftszentrum der Szene; um die Ecke Riemers Hofgarten (Tanz).

Tempodrom, B 30, Potsdamer Platz, Tel. 2623040; mehr als ein Zirkus: Politik, Kunst, Musik.

Ufa-Fabrik, B 45, Viktoriastr. 10–18; gesundbesetztes Gelände der alten Film-Studios; Cineasten-Treff, Zirkus (sehr geeignet für Kinder!); Werkstätten und viele nette Menschen.

Literatur über Berlin

Die aktuellsten Werke hält die Buchhandlung Kiepert in der Hardenbergstraße 4–5 bereit, ebenso Jule Hammers Galerie im Europa-Center. Die Amerika-Gedenkbibliothek (B 61, Blücherplatz) hat eine Berlin-Abteilung, in der auch historische Stadtbeschreibungen eingesehen werden können. Wir geben hier nur eine kleine Auswahl der umfangreichen Berlin-Literatur:

H. Albertz, I. Drewitz u. a., Lokal 2000 – Berlin als Testfall, Rowohlt.

Dietrich Baumeister, Berlin – Bericht zur Lage der Stadt, Berlin-Verlag.

Ulrich Beahr, Mythos Berlin, Wahrnehmungsgeschichte einer industriellen Metropole, Verlag Ästhetik und Kommunikation.

Berlin und seine Bauten – Architekten- und Ingenieursverein Berlin, Nachdruck 1984, Ernst & Sohn.

Bober, Fichter, Gillen, Die Metropole, Industriekultur in Berlin, C. H. Beck.

Erhardt Bödecker, Die grüne Stadt am Beispiel Berlin, Arani.

G. Braun u. a., Computeratlas Berlin – Ein Atlas zur Sozial- und Wirtschaftsstruktur Berlins, Reimer.

Hans Ermann, Berliner Geschichten – Geschichte Berlins, Edition Erdmann.

Frauenstadtbuch Berlin Nr. 1 – eine feministische Stadtführerin, Zitronenpresse.

M. Hammer, J. H. Schoeps, Juden in Berlin, Oberbaum.

Ewaldt Harndt, Französisch im Berliner Jargon, Stapp-Verlag.

HB-Bildatlas Nr. 28, Berlin, HB Verlags- und Vertriebs-Gesellschaft mbH.

Martin J. Hillenbrandt, Die Zukunft Berlins, Ullstein.

Georg Holmsten, Berlin – Chronik, Daten, Personen, Dokumente, Droste.

Gisela Huwe, Die Deutsche Oper Berlin, Quadriga.

Hellmut Kotschenreuther, Kleine Geschichte Berlins, Haude & Spener.

H. Meyer, S. Mauermann, Der richtige Berliner in Wörtern und Redensarten, Biederstein.

Adrian von Müller, Mit dem Spaten in die Berliner Vergangenheit, Haude & Spener.

Norbert Ritter, Das grüne Berlin, Stapp.

Rock-City Berlin 84/85, Frieling & Partner.

Jens Schneider, Jugend in Kreuzberg, Ararat.

Wolfgang Schneider, Berlin – Eine Kulturgeschichte in Bildern und Dokumenten, Müller & Kiepenheuer.

Volker Spiess, Berliner Museen, Haude & Spener.

Statt-Buch Berlin 3, Wegweiser durch das andere Berlin, 1984, Stattbuch-Verlag.

187

Nützliche Anschriften

Für West-Berlin:

Informationszentrum Berlin, 1000 Berlin 12, Hardenbergstr. 20 (2. Etage), Tel. 310040, Mo–Fr 8–19 Uhr, Sa 9–15 Uhr.

Verkehrsamt Berlin, Berlin Tourist Information, 1000 Berlin 30, Europa-Center (Eingang Budapester Str.), Tel. 2626031, täglich 7.30–22.30 Uhr.

Flughafen Tegel, Infoschalter in der Haupthalle, Tel. 41013045, täglich 8–22.30 Uhr.

Auskunfts- und Beratungs-Center (abc), 1000 Berlin 33, Hohenzollerndamm 125, Tel. 82008260, Di–Fr 16–20 Uhr, Sa 11–14 Uhr; Informationsdienst für Neuberliner.

Für Ost-Berlin

Berlin Information, Informationszentrum am Fernsehturm, 1020 Berlin, Alexanderplatz, Tel. 2124675, Mo 13–18 Uhr, Di–Fr 8–18 Uhr, Sa, So 10–18 Uhr.

Service für ausländische Besucher, 1026 Berlin, Reisebüro-Hochhaus, Alexanderplatz 5, Tel. 2154402, Mo–Fr 8–20 Uhr, Sa, So 9–18 Uhr.

Ausgehen und Musikhören – hier im »Ku'dorf«: In West-Berlin ist die Auswahl groß

Register

Straßen- und Sachregister bis einschließlich Seite 173. Die **fettgedruckten** Seitenzahlen verweisen auf Bilder. Die in eckige Klammern gestellten Koordinaten nennen die jeweiligen Karten (Beispiel: 204 A 6 – Seite 204, Koordinate A 6). Gebäude oder Straßen ohne Bezeichnung durch Koordinaten liegen außerhalb des Stadtplans.

Ackerstraße (Spandau) 49 [198 D 3]
Ackerstraße (Wedding) 43, 68, 69, 71, **72** [201 F 4–G 5]
Adalbertstraße 55 [205 G 2–3]
AEG **64**, 67, 68, 69, 70, **73**, 75 [201 G 3–4]
Afrikanische Straße 42 [200 D 2–3]
Ägyptisches Museum 102, 103 [200 A 6]
Akademie der Künste 20, 21, **23**, 107 [200 D 6]
Albrechtstraße 32 [209 F 1–G 2]
Alexanderhaus (Ost) 150 [201 H 6]
Alexanderplatz (Ost) 122, 149, 150, 151, **153, 158** [201 H 5–6]
Alsenstraße 47 [206 D 5–6]
Altes Museum (Ost) 108, 152 [201 H 6]
Altes Rathaus, Postdam (Ost) 171
Amsterdamer Straße 42 [200 E 3]
An der Buche 46 [195 L 1]
An der Malche 132 [195 K 4–5]
Anhalter Bahnhof 63, 64, **65**, 108 [204 E 2]
Anhalter Straße 53 [204 E 2]
Anstalt für Wasserbau (TU) 25, 26 [204 B 2]
Antikenmuseum 103 [200 A 6]
Aquarium 22 [204 B 2]
Arnimallee 100 [203 H–I 7]
Askanischer Platz 63 [204 D–E 2]
Avus 27 [203 G 3–207 G 3]
Bahnhof Bellevue 21 [200 D–E 6]
Bahnhof Lichterfelde-Ost 32 [209 F 4]
Bahnhof Steglitz 32 [203 K 7]
Bahnhof Zoo 22, 23 [204 B 2]
Ballhaus 57 [200 E 4]
Bassinplatz, Potsdam (Ost) 171
Bauhaus-Archiv 99 [204 C 2]
Belvedere 25 [200 A 5]
Bendler-Block (Gedenkstätte 20. Juli) 19 [204 C 2]
Bergmannstraße 54 [204 E 4–205 F 4]
Berlin-Museum 99, **102**, 107, 108 [204 E 3]
Berliner Bade- und Luftparadies (Strandbad Wannsee) 38, **42**, 46 [207 E–F 3]
Berliner Philharmoniker 114 [204 D 2]
Berliner Straße (Ost) 161 [212 C 3–D 2]
Bernauer Straße **138**, 43 [201 G 4]
BIG 69, 70, 71, 73, 75 [201 G 4]
Bismarckstraße 46, 132 [206 E 5]
Bleibtreustraße 23 [203 K 2–3]
Blücherstraße 111 [204 E 3]
Bode-Museum (Ost) 108 [201 G 6]
Bornholmer Straße 45 [201 G–H 2]
Borsig Maschinenbauanstalt 25, 64, **64**, 65 [196 B 8]
Botanischer Garten 132 [203 I 7]
Botschaft, Japanische 19 [200 E 7]
Brandenburger Tor (Ost) **17**, 17, 93 [201 F 6]
Breitscheidplatz 23 [204 B 2]
Britz 38 [210 E 2]
Brücke der Einheit (Ost, Glienicker Brücke) 165 [206 A 6]
Brücke-Museum 100 [203 G 6]
Brunnen der Völkerfreundschaft (Ost) **150** [201 H 5–6]
Brunnenstraße **64**, 68, 70, **73**, 75 [201 G 3–H 5]

Brüsseler Straße 43 [200 D–E 3]
Buddhistischer Tempel 46 [197 C 3]
Bundesgartenschau **36, 37**, 38, 39, 40 [210 C–D 3]
Carl-Schurz-Straße 49 [198 D 4]
Centrum-Warenhaus (Ost) **150**, 151 [201 H 6]
Chamissoplatz 54 [204 E 4]
Charlottenburg, Bezirk 23, 25 [199 E–I 6]
Charlottenburger Chaussee 12 [199 E–F 5]
Charlottenburger Schloß 23, **24**, 25, **84, 98, 99**, 103 [200 A–B 6]
Charlottenstraße 47 [206 D 5]
Chausseestraße 25 [201 F 4]
Chausseestraße (Ost) 155 [201 F 4–G 5]
Checkpoint Charlie 153 [204 E 2]
Chinesisches Teehaus, Potsdam (Ost) 173
Clay-Allee 46 [203 G 5–208 B 3]
Congress-Centrum (ICC) 115 [203 H 2]
Cuvrystraße 53 [205 H 3]
Dahlem **45**, 46 [203 H 7]
Dahlemer Museum 100, 101, 102 [203 H 7]
Deutsche Oper 113, 114, **116** [203 I 2]
Deutsche Staatsoper Berlin (Ost) 114 [201 G 6]
Deutsches Theater (Ost) **123** [201 G 5]
Deutschlandhalle 115 [203 G 3]
Dom (Ost) **148**, 152 [201 H 6]
Dreilinden 8 [207 F–G 5]
Edelhofdamm 46 [197 C 3]
Eissporthalle 115 [203 G 3]
Erdener Straße 28 [203 G 4]
Europa-Center **23**, 23 [204 B 2]
Fasanenstraße 25 [204 A 3–B 2]
Fehrbelliner Platz 29, 95 [203 I–K 4]
Fernsehturm (Ost) **148**, 149, 150, **153** [201 H 6]
Feuerwehr-Brunnen **142** [205 F 4]
Finckensteinallee 67 [208 D–E 4]
Flughafen Tegel 38, 44, 45 [200 A 1–2]
Frankfurter Allee (Ost) 151 [205 I–K 1]
Freie Universität (FU) 46 [208 C–D 2]
Freie Volksbühne 118 [204 A 3]
Frey-Brücke 140 [202 C 2]
Friedenau 32 [204 A–B 5]
Friedenskirche, Potsdam (Ost) 173
Friedensmuseum 102 [204 E 3]
Friedrich-Ebert-Straße, Potsdam (Ost) 173
Friedrichstadtkirche (Ost) 158 [201 G 6]
Friedrichstadtpalast (Ost) 153, 154, 155, **157** [201 G 5]
Friedrichstraße (Ost) 89, 136, 153, 156, 157 [201 G 5–7]
Frohnau 45, 46 [197 B–C 2]
Funkturm 26 [199 H 7]
Gar 57 [205 F 3–G 3]
Gedenkstätte Otto Lilienthal 34, 35 [209 G 5]
Genter Straße 102 [200 E 3]
Georg-von-Rauch-Haus 57 [205 G 2]
Geschichte Berlins 77–95
Glasgower Straße 42 [200 D 2]
Glienicker Park **128**, 130, 131 [206 A 5]
Gneisenaustraße **56**, 60 [204 E 4–205 F 4]
Greenwichpromenade 132 [195 K 5]
Grips-Theater **118**, 119 [200 D 6]
Gropiusbau **100**, 103, 105, 107 [201 F–G 7]
Gropiusstadt 41 [211 G 4]
Großer Stern 20, 22 [200 E 6]
Grüne Woche **138**, 139
Grunewald 28, 29, 127, 128 [203 G 4]
Grunewaldsee **6**, 127, 128 [203 G 6]
Grunewaldturm **10, 124, 126** [202 C 5]
Hamburger Bahnhof 21 [201 F 5]
Hansaplatz 20, **119** [200 D 6]
Hansatheater 119 [200 D 5]
Hansaviertel 20 [200 D–E 6]

Hanseatenweg 107 [200 D 6]
Hardenbergstraße 118 [200 C–D 7]
Hasenheide siehe unter Volkspark Hasenheide
Haus am Waldsee 107 [207 I 3]
Haus des Lehrers (Ost) 151 [201 I 6]
Havelchaussee **124** [199 E 5–207 G 2]
Heerstraße 49, 140 [198 A 5–199 E 7]
Heiligenseestraße 132 [194 G 3–195 I 4]
Heinrichplatz 55 [205 G 3]
Hofgärtnerhaus, Potsdam (Ost) 170
Holländisches Etablissement, Potsdam (Ost) 172
Holländisches Viertel, Potsdam (Ost) 171
Hufeisensiedlung, Lowise-Reuter-Ring 40 [210 E 2]
Humboldt-Schloß siehe Schloß Tegel
Hundekehlestraße 28 [203 H 5]
Hünefeldzeile 35 [209 H 2]
Huttenstraße 22 [200 C 5]
Im Winkel 103 [203 H 7]
Institut für Luft- und Raumfahrt (TU) 26 [200 C 6]
Institut für Mathematik (TU) 25 [200 C 6]
Jagdschloß Grunewald 127 [203 F–G 6]
Jungfernbrücke (Ost) **80**, 88 [201 H 6]
KaDeWe 139, 140 [204 B 3]
Kammergericht 31, **34** [203 H 2]
Kantstraße 23 [200 B 7–C 7]
Karl-August-Platz 25 [200 B 7]
Karl-Marx-Allee (Ost) 151, 152 [201 I–K 6]
Karlshorst (Ost) 159, 160 [214 D–E 1]
Karolinenstraße 132 [195 K 4–L 5]
Katzbachstraße 54 [204 D 4]
Kinkelstraße 49 [198 D 4]
Kirche Maria Regina Martyrum 27 [200 B 4]
Klärwerk Marienfelde **71** [209 I 7]
Klausener Platz 26 [199 I 6]
Kleiner Wannsee **127**, 132 [206 D 6–207 E 5]
Kleistpark 88 [204 C 4]
Kolbe-Museum 100 [199 G 7]
Kolk 49 [198 D 4]
Komische Oper (Ost) 156 [201 G 6]
Komödie 119 [203 K 3]
Kongreßhalle 20 [200 E–F 6]
Königsallee 28 [203 F 6–H 3]
Königstraße (Wannsee) 130, 131, 165 [206 A 6–E 5]
Königstraße (Zehlendorf) 46, 47 [208 B 3–4]
Konradshöhe 16 [194–195 G 5]
Köpenick (Ost) 11, 12, 13, 162, **162**, 163 [215 G 5]
Köpenicker Schloß (Ost) **162**, 163 [215 G 6]
Kösliner Straße 41 [201 F 3]
Kottbusser Tor 51, 53, 55 [205 G 3]
Kraftwerk Wilmersdorf 62 [203 I 5]
Kreuzberg (Bezirk) **50**, 51–61, 137 [204 D 3–205 H 3]
Kreuzbergstraße 55 [204 D–E 4]
Kriegsverbrechergefängnis 49 [198 C 6]
Kriminalgericht, Moabit 43 [200 E 5]
Ku'dorf **138** [204 A 3]
Kulturforum 19, 20, **100**, 103, 105 [204 D 2]
Kunst am Kreuzberg 107 [205 G 2]
Kunstgewerbemuseum Tiergarten, im Kulturforum 103, 105 [204 D 2]
Kunstgewerbemuseum (Ost) siehe Köpenicker Schloß
Künstlerhaus Bethanien 57, **61**, 107 [205 G 2]
Kurfürstendamm 23, **27**, 109, 118, 119, **138**, 141 [203 H 3–204 B 2]
Landwehrkanal 22, 58, 59 [200 D 7–205 H 4]
Langer Jammer 45 [197 F 7]
Lansstraße 100 [203 H 7]
Lausitzer Straße 54 [205 G 3]
Lehrter Stadtbahnhof 21 [201 F 5]

Leipziger Platz (Ost) 89 [201 F 7]
Leipziger Straße (Ost) 95, 151 [201 G–H 7]
Leuschnerdamm 60 [205 G 2–3]
Lietzenburger Straße 23 [203 K 3–204 B 3]
Lilienthal-Denkmal 32, 33 [209 F 6]
Lindenstraße 89 [204 E 3–205 F 2]
Lindenufer 49 [198 D 4]
Lübars **40** [197 F 5]
Lüderitzstraße 42 [200 D 2–E 3]
Lützowplatz 100, 109 [200 E 7]
Marchstraße 26 [200 C 6]
Mariannenplatz 57, 107 [205 G 2–3]
Mariendorf 159 [209 I–K 3]
Marienfelde **47** [209 I 5]
Marienkirche (Ost) **156** [201 H 6]
Markgrafenstraße 67 [201 G 7]
Märkisches Museum (Ost) 8 [201 H 6]
Märkisches Viertel **40**, 41, 45 [197 F 6–7]
Marmorpalais, Potsdam (Ost) 172
Marthastraße 33 [208 E 3]
Marzahn (Ost) **157** [213 H 2]
Maxim-Gorki-Theater (Ost) 112,
    112 [201 G 6]
Mehringdamm 111 [204 E 3–4]
Mehringhof **56**, 60, 61, 119 [204 E 4]
Mehringplatz 89 [204 E 3]
Messegelände 26 [199 H 7]
Möckernbrücke **71** [204 D 3]
Mohriner Allee 36 [210 C–D 3]
Moritzplatz 109 [205 F 3]
Müggelberge (Ost) 8 [215 K 8]
Müggelsee, Großer (Ost) 8 [215 K 6–7]
Mühlendamm (Ost) 13 [201 H 6]
Museum für Deutsche Geschichte (Ost) **91**,
    107, 159 [201 G 6]
Museum für Deutsche Volks-
    kunde 103 [203 H 7]
Museum für Ostasiatische Kunst 98,
    99 [208 D 1]
Museum für Verkehr und Technik 99, **104**,
    108 [204 C 3]
Museum für Völkerkunde **96**, **99**, 100,
    102 [208 D 1]
Museum für Ur- und Vorgeschichte
    (Ost) 98 [201 G 6]
Museum für Vor- und Frühgeschichte
    103 [200 A 6–B 6]
Musikinstrumentenmuseum 105 [204 D 2]
Nationalgalerie 8, 19, 103, 104, 105,
    108 [204 D 2]
Naunynstraße 56, 57 [205 G 3]
Nazareth-Kirche 41 [200 E 3]
Neue Wache (Ost) **112**, 152, **155** [201 G 6]
Neuer Garten, Potsdam (Ost) 171, 172, 173
Neues Kreuzberger Zentrum (NKZ) 51,
    59 [205 G 3]
Neues Palais, Potsdam (Ost) 169, **170**, **171**
Neukölln 36, 38, 41, **53** [205 H 5]
Nicolai-Kirche (Spandau) 49, 87 [198 D 4]
Niedstraße 32 [204 B 6]
Nikolai-Kirche (Ost) 157 [201 H 6]
Nikolassee 46 [207 G 4]
Nikolskoe **129**, 130 [206 B 5]
Nollendorfplatz 115 [204 C 3]
Oberkommando der Wehrmacht 19 [208 C 2]
Öko-Werk **74**, 128 [202 E 4]
Olivaer Platz 23 [203 K 3]
Olympia-Stadion 27 [199 F 6]
Oranienplatz 57 [205 F–G 3]
Oranienstraße 55, 56 [205 F 2–G 3]
Ostberliner Museumsinsel 108 [201 G–H 6]
Ostberliner Tierpark 161, 162 [213 F 7]
Osterkirche 41 [200 E 4]
Otto-Suhr-Allee 118 [200 B–C 6]
Palast der Republik (Ost) **148** [201 H 6]
Pariser Platz (Ost) 105 [201 F 6]

Park Charlottenhof, Potsdam (Ost) 169, 170
Paul-Lincke-Ufer 59 [205 G 3–H 4]
Pergamonmuseum (Ost) **106**, 108 [201 G 6]
Pfaueninsel 126, **127**, 128, 129,
    130 [206 B–C 3]
Pferdebahnhof 21 [200 D 5]
Philharmonie 19, 105, 114. **115** [204 D 2]
Platz der Akademie (Ost) **110**, **120**, 157,
    158 [201 G 7]
Platz der Luftbrücke 36 [204 E 4–5]
Platz der Nationen, Potsdam (Ost) 167
Platz der Republik 17 [201 F 6]
Plötzensee 19, 27, **34**, 42 [200 C–D 3]
Potsdam (Ost) 165–173
Potsdamer Brücke 109 [201 F 7]
Potsdamer Platz **16**, 31 [201 F 7]
Potsdamer Straße 19, 30, 31, 32, 104,
    115 [201 F 7]
Prinzenallee 41, 43 [201 G 2]
Reformationsplatz 49 [198 D 4]
Rehwiese 46 [207 G 3]
Reichpietsch-Ufer 19 [200 E 7–201 F 7]
Reichstagsgebäude **14**, 17, 18, 94 [201 F 6]
Reinickendorf 43, 44, 46 [197 F 9]
Renaissance-Theater 118 [200 C 7]
RIAS 27, 114 [204 B 5]
Richard-Wagner-Straße 25 [200 B 6]
Richardstraße 41 [205 H 5–6]
Rixdorf 36, 37, 41 [205 I 6]
Römische Bäder, Potsdam (Ost) 170
Russisch-Orthodoxe-Kirche 46 [203 I 4]
Samoa-Straße 41 [200 E 4]
Savigny-Platz 23 [200 C 7]
Schäferberg 10 [206 C 5]
Schaperstraße 118 [204 A–B 3]
Schaubühne am Lehniner Platz **116**, 117,
    118 [203 I 3]
Schauspielhaus (Ost) **110**, 113, 157,
    158 [201 G 6]
Schiffbauerdamm (Ost) 155, **159** [201 F–G 6]
Schillertheater 117 [200 C 7]
Schinkel-Pavillon 103 [200 B 6]
Schloß Babelsberg, Potsdam (Ost) **172**, 173
Schloß Bellevue 92 [200 E 6]
Schloß Cecilienhof, Potsdam (Ost) 173, **173**
Schloß Charlottenhof, Potsdam (Ost) 170, **172**
Schloß Friedrichsfelde (Ost) **160**,
    161 [213 F 6]
Schloß Klein-Glienicke **128**, 130,
    131 [206 A 5]
Schloß Rheinsberg, Potsdam (Ost) **86**
Schloß Sanssouci, Potsdam (Ost) **164**,
    166–169, 166–169
Schloß Tegel 132, **133** [195 K 4]
Schloßbrücke (Ost, heute Marx-Engels-
    Brücke) **148**, 152 [201 H 6]
Schloßparktheater 117 [203 K 7]
Schloßstraße (Steglitz) 32 [208 F 2–209 F 1;
    203 I 8–K 7]
Schloßstraße (Charlottenburg) 103
    [200 A 6–B 7]
Schloßtheater, Potsdam (Ost) 169
Schöneberger Rathaus 29, 30, **33** [204 B 4]
Schöneberger Straße 64 [204 D 3]
Schopenhauer Straße, Potsdam (Ost) 167
Schumannstraße (Ost) **123** [201 F–G 5]
Schütte-Lanz-Straße 34 [209 F 5–G 6]
Schwedenstraße 42 [201 F 2]
Schwiebusser Straße 54 [204 E 4]
Senftenberger Ring 45 [197 F 7]
SFB 27, 114 [203 G 2]
Siegessäule 20, **22**, 94 [200 E 6]
Siemens AG 64, 65, 74 [199 F 3+G 4]
Siemensstadt 49 [199 G 4]
Singakademie (Ost, im Maxim-Gorki-
    Theater) 112, **112**, 113 [201 G 6]

Sommergarten (Messe) **28** [199 H 7]
Sophie-Charlotte-Straße 25 [208 B 3–C 2]
Sowjetisches Ehrenmal, Treptow (Ost) 157,
    158, 161 [205 K 4]
Spandau 12, 13, 47, 48, 49 [198 C–D 4]
Spandauer Zitadelle **47**, 48, 49 [198 E 4]
St. Annenkirche 46 [208 D 1]
St. Hedwigs-Kathedrale (Ost) 113 [201 G 6]
St. Paulskirche 42 [201 F 3–G 3]
St. Peter und Paul **129**, 130 [206 B 4]
Staatliche Kunsthalle 107 [204 B 2]
Staatsbibliothek **18**, 19, 20 [204 D 2]
Stachelschweine (im Europa-Center) 119,
    123 [204 B 2]
Stiftung Preußischer Kulturbesitz 100
Stolpe 47 [206 C 6]
Straße des 17. Juni 20, 25,
    97 [200 C 7–201 F 6]
Strausberger Platz (Ost) 151, 152 [212 D 3]
Südendstraße 35 [204 A–B 7]
Technische Universität (TU) 25 [200 C 6–7]
Teehaus 103 [200 E 6]
Tegel 44, 45 [195 L 5]
Tegeler Fließ **13**, 126 [195 L 4–197 G 4]
Tegeler Forst **12** [195 K 3–I 4]
Tegeler See 132 [195 I–K 6]
Teltowkanal 126 [207 H 7–214 C 7]
Tempelhof 122 [204 E–F 7]
Tempodrom 115 [201 F 6]
Teufelssee 128 [202 E 4]
Theater am Gendarmenmarkt (Ost, siehe
    Schauspielhaus)
Theater am Kurfürstendamm 119 [203 K 3]
Theater am Schiffbauerdamm
    (Ost) 117 [201 G 6]
Theater des Westens 114 [204 A 2]
Thomas-Kirche 57 [203 I 2]
Tiergarten (Bezirk) 21,
    95 [200 D–E 6–D–E 7]
Tiergarten, Park 17, **18**, 19,
    87 [200 E 7–201 F 7]
Tiergartenstraße 19 [204 C–D 2]
TIP 70, 71, **73**, 75 [201 G 3–4]
Tribüne 118 [200 C 6]
Turbinenhalle (AEG) 22, 68 [200 C 5]
Ufa-Gelände 122 [204 E 7]
Uhlandstraße 23 [210 B–C 6]
Unter den Linden (Ost) 88, **91**, 92, **107**, 152,
    154, **155**, 156 [201 G 6]
Viktoriapark 54 [204 D–E 4]
Volkspark Hasenheide 36, **36**, 37,
    133 [205 F G 4–5]
Voltastraße 63 [201 G 4]
Waldbühne 27, 115 [199 F 6]
Waldemarstraße 57, **58** [205 F 2–G 3]
Waldenser Straße 21 [200 D 5]
Wannsee 46 [206 D 5]
Weddigenweg 33 [208 D–E 3]
Wedding 41, 43 [200 D 3–201 F 3]
Weddingstraße 41 [201 F 3]
Weltzeituhr (Ost) 151, **152**, 152 [201 H 6]
Werkbund-Archiv-Museum
    103 [200 A 6–B 7]
Westhafen **68** [200 D 4]
Wilhelmsruher Damm 45 [196 E 7–198 G 7]
Wilhelmstraße (Spandau) 49 [198 C 5–B 7]
Wilhelmstraße (Tiergarten) 67,
    89 [204 E 2–3]
Wilmersdorf 29 [203 I–K 4]
Wilmersdorfer Straße 23, 138 [203 I 1–3]
Wolgaster Straße 42 [201 G 4]
Zehlendorf **8, 44**, 46 [208 A–B 4]
Zoologischer Garten **20**, 22 [204 B 2]
Zossener Straße 111 [204 E 3–4]

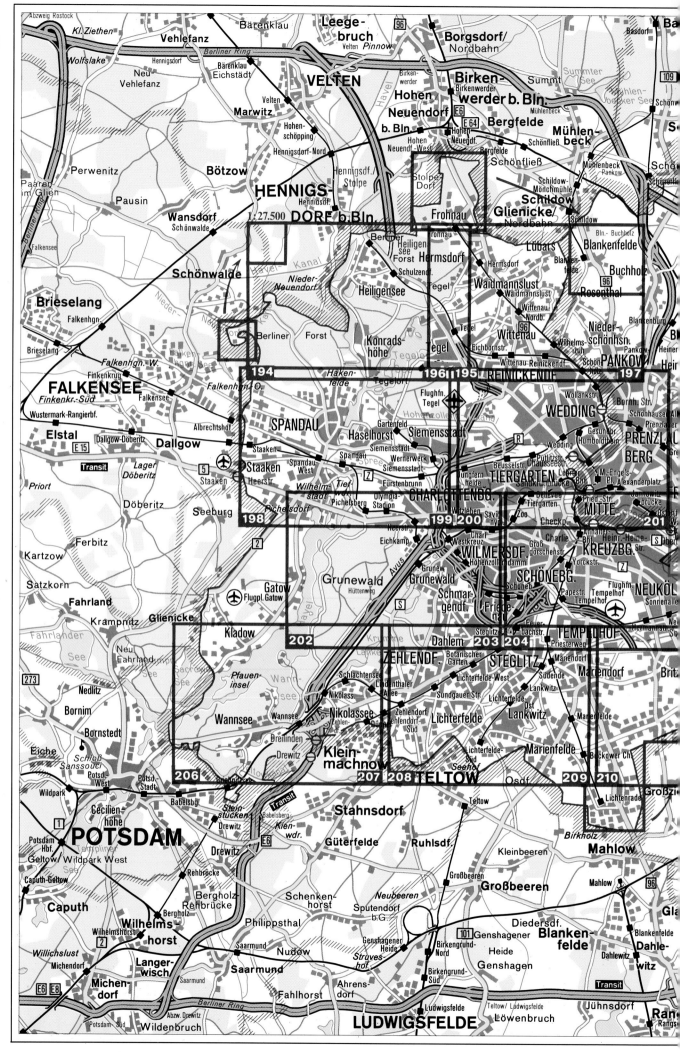

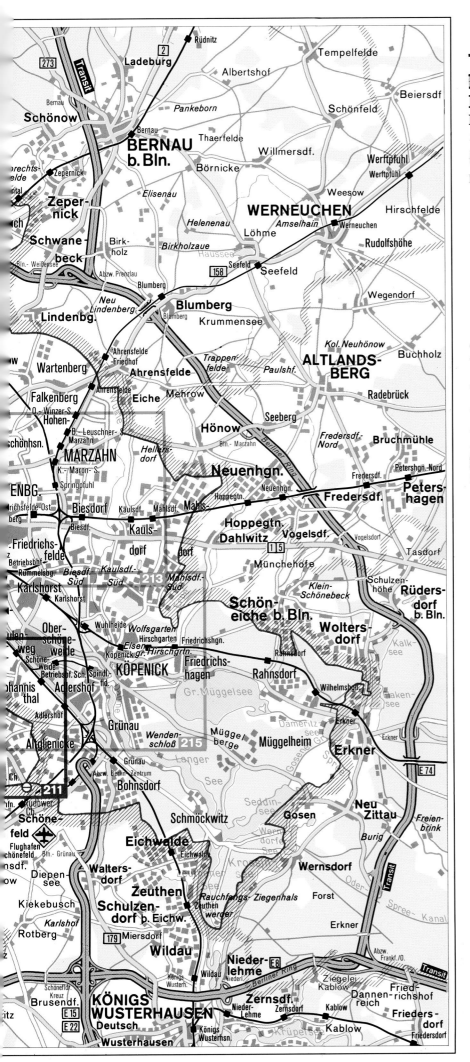

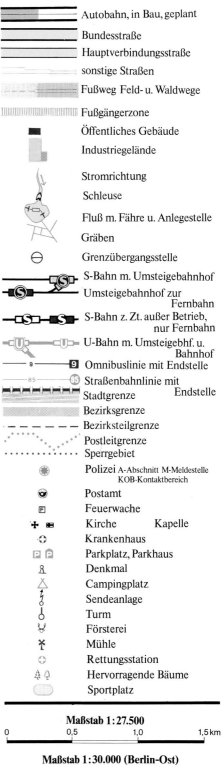

Zeichenerklärung

- Autobahn, in Bau, geplant
- Bundesstraße
- Hauptverbindungsstraße
- sonstige Straßen
- Fußweg Feld- u. Waldwege
- Fußgängerzone
- Öffentliches Gebäude
- Industriegelände
- Stromrichtung
- Schleuse
- Fluß m. Fähre u. Anlegestelle
- Gräben
- Grenzübergangsstelle
- S-Bahn m. Umsteigebahnhof
- Umsteigebahnhof zur Fernbahn
- S-Bahn z. Zt. außer Betrieb, nur Fernbahn
- U-Bahn m. Umsteigebhf. u. Bahnhof
- Omnibuslinie mit Endstelle
- Straßenbahnlinie mit Endstelle
- Stadtgrenze
- Bezirksgrenze
- Bezirksteilgrenze
- Postleitgrenze
- Sperrgebiet
- Polizei A-Abschnitt M-Meldestelle KOB-Kontaktbereich
- Postamt
- Feuerwache
- Kirche   Kapelle
- Krankenhaus
- Parkplatz, Parkhaus
- Denkmal
- Campingplatz
- Sendeanlage
- Turm
- Försterei
- Mühle
- Rettungsstation
- Hervorragende Bäume
- Sportplatz

Maßstab 1:27.500

0   0,5   1,0   1,5 km

Maßstab 1:30.000 (Berlin-Ost)

0   0,5   1,0   1,5 km

Kilometer

STADT-ATLAS BERLIN

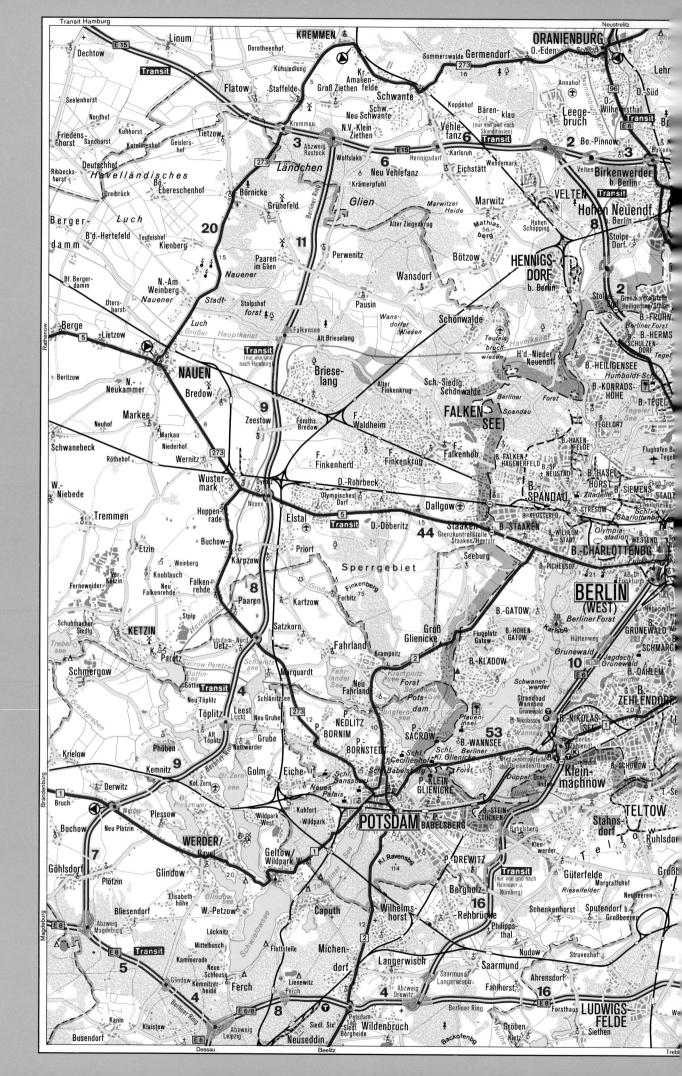

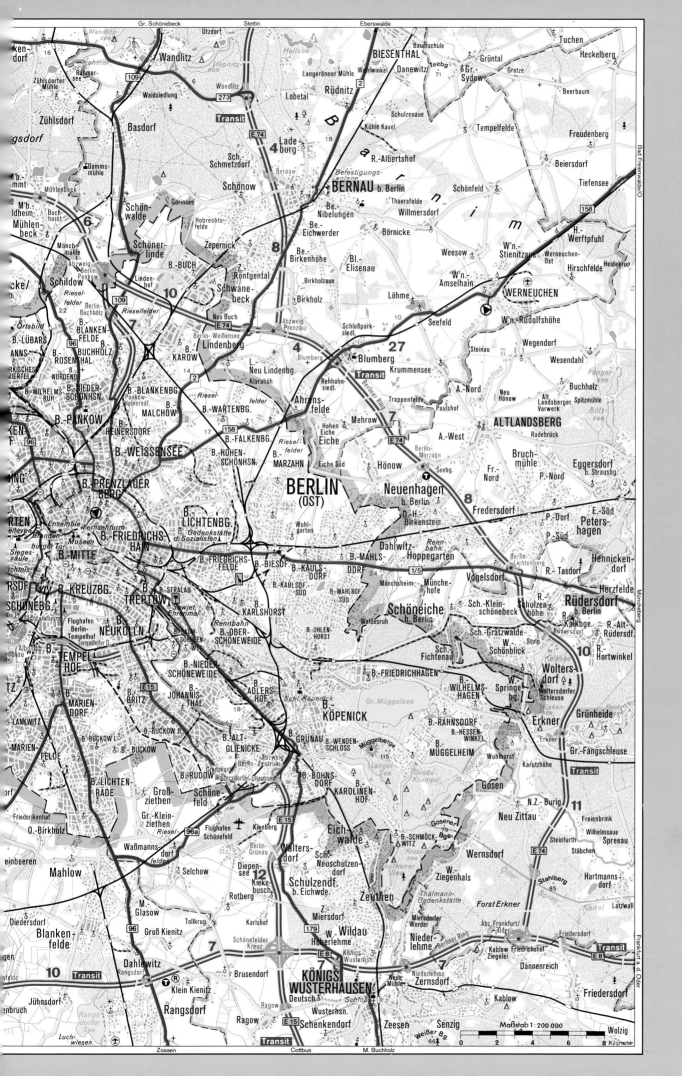

194

Hennigsdorf

153

Staats-
Kreis

151 150
152

147 144
145

146

forst

142 141 140 139

wiesen Havel-

138

Nieder-

Neuendorf

Oranienburg

137

Siedlung
Schönwalde

136 **Falkenhagen**

135 134 133

129 128

127

126 125 132

Berliner Allee

Schönwalder Allee

68 65

Großer
Naturschutz-
Rohr-
gebiet 51
pfuhl

Kl.
Rohr-
pfuhl

62

69

66 52

50

67 63

70 30

57 36

55 **Berliner** Oberjäger- **Forst**

64 53 38 37

58 39 22

56 40

54 41

59 43 27

60 44

Schon-

45 29

Spandau

61 46 30

31 Waldsiedl.

4 Kuhhorst 47

Mittelheide 48

49 32

Niederheide

SPANDAU

198

204

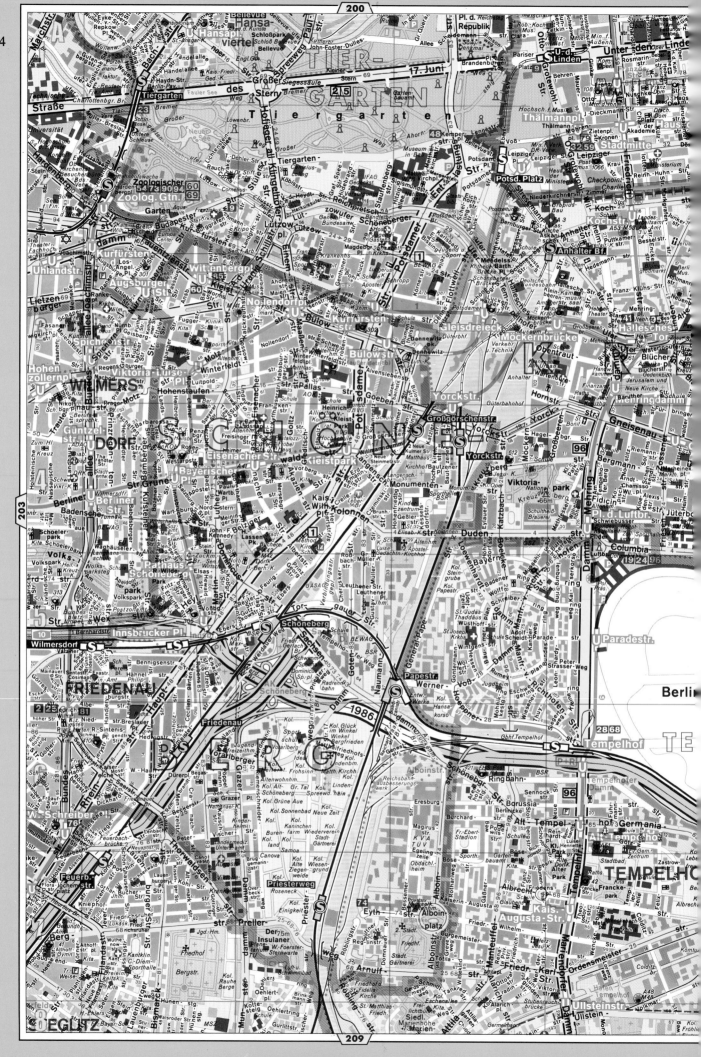

Gr. Glienicke

SPANDAU

KLADOW

Stadt-

kreis

Sacrow

Pfaueninsel

Berliner

WANNSEE

Nikolskoe

Volkspark

Klein-Glienicke

König-

BABELSBERG

Babelsberg

Park Babelsberg

KOHLHASEN BRÜCK

Forst

Düppel

Griebnitzsee

Transit-Bhf.

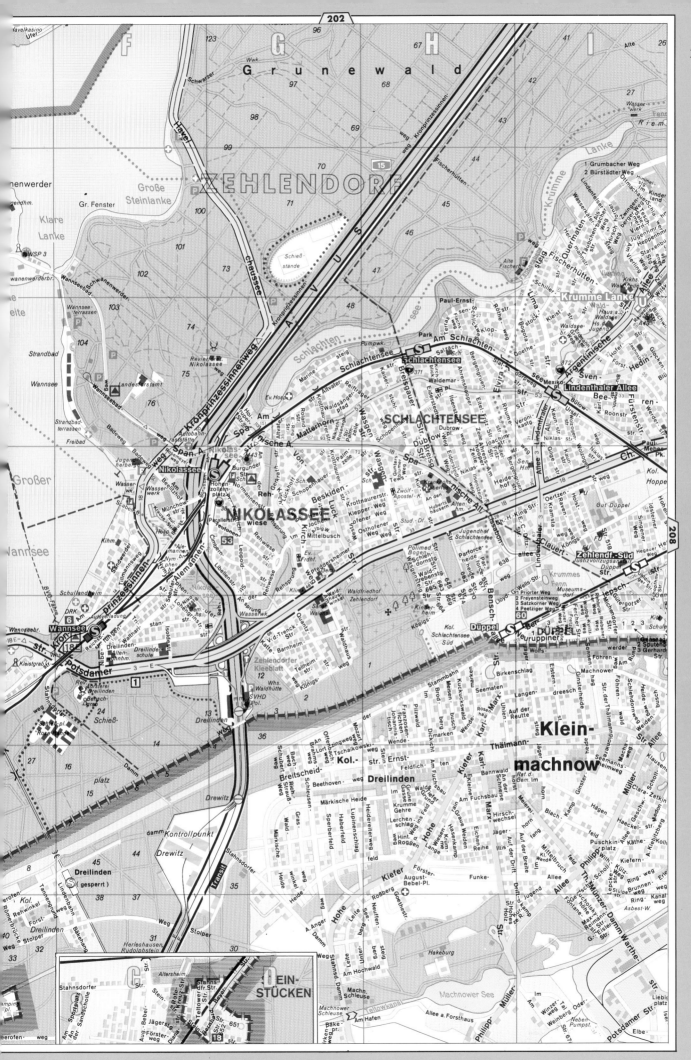

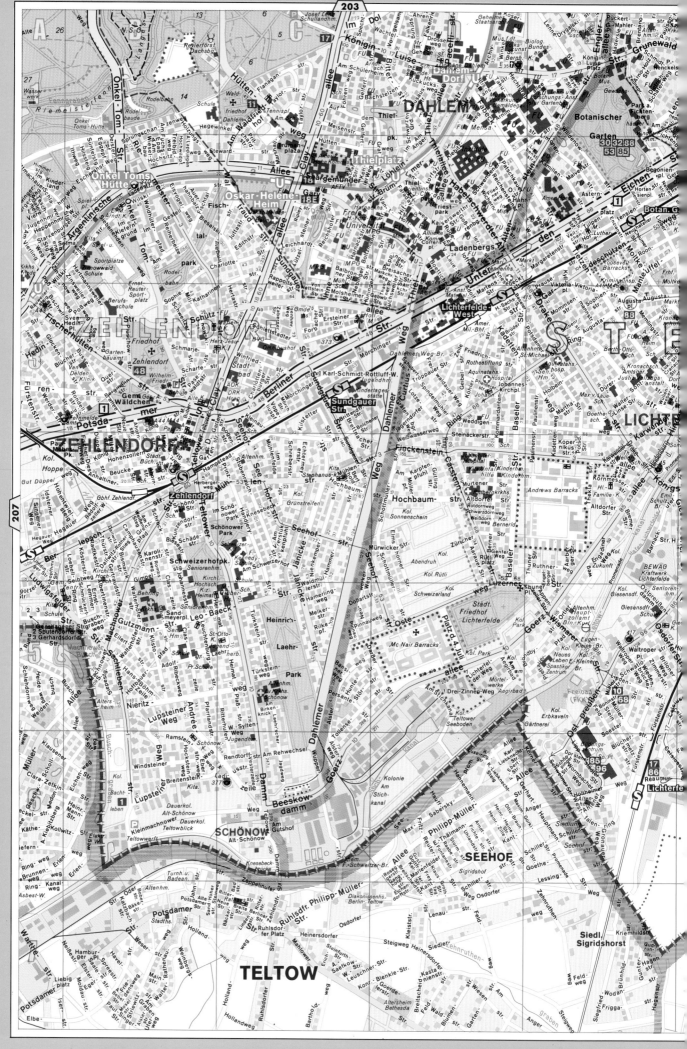

Königs   Wusterhausen

214

Bildnachweis
Bildarchiv Preußischer Kulturbesitz (20), Döring (1), Fackel-
träger-Verlag, Hannover (1),
Jürgens (24), Kiedrowski/Tesch-
ner (123), Scheid (4).

© HB Verlags- und Vertriebs-
Gesellschaft mbH, Hamburg 1985
Redaktion und Produktion:
Harksheider Verlagsgesellschaft
mbH, Norderstedt
Mitarbeiter: Paul F. Duwe, Ulrich
Kubisch, Josef H. Pölking
und Martin Sauer
Grafische Gestaltung: Gerhard
Keim, Frankfurt/Main
Satz: Utesch Satztechnik GmbH,
Hamburg
Reproduktionen: Otterbach
Repro GmbH & Co, Rastatt
Druck und buchbinderische
Verarbeitung: Mainpresse
Richterdruck, Würzburg
Kartografie: RV Reise- und Ver-
kehrsverlag GmbH, Stuttgart
Printed in Germany

ISBN 3-616-06958-0